國家古籍整理出版專項經費資助項目

傅山全書

清·傅山 著 尹協理 主編

第十四冊

山西出版傳媒集團

山西人民出版社

第十四册 目錄

卷一百六十九 西漢書姓名韻（六） ………………………… 一

上聲 …………………………………………………………… 一
十一銑 ………………………………………………………… 七
十二篠 ………………………………………………………… 八
十三巧 ………………………………………………………… 一〇
十四哿 ………………………………………………………… 一一
十五馬 ………………………………………………………… 一三
十六者 ………………………………………………………… 二三
十七養 ………………………………………………………… 二五
十八梗 ………………………………………………………… 三一
十九有 ………………………………………………………… 三五
二十寢 ………………………………………………………… 三七
二十一感 ……………………………………………………… 三七
二十二琰 ……………………………………………………… 三八

卷一百七十　西漢書姓名韻（七）

去聲
一送　…………………………………………… 三九
二寘　…………………………………………… 三九
三霽　…………………………………………… 四三
四御　…………………………………………… 五九
五暮　…………………………………………… 六三
六泰　…………………………………………… 六五
七隊　…………………………………………… 六九
八震　…………………………………………… 八一
九翰　…………………………………………… 九二
十諫　…………………………………………… 九五

卷一百七十一　西漢書姓名韻（八）

去聲 …………………………………………… 九九
十一霰　………………………………………… 九九
十二嘯　………………………………………… 一〇四
十三效　………………………………………… 一〇四
十四箇　………………………………………… 一〇六

十五禡……一〇九
十六蔗……一一二
十七漾……一一四
十八敬……一二三
十九宥……一二七
二十沁……一三九
二十一勘……一四〇

卷一百七十二 西漢書姓名韻（九）

入聲……一四一
一屋……一四一
二質……一五一
三曷……一五七
四轄……一五八
五屑……一五九
六藥……一六三

卷一百七十三 西漢書姓名韻（十）

入聲……一七一

七陌……一七一
八緝……一九一
九合……一九八
十葉……一九九

附：西漢書姓名韻索引……一

卷一百六十九　西漢書姓名韻（六）

上聲

十一銑

3432 令免　孝文後六年，中大夫令免爲車騎將軍，屯飛狐。師古曰：令，姓。免，名。

3433 劉免　參戶節侯免，河間獻王子，元朔三年封。[一]

3434 梅免　減宣傳，時吏民益輕犯法，盜賊滋起。南陽有梅免、百政。

3435 餘善　東越王也。元鼎六年反。閩粵王傳，閩粵王郢發兵距漢，弟餘善謀鏦殺郢，[二]後立爲東越王，與繇王並處。嚴助傳，助諭淮南王意，有閩王弱弟餘善

3436 呂善　陽信侯青玄孫，景五年嗣，謚共。

3437 大奴善　昌邑王傳，過弘農，使大奴善以衣車載女子。至湖，[三]郎中令龔遂請收屬吏，即捽善，屬衛士長行法。

3438 霍顯　霍光妻宣成夫人，爲逆謀。又見許后傳。

〔一〕「鏦」，山西書局本作「縱」，據漢書改。
〔二〕「鏦」，山西書局本作「縱」，據漢書改。
〔三〕「湖」，山西書局本作「胡」，據漢書改。

3439 劉顯 皋虞頌侯顯嗣。無年。

3440 劉顯 藉陽侯顯，城陽荒王子。[一]甘露四年封，建昭四年，坐恐猲國民取財，免。六百戶。

3441 劉顯 廣戚侯顯嗣。楚孝王傳，廣戚侯勳薨，子顯嗣。莽傳，平帝崩，宣帝曾孫見王五人，列侯廣戚侯顯等四十八人，莽惡其長大，曰：「兄弟不得相爲後。」

3442 石顯 中書令，佞幸有傳。元帝時，代弘恭爲中書令。賈捐之傳，論殺捐之。佞幸傳，字君房，少坐法腐刑。宣帝時爲僕射。元帝即位，遷爲長信太僕，離權丞相，御史奏舊惡，與妻子徙歸故郡，道病死。

3443 丙顯 博陽侯吉之子。五鳳三年嗣，甘露元年坐酎宗廟騎至司馬門，不敬，奪爵一級爲關內侯。百官公卿表，甘露三年爲太僕，一年爲建章衛尉。[二]永光元年爲太僕，十年免。[三]

3444 大鴻臚顯 吉子嗣，甘露中削爲關內侯。元帝初元元年，大鴻臚顯。無姓。

3445 高陵君顯 項籍傳，宋義遇齊使者高陵君顯，曰：「臣論武信君必敗。公徐行免，疾則及禍。」

3446 何顯 何武傳，[四]武弟顯家有市籍，租常不入，[五]縣數負其課。[六]又何壽爲具召顯等見其兄

[一]「荒」，山西書局本作「頊」，據漢書改。
[二]「一」，山西書局本作「二」，據漢書改。
[三]「十年」，山西書局本作「十一年」，據漢書改。
[四]「傳」，傅山全書初版本誤作「侯」，據山西書局本改。
[五]「租」，山西書局本作「祖」，據漢書改。
[六]「課」，山西書局本作「過」，據漢書改。

3447 宋顯

儒林，公羊博士宋顯等，與穀梁並論。〔一〕

3448 劉偃

征和二年，偃以趙敬肅王小子立爲平干王。

3449 劉偃

景十三王傳，武帝以親親之故，立之，是爲頃王。

3450 劉偃

征和四年，眞定烈王偃嗣。〔二〕

3451 劉偃

景十三王，眞定頃王平之子。

3452 劉偃

孝文十五年嗣氏丘侯，孝景三年反，誅。

3453 劉偃

孝文十六年嗣楊丘侯，景四年坐出國界，耐爲司寇。藝文志，楊丘侯劉偃賦十九篇。〔三〕

3454 劉偃

宜城康侯偃，菑川懿王子，元朔元年封。

3455 劉偃

元鼎五年，被陽稷侯偃嗣。

3456 劉偃

安郭節侯偃嗣。無年。

3457 劉偃

邯莩節侯偃，趙頃王子。地節二年封。

3458 劉偃

新利侯偃，膠東戴王子，神爵元年封。坐上書謾，〔四〕免，復更封戶都侯。又謾，免偃四百戶。

〔一〕「並」字上，山西書局本衍一「顯」字，據漢書刪。
〔二〕「烈」，山西書局本作「列」，據漢書改。
〔三〕「楊丘侯劉偃」，漢書中華書局本作「陽丘侯劉隁」。
〔四〕「謾」，山西書局本作「漫」，據漢書改。

3459 劉偃，西陽侯偃嗣，景中六年，罪，免。

3460 徐偃，祝茲侯厲之孫，景中六年嗣。建元六年，罪，免。

3461 徐偃〈食貨志〉，遣博士徐偃等分行郡國，並兼之徒守相為利者。〈終軍傳〉，曰：博士徐偃使行風俗。偃矯制，使膠東、魯國鼓鑄鹽鐵。還，奏事，徙為太常丞。〈郊祀志〉，張湯劾偃矯制大害，法至死。偃以大夫出疆，有安社稷，專之可也。終軍詰之。偃曰：「太常諸生行不如魯善。」於是黜偃。儒，徐偃曰：

3462 徐偃〈儒林〉，詩，申公弟子徐偃，為膠西中尉。

3463 傅偃，陽陵侯寬之曾孫，孝景四年嗣。元狩元年，坐與淮南王反，誅。

3464 陳偃，費侯賀孫，景二年嗣，有罪，免。

3465 朱偃，都昌侯軫之曾孫，〔二〕景元年嗣，謚共。

3466 張偃，宣平侯敖之子，高后二年為魯王，文元年復為侯。

3467 張偃〈藝文志〉，賦二篇。

3468 陶偃，開封侯舍之孫，景中三年嗣，謚節。

3469 馮偃，穀陽侯谿之玄孫，建元四年嗣。

3470 城陽偃，梧齊侯延之孫，景中三年嗣，謚靖。

3471 復陸偃，杜侯復陸支之子，元鼎三年嗣。

〔二〕「侯」，《傅山全書》初版本誤作「偃」，據山西書局本改。

四

3472 主父偃 藝文志，縱橫家有主父偃二十八篇。傳，齊人。學長短縱橫術，晚乃學易。言事諫伐匈奴。齊王自殺，公孫弘論族偃。偃傳，尊立衛皇后及發燕王定國陰事，偃有功焉。又計置朔方。[二]儒林傳，王同授臨菑主父偃。高五王傳，主父偃知徐甲使齊以取修成君女娥事，因謂甲：「即事成，幸言偃女願得充王後宮。」紀太后怒，主父偃由此與齊有隙。董仲舒傳，仲舒居家，推說遼東高廟、長陵高園殿災意，草藁未上，主父偃候仲舒，私見，嫉之，竊其書而奏焉。

3473 卜偃 藝文志，數術家，晉有卜偃。

3474 汲偃 周勃傳，擊盧綰下薊，得丞相偃。

3475 丞相偃 黶子，官至諸侯相。

3476 董偃 東方朔傳，館陶私人。

3477 淳于衍 女侍醫，進藥毒殺共哀后，謀毒太子。字少夫。霍光傳，顯使乳醫淳于衍毒殺許后。

3478 劉衍 衍取附子合大醫大丸飲皇后。衍又去聲霰韻。又許后傳，

3479 趙衍 陽朔二年，楚思王衍以孝王子紹封。又見楚孝王傳。又見趙飛燕傳。又霰韻。

3480 于己衍 須昌貞侯。以謁者漢王元年初從起漢中。雍軍塞渭上，上計欲還，衍言從他道，道通。後為河間守。豨反，誅都尉相如，功侯，千四百戶。百官公卿表，征和二年，京兆尹于己衍坐大逆誅。

[一]「朔方」，山西書局本作「方朔」，據漢書改。

3481 鄒衍 郊祀志，鄒衍以陰陽主運顯於諸侯。亦可不列，例如史敦。

3482 鄒衍 盧綰傳，張勝至胡，故燕王荼子衍見曰：「公所以重於燕者，以習胡事也。」燕所以久存者，以諸侯數反，兵連不決也」云云。勝以為然。

3483 劉縯 元壽二年，淮陽王縯嗣。[二]莽篡，貶為公，廢。又見淮陽憲王傳。

3484 劉瓠辨 曲梁侯瓠辨嗣。

3485 劉遠 平皋侯它之子，惠五年嗣，謚共。本姓項。

3486 吳淺 便頃侯，以父長沙王芮功侯，二千戶。

3487 係虖淺 匈奴傳，冒頓使郎中係虖淺奉書請，獻佗、馬。

3488 成娩 開陵侯，以故匈奴介和王將兵擊車師。侯。不得封年。

3489 地典 兵陰陽家，地典六篇。

3490 韓嫣 韓王信傳，頹當孽孫嫣。

3491 韓嫣 佞幸傳，字王孫，武帝為膠東王時，與上學書相愛。

3492 韓嫣 外戚傳，王后所為金王孫女在民間，韓嫣白之。

3493 伊邪莫演 匈奴傳，成帝河平元年，單于遣右皋林王伊邪莫演等奉獻，後詐言欲降，谷永、杜欽言：「勿受，便。」

〔二〕「壽二」，山西書局本作「爵三」，據漢書改。

十二條

3494 劉蟜 魏其質侯蟜嗣。無年。師古曰：音矯。

3495 劉嫖 元延元年，新昌釐侯嫖紹封。

3496 尉繚 藝文志，雜家，尉繚二十九篇。又兵形勢家，三十一篇。〔一〕

3497 馮嫽〔二〕 烏孫傳，初，楚主侍者馮嫽能史書，習事，嘗持漢節為公主使，行賞賜於城郭諸國，敬信之，號曰馮夫人。為右大將妻，右大將與烏就屠相愛，鄭吉使馮嫽說烏就屠詣長羅侯赤谷城云云。互見「靡」、「屠」下。宣帝徵馮嫽，自問狀。遣竺次、甘延壽送馮嫽。錦車持節，詔烏就屠詣長羅侯赤谷城云云。互見「靡」、「屠」下。

3498 曹曉 趙皇后傳，解光奏有官婢曹曉。

3499 長信庭林表 敘傳，班伯對成帝曰：「詩書淫亂之戒，其原皆在於酒」云云。時長信庭林表適使來，聞見之。孟康曰：「宮中婦人官名也。」師古曰：「長信宮庭之林表也。」孟讀為庭林表。

〔一〕「二」，山西書局本脫，據漢書補。
〔二〕「馮」，山西書局本作「媽」，據漢書改。下同。
〔三〕「主」，山西書局本作「王」，據漢書改。

十三巧

3500 母媼 高紀，母媼常息大澤之陂，夢與神遇。是時雷電晦冥，[二]太公往視，是交龍於上。

3501 呂媼 高紀，呂公曰云云。

3502 王媼 高紀，常從王媼、武負貰酒，時飲醉臥，見其上有怪。師古曰：王家之媼也。

3503 王媼 史皇孫王夫人傳，地節三年，求得外祖母王媼，時乘黃牛車，詣闕。故百姓謂之黃牛媼。賜號為博平君。互見「卿」、「兒」、「遂」下。

3504 衛媼 平陽侯主家僮，鄭季與通，生衛青及男衛長君。有長女君孺，次女少兒，次女子夫，男弟步廣，皆冒姓衛。

3505 魏媼 外戚傳，薄姬父與故魏王宗女魏媼生姬。

3506 劉寶 平樂侯寶嗣，免。

3507 劉寶 廣陵王胥傳，封胥四子皆為列侯，有寶名。後曰胥子南利侯寶坐殺人奪爵，[三]與胥姬姦子

3508 衛寶 平帝舅，爵關內侯。鄧邯奏曰：「酒者呂寬、衛寶復造奸謀。」又見中山衛姬傳，莽子

3509 韓寶 宇與寶通書記云。龍頟侯曾之子，五鳳元年嗣，諡思，亡後。

左修奸，事發。

[二]「冥」，山西書局本作「明」，據漢書改。

[三]「胥」字上，山西書局本衍一「曰」字，據漢書刪。「南」，山西書局本作「男」，據漢書改。

3510 任寶 梁王立傳，寶妻立之姑也，立與姦。

3511 孫寶 字子嚴，穎川鄢陵人也。互見霽韻「季」、眞韻「文」下。與王舜迎中山王，是爲平帝立。會越嶲上黃龍事，孔光、馬宮皆稱莽功德，[二]寶曰：「風雨未時，百姓不足」云云。時大臣皆失色。迎母，母道病，留弟家，獨遣妻子。陳崇奏免之，終於家。贊曰：「孫寶橈於定陵。」儒林，公羊學，筦、路授孫寶，爲大司農。言黃帝以來三千六百二十九歲，不與張壽王合。

3512 丞相屬寶 禮之子，景七年嗣爲楚王，諡安。

3513 劉道 律曆志，丞相屬寶治終始，趙敬肅王子，征和元年封。

3514 劉道 挹婓侯劉道，諡。同名三。

3515 劉道 復陽侯道嗣，免。

3516 馮卯 穀陽侯谿之孫，景二年嗣，諡隱。

3517 多卯 無錫侯軍之子，嗣。征和四年，[三]坐與歸義趙文王將兵追反虜，[三]到弘農擅棄兵還，[四]贖罪，免。

3518 野老 藝文志，農家有野老十七篇。注：六國時，在齊、楚間。

3519 天老 房中有天老雜子陰道二十五卷。

[一]「宮」，山西書局本作「容」，據漢書改。
[二]「四」，山西書局本作「三」，據漢書改。
[三]「趙文王」，山西書局本作「趙王文」，據漢書改。
[四]「弘」，山西書局本作「引」，據漢書改。

3520 新城三老董玄。

3521 壺關三老茂。

3522 湖中三老公乘興。

3523 白馬三老朱英。各見名韻。

3524 趙賁內史即來節侯佼，城陽荒王子，甘露四年封。

3525 劉佼曹參傳，擊趙賁內史保軍，破之。又周勃傳，北擊趙賁、內史保於咸陽。

3526 公杲保灌嬰傳，韓信使嬰別將擊楚將公杲於魯北，破之。

十四哿

3527 劉頗廣川侯頗，中山靖王子，元朔二年封，酎金免。

3528 夏侯頗汝陰侯嬰曾孫，元光三年嗣。元鼎二年，坐尚公主與父禦婢姦，自殺。

3529 劉步可地節四年，新鄉釐侯步可嗣。

3530 司馬可律曆志，選治曆者長樂司馬可。師古曰：「可者，司馬之名。」

3531 楊可食貨志，楊可告緡徧天下，[二] 中家以上大氐皆遇告。如淳曰：「告緡令，楊可所言也。」師古曰：「此說非也。楊可據令而發動之，故天下皆被告。」義縱傳，楊可方受

[二]「徧」，山西書局本作「編」，據漢書改。

十五馬

3532 甘忠可 告緡，縱爲右內史，以爲亂民，部吏捕其爲可使者。李尋傳，成帝時，齊甘忠可詐造天官曆、包元太平經十二卷，言漢家逢天地之大終，當更受命於天，天帝使眞人赤精子，下教我此道。」莽傳，奏甘忠可、夏賀良讖書藏蘭臺。

3533 劉果 元延二年，成鄉果紹封。

3534 莊賈 陳涉御，殺涉。

3535 陸賈 藝文志，陸賈有楚漢春秋九篇。又見陸賈賦三篇。楚人，爲大中大夫，使南粵。諸呂時，交歡平、勃，有功。又見南粵傳。

3536 劉賈 荆王，高帝從父兄，[二]後爲英布所攻。亡後。爲將軍，渡白馬，燒楚積聚，圍壽春，間招楚司馬周殷。殷反楚，舉九江，其功也。

3537 劉假 項籍傳，初，章邯既殺齊王田儋於臨菑，田假復自立爲齊王。儋弟榮自東阿歸，逐假。假亡走楚。田榮既立儋子市爲齊王。梁使使趣齊兵俱西。榮要楚殺田假，梁不忍。假不殺，楚不出兵。齊王田市畏榮，亡之即墨。榮追殺市於即墨。陸原侯賈嗣。無年。名同荆王。

3538 田假

3539 毋寡 張騫傳，宛貴人謀曰：「王毋寡匿善馬，殺漢使。」乃共殺王。又見大宛傳。

〔二〕「兄」，山西書局本作「弟」，據漢書改。

十六者

3540 雍野　汁防侯齒之孫，景三年嗣。

3541 戴野臺定侯，以舍人從起磕，用隊率入漢，以都尉擊羽，羽死，擊臨江，屬將軍賈，功侯。

3542 杆者　以將軍擊燕、代。

3543 鄭長者　軱譖侯，以小月氏王將軍衆千騎降，侯，七百六十戶。元封四年封。注：六國時。先韓子，韓子稱之。

3544 李哆　藝文志，道家鄭長者一篇。李廣利傳，李哆有計謀，爲上黨太守。

十七養

3545 韓廣　故燕王羽分燕爲遼東王，都無終。臧荼擊殺之。屬燕。陳勝傳，武臣自立爲趙王，使上谷卒史韓廣將兵徇燕，廣自立爲燕王。

3546 劉廣　王子侯表，高帝兄子，封德侯，謚哀。

3547 劉廣　孝文十四年嗣營平侯，景三年反，誅。

3548 劉廣　益都原侯廣嗣。無年。

3549 劉廣　被陽侯六世廣嗣，莽簒，絕。

3550 劉廣　甘露三年，西梁孝侯廣嗣。

3551 劉廣　信昌侯廣，眞定共王子。元始元年封，四年免。

3552 田廣　田榮之子也，橫立爲齊王，而相之，韓信襲齊，虜之。

3553 李廣　有傳。藝文志，有李將軍射法三篇。〔二〕又見匈奴傳。

3554 衛廣　元封二年，中郎將衛廣平西南夷。西南夷傳，郭昌、衛廣引兵還，行誅南夷隔滇者且蘭。互見「蘭」下。

3555 樊它廣　無陽侯噲孫，景七年嗣侯，中六年坐非子免。噲傳，其舍人之書，言荒侯市人病，不能爲人，令夫人與其弟亂而生它廣也。

3556 冷廣　馴望忠侯，以濕沃公士告男子馬政謀反，侯，千八百戶。鴻嘉元年封。〔三〕

3557 延廣　太初三年，膠東太守延廣爲御史大夫。

3558 右扶風廣　地節二年，潁川太守廣爲右扶風。

3559 王廣　藝文志，黃門書者王廣、呂嘉賦五篇。

3560 吳廣　字叔，〔三〕陽夏人。爲陳勝都尉，後與田臧矯勝令，殺之。

3561 衛步廣　衛青傳，衛媼生男步廣，衛青母弟也。父本鄭季，皆冒姓衛。

3562 呂廣　燕王旦客呂廣等知星，爲王言：「當有兵圍城，期在九月、十月，漢當有大臣戮死者。」〔四〕

〔一〕山西書局本作「戮」，據漢書改。

〔二〕山西書局本作「子」，據漢書改。

〔三〕山西書局本作「鴻」，據漢書改。

〔三〕山西書局本作「陽」，據漢書改。

〔二〕山西書局本作「二」，據漢書改。

卷一百六十九　西漢書姓名韻（六）　上聲　十七養

一三

3563 疏廣　字仲翁，東海蘭陵人。太子太傅，與兄子受號二疏。儒林傳，公羊學廣事三四卿。

3564 榮廣　儒林傳，太子私同穀梁而善之，唯魯榮廣王孫與皓星公二人受焉。〔二〕廣盡能傳瑕丘江公之詩、春秋，數以論困公羊師眭孟。

3565 許廣　儒林傳，公羊家，願請內侍郎許廣。

3566 侯敞　豨將，高帝十一年，將萬餘人游行。灌嬰傳，別攻豨丞相侯敞軍曲逆下，破之。卒斬敞。

3567 劉敞　春陵侯敞嗣。無年。

3568 劉敞　五鳳四年，虛水侯敞嗣。莽篡，絕。

3569 劉敞　西梁孝侯廣之子敞嗣，免。

3570 劉敞　平邑侯敞，魯孝王子，甘露四年封。初元元年，坐殺一家二人棄市。

3571 劉敞　桃共侯敞嗣。

3572 劉敞　密鄉侯敞嗣，免。同名六。

3573 楊敞　華陰人，安平敬侯，以丞相侯，七百戶。與大司馬大將軍定策，益封子忠，凡五千五百四十七戶。元鳳六年封。〔三〕元鳳中，為大司農。燕倉知上官傑等謀告敞，敞素畏謹，不敢言，移臥病，故不得侯。

3574 楊敞

〔二〕「王孫與」，山西書局本作「與王孫」，據漢書改。
〔三〕「六」，山西書局本作「四」，據漢書改。

3575 張敞 恩澤侯表,〔一〕富平侯安世孫也,延壽之子。甘露三年嗣,謚繆。

3576 張敞 字子高,河東平陽人。郊祀志,美陽得寶鼎,獻之。有司以爲宜薦宗廟,敞好古文字,按鼎銘勒上議。藝文志,蒼頡古字,宣帝時徵齊人能正讀者,張敞從受之。儒林傳,敞爲左氏。昌邑王傳,宣帝即位,心忌賀。元康二年,遣使者賜山陽太守張敞璽書曰:「謹備盜賊,察往來過客。」敞於是條奏賀居處云云。蕭望之傳,敞上書言:「請民入穀贖罪。」蕭望之以爲不便。丙吉、魏相亦如蕭議。朱邑傳,敞書與邑勸進賢。嚴延年傳,敞書諭嚴年少緩刑法。李尋傳,尋說王根請徵掾周敞、王望,可與圖之。

3577 周敞 書,侍御史周敞勸上存張霸百兩篇。

3578 周敞 元帝贊曰:臣外祖兄弟,〔二〕爲元帝侍中。

3579 金敞 中奉車都尉金敞爲水衡都尉,一年遷。陽朔元年,爲衛尉,四年卒。安上子。元帝爲太子時,敞爲中庶子。後侍成帝至衛尉,爲人正直,左右憚之。貢禹傳,天子報曰:「嘗令金敞語生,欲及生時祿生之子。」蕭望之傳,侍中金敞並拾遺左右。應劭曰:「彪外祖金敞也。」河平四年,侍中奉車都尉金敞爲水衡都尉,一年遷。陽朔元年,爲衛尉,四年卒。安上子。元帝爲太子時,敞爲中庶子。後侍成帝至衛尉,爲人正直,左右憚之。

3580 黃敞 恩澤侯表,〔三〕富平侯極忠之後,元始元年,〔三〕賜極忠代後者敞爵關內邳侯極忠之後侯。

〔一〕「恩澤侯」,山西書局本作「功臣」,據漢書改。
〔二〕「祖」,山西書局本脫,據漢書補。
〔三〕「元年」,山西書局本作「五年」,據漢書改。

卷一百六十九 西漢書姓名韻(六) 上聲 十七養

一五

3581 韓敞 弓高侯隤當之六世孫，[二]嗣。莽敗，絕。

3582 王敞 邛成侯奉光之子，初元二年嗣。

3583 許敞 博望侯舜之子，神爵三年嗣，謚康。

3584 云敞 字幼孺，平陵人。師事吳章，章死，敞稱章弟子抱章尸斂葬之。莽篡，王舜薦可輔職。更始徵爲御史大夫，病免。唐林言可典郡，擢爲魯郡大尹。惜哉！故矣。

3585 傅敞 介子子，有罪不得嗣封。

3586 左内史敞 百官公卿表，元狩元年，左内史敞。無姓。

3587 冀州刺史敞 景十三王，奏河間王元，事下廷尉。無姓。

3588 成公敞 孔光傳，薦尚書僕射成公敞可尚書。敞以舉故，爲東平太守。

3589 任敞 匈奴傳，單于用趙信計，請和親。丞相長史任敞曰：[三]「匈奴新困，宜使爲外臣。」漢使敞使於單于。單于聞敞計，大怒，留不遣。

3590 帛敞 匈奴傳，遣侍中謁者告單于，不得受西域降。互見「昌」下。又莽篡後，遣帛敞等六人重遣單于。

3591 劉賞 平望夷侯賞，菑川懿王子，元朔元年封。

〔二〕「隤」，山西書局本作「頹」，據漢書改。
〔三〕「丞相長史」，山西書局本作「承相御史」，據漢書改。

一六

3592 劉賞 臨朐節侯賞嗣。無年。
3593 劉賞 五鳳元年，公丘思侯賞嗣。
3594 劉賞 昭陽侯賞，長沙剌王子，〔二〕元始五年封，〔三〕四年免。
3595 劉賞 成安侯忠之孫，元康三年嗣，諡刻。
3596 郭賞 王尊傳，郭賜告許仲殺兄賞。
3597 郭賞 河平二年，漢中太守平原王賞為中子為少府，〔三〕四年免。
3598 王賞 鴻嘉元年，東都太守琅邪王賞為中子為少府，〔三〕四年免。
3599 王賞 帝紀，元始二年，左輔都尉尹賞為執金吾，一年卒。孝平王皇后傳，執金吾尹賞。薛宣傳，粟邑令尹賞久郡用事吏，為樓煩長，舉茂材，以令奏賞與頻陽令薛恭換縣。互見東韻「恭」下。酷吏傳，字子心，鉅鹿楊氏人。為江夏太守、右輔都尉、執金吾。卒官。左右歌曰：「安所求子死？桓東少年場」也。為長安令，為「虎穴」，長安歌字有一差者。
3600 金賞 秺侯日磾之子，始元二年嗣，亡後。百官公卿表，甘露四年，為侍中太僕。七年遷。永光元年，為光祿勳，一年卒。〔四〕日磾傳，霍光以女妻日磾嗣子賞，又為奉車都尉。

〔一〕「剌」，山西書局本作「利」，據漢書改。
〔二〕「五」，山西書局本作「元」，據漢書改。
〔三〕「都」、「琅」，山西書局本作「郡」、「郎」，據漢書改。
〔四〕「卒」，山西書局本作「遷」，據漢書改。

3601 衞　賞　長平侯青之玄孫，元始四年，賜爵關內侯。

3602 黃　賞　建成侯霸之子，甘露三年嗣，三十年薨，謚思。〔二〕霸傳，賞爲關都尉，薨。外戚恩澤侯表，賞以定陶太后不宜立號，益封，二千二百户。

3603 光祿勳賞　初元二年，光祿勳賞。

3604 浩　賞　成建始二年，〔三〕大鴻臚浩賞，二年徙。

3605 浩　賞　五行志，建昭五年，兗州刺史浩賞禁民私所自立社。山陽櫜茅鄉社有大槐樹，吏伐斷之，其夜樹復立其故處。

3606 方　賞　哀建平元年，司隸校尉東海方賞爲左馮翊，三年爲廷尉，四年徙。元壽三年，復爲廷尉。

3607 韋　賞　元壽二年，諸吏光祿大夫賞爲大司馬車騎將軍，卒。儒林傳，賞以詩授哀帝。玄成傳，八十餘，以壽終。

3608 廷尉賞　弘子賞，哀帝爲定陶王時，賞爲太傅。哀帝即位，爲大司馬車騎將軍，爵關內侯。梁王立傳，哀帝建平中，立殺人。天子遣廷尉賞持節卽訊。

3609 淳于衍夫賞〔四〕　許后傳，淳于衍夫賞爲掖庭户衞，謂衍「可過辭霍夫人行。」

〔一〕「思」，山西書局本作「惠」，據漢書改。
〔二〕「成」，山西書局本作「武」，據漢書改。
〔三〕「二」，山西書局本作「一」，據漢書改。
〔四〕「淳于衍夫賞」，山西書局本作「淳于賞」，據下文改。

3610 夏侯賞　勝傳，同產弟子賞，梁內史。

3611 大鴻臚賞　王尊傳，衡與大鴻臚賞等會坐殿門下，衡南向，賞等西向。衡更爲賞布東向席，起立延賞坐，私語如食頃。[二]

3612 劉黨　句容哀侯黨，長沙定王子。元光六年封，[三]亡後。

3613 旅黨　共侯罷師之子，文七年嗣，謚惠。[三]

3614 姬黨　子南君嘉之六世孫，永始二年嗣，爲承休侯。綏和元年，進爵爲公，地滿百里。元始四年，爲鄭公。莽篡，爲章牟公。莽傳，周後衞公姬黨，更封爲章平公，亦爲賓。

3615 許黨　博望侯敞之子。甘露三年嗣，謚戾。

3616 郝黨　亭鄉侯，以中郎將與王惲同功侯。元始五年封。元始五年，中郎將南陽郝黨子嚴爲左馮翊。

3617 王黨　莽傳，遣更始將軍護軍王黨擊青、徐。互見尚韻。

3618 王莽　昭始元元年，衞尉天水王莽，字稚叔，四年爲右將軍衞尉，三年卒。燕王旦謂羣臣曰：「蓋主報言，獨患大將軍與右將軍王莽。今右將軍物故。」張晏曰：「莽，天水人，字稚叔。」霍光傳，衞尉王莽酖殺子忽。[四]

[一]　「如」，山西書局本作「女」，據漢書改。
[二]　「六」，山西書局本作「五」，據漢書改。
[三]　「惠」，山西書局本作「思」，據漢書改。
[四]　「忽」，山西書局本作「思」，據漢書改。

3619 王莽 新都侯，永始元年以帝舅曼子侯。篡位，誅。

3620 游徼莽 張延壽傳，放以縣官事怨樂府游徼莽，使大奴駿等兵弩，白晝入樂府云云。莽自髡鉗，衣赭衣，〔二〕及守令史調徒跪謝，〔三〕乃止。

3621 孔莽 光傳，房薨，子莽嗣。王莽更封為褒成侯。避莽，更名均。

3622 壽西長 燕王旦使幸臣壽西長等之長安，以問禮儀為名。

3623 紅陽長 尹賞傳，永始、元延間，紅陽長仲兄弟交通輕俠云云。

3624 後成長 匈奴傳，狐蘭支與匈奴共擊車師，殺後成長。〔三〕師古曰：「後成，車師小國也。」又見車師傳。

3625 朝鮮裨王 涉何刺殺之。詳見涉何下。〔四〕

3626 陳掌 王陵傳，〔五〕曾孫陳掌以衛氏親戚貴，願得續封，然終不得也。師古曰：「掌妻，衛子夫之姊。」衛青傳，掌與少兒私通，上召貴掌。〔六〕傅山曰：君孺為公孫賀妻矣。

3627 劉爽 衡山王賜傳，后乘舒生子爽為太子，后徐來數惡太子無已，時太子欲與亂以止其口。

〔一〕「赭」，山西書局本作「緒」，據漢書改。
〔二〕「徒」，山西書局本作「徒」，據漢書改。
〔三〕「成」，山西書局本作「城」，據漢書改。
〔四〕「何」，山西書局本作「河」，據漢書改。
〔五〕「王陵」，山西書局本作「陳平」，據漢書改。
〔六〕「貴」，山西書局本作「責」，據漢書改。

3628 公孫敖

后飲太子，太子據后股，后告王。

3629 鴈門守攘

鄧陽傳，齊人公孫敖爲濟北王說梁王通意天子，梁王馳以聞。濟北王得不坐，徙封於菑川。註：敖，俱廣反。當收此韻，而韻本在藥部。李廣利傳，詔曰：「匈奴遮殺故鴈門守攘。」

十八梗

3630 田冐 高紀，有東、西秦之說。

3631 孔永 中郎將孔永與建策，東迎中山，爵關內侯。

3632 孔永 寧鄉侯，以侍中五官中郎將與平晏同封。元始五年封。莽以篡，爲大司馬。又孔光傳，莽傳，崇祿侯孔永爲寧始將軍。

3633 劉永 光兄子永於莽篡後爲大司馬。

3634 劉永 建平四年，菑川九世王永嗣。莽篡，絕。

3635 劉永 稻侯永嗣。莽篡，貶爲公，廢。

3636 劉永 虖葭侯永嗣。王莽篡，絕。

3637 劉永 新陽頃侯永，魯頃王子。鴻嘉二年封。

3638 劉永 樂平侯永，河間孝王子。綏和元年封，十六年免。

3639 于永 成陽朔四年，御史大夫于永卒。陽朔三年，諸吏散騎光祿勳于永爲御史大夫，二年卒。

3639 谷　永　馮逡傳，舉逡茂才。建昭二年，爲光祿勳，十六年遷。西平侯定國之子。永光四年嗣，[二]謚頃。尚宣帝女館陶公主施。

3640 谷　永　郊祀志，上書言宜如公卿議，還長安南北郊。陳湯傳，谷永上書訟湯。段會宗傳，永以書戒會宗。劉輔傳，上書訟輔。薛宣傳，永上書薦宣爲御史大夫。永字子雲。長安人也。本名並，以尉氏、樊並反，更名永云。與王鳳、王譚、王音、王商、王根皆善，歷位至大司農。贊曰：引申伯以阿鳳，隙平阿於車騎，[三]指金火以求合，所謂諒不足而談有餘者，可以槪子雲矣。又見元后傳。王嘉傳，嘉與賈延封事請葬謚。匈奴傳，伊邪莫演言欲降，谷永、杜欽言勿受，便曰：「前淳于長初封，大司農谷永以爲當封，衆人歸咎於永。」儒林傳，上書爲鄭寬中

3641 董　永　高昌侯忠之曾孫，建武二年紹封。

3642 鄭　永　安遠侯吉之曾孫，居攝元年紹封，千戶。莽敗，絕。

3643 毋將永　儒林，易，高相授蘭陵毋將永，官至豫章都尉。

3644 張　永　元后傳，冠軍張永獻符命銅璧，文言：「太皇太后當爲新室文母太皇太后。」莽封張永爲貢符子。

3645 王　永　莽傳，莽兄永爲諸曹，早死，有子光，莽使學博士門下。

――――――――
〔二〕「騎」字上，山西書局本衍一「車」字，據漢書刪。
〔三〕
〔四〕，山西書局本作「三」，據漢書改。

3646 程永　莽傳，西羌龐恬等攻西海太守程永，永走。莽誅永。

3647 劉景　成帝既徵定陶王爲太子，乃立楚孝王孫景爲定陶王。奉恭王祀〔一〕後徙信都。莽篡，貶爲公，廢。

3648 劉景　諸侯王表，永光元年，城陽孝王景嗣。

3649 劉景　挹裴釐侯景嗣。

3650 劉景　高城質侯景嗣。

3651 劉景　都鄉孝侯景，趙頃王子，甘露二年封。〈宣表中又有此。無年。〉

3652 劉景　西鄉侯景嗣，免。

3653 劉景　承陽侯景，長沙剌王子，元始五年封，〔三〕四年免。

3654 劉昆景　挾術侯昆景，城陽頃王子，元鼎元年封，亡後。

3655 傅景　陽陵侯寬之七世孫，元康四年，長陵士伍詔復家。

3656 毛景　張節侯釋之之玄孫，元康四年，長安公士詔復家。

3657 仇景　游俠傳，有南道仇景。總見姚氏下。

3658 劉郢　文紀，宗正臣郢。

3659 閩越王郢　武紀，閩越王郢攻南越。西南夷傳，建元六年，大行王恢擊東越，東越殺王郢以報。

〔一〕「恭」，山西書局本作「共」，據漢書改。
〔二〕「五」，山西書局本作「元」，據漢書改。

3660 吴邪 又見南粵傳。

義陵侯，以長沙柱國侯，千五百戶。

3661 劉猛 王子侯表，元康四年，德哀侯玄孫、長安大夫猛詔復家。復家，蠲賦役也。

3662 劉猛 始元四年，南城戴侯猛嗣。同名二。

3663 若陽侯猛 以匈奴相降，侯，五百三十戶。元朔二年封，[二]後坐謀反人匈奴，要斬。

3664 張猛 周堪弟子。張騫傳，騫孫猛，有俊才，元帝時爲光祿大夫，使匈奴，給事中，爲石顯所譖，自殺。石顯傳，顯求索其罪，自殺。薛廣德傳，廣德爭上宜從橋，上不說。先歐光祿大夫張猛進曰：「乘船危，就橋安」云云。諸葛豐傳，豐告張猛，上不直豐。匈奴傳，送單于侍子。互見韓昌下。

3665 少府猛 王嘉傳，永信少府猛等十人以爲「嘉大臣括髮闌械、裸躬就答，非所以重國褒宗廟也」云云。

3666 陳幸 復陽侯胥之曾孫，元康四年，雲陽簪裹詔復家。

3667 臣長幸 霍光傳，臣長幸。不知姓。

3668 蕭秉 儒林傳，穀梁家胡常，授梁蕭秉字君房，莽時爲講學大夫。

3669 孔秉 莽傳，使侍中講禮大夫孔秉等與曉知地理圖籍者，[三]共校治於壽成朱鳥堂。

〔二〕「元」，山西書局本作「元」，據漢書改。

〔三〕「禮」，山西書局本作「理」，據漢書改。

3670 劉丙　尉文節侯丙，趙敬肅王子，元朔二年封。〔一〕

3671 劉㑬　成煬侯㑬嗣。

3672 搖省　海陽侯母餘曾孫，景四年嗣，諡哀。

3673 劉泳　莽傳，甄尋捕得，辭連及右曹長水校尉伐虜侯劉泳。〔二〕

3674 烏日領　烏孫傳，小昆彌末振將使貴人烏日領刺殺大昆彌雌栗靡，〔三〕後卑爰疐殺烏日領自效。互見「疐」下。

十九有

3675 武負　高紀，常從王媼、武負貰酒，時醉臥，武負見其上有怪。師古曰：武家之母也。

3676 張負　陳平傳，張負見平喪所，獨視偉平，隨平至其家。

3677 許負　周勃傳，勃弟亞夫爲河內守時，許負相之，云：「君後三歲爲侯。侯八歲，爲將相，得國秉。後九年而餓死。」外戚傳，許負相薄姬，當生天子。游俠傳，郭解，許負外孫。

3678 賈壽　高后紀，郎中令賈壽使從齊來，因數呂產曰：「王不早之國，今雖欲行，尚可得耶？」

〔一〕　「元」，山西書局本作「元」，據漢書改。
〔二〕　「伐」，山西書局本作「代」，據漢書改。
〔三〕　「刺殺」，山西書局本脫，據漢書補。

卷一百六十九　西漢書姓名韻（六）　上聲　十九有

二五

3679 王壽　具以灌嬰與齊、楚合從狀告產。丞相少史王壽誘上官安入府門，誅，封列侯。

3680 王壽　莽傳，建國元年，封宇子王壽爲功明公。

3681 王壽　孝景四年，壽嗣齊王，諡懿。

3682 劉壽　始元二年，被陽頃侯壽嗣。

3683 劉壽　翟侯壽，城陽頃王子，元鼎元年封，酎金免。

3684 劉壽　博陽侯濞之曾孫，元康四年茂陵公乘詔復家。

3685 李壽　邗侯，以新安令史得衛太子，侯，一百五十戶。延和二年封，[二]後坐爲衛尉居守，擅出長安界，[三]送海西侯至高橋，又使吏謀殺方士，不道，誅。戾太子入室自經，新安令史李壽趨抱解太子，主人公遂格鬬死。[三]詔封壽爲邗侯。

3686 朱壽　元鳳五年，鉅鹿太守淮陽朱壽字少樂爲廷尉，坐侍中邢元下獄風吏殺元，[四]棄市。

3687 延壽　五鳳二年，守左馮翊五原太守延壽。無姓。

3688 何壽　成建始二年，蜀郡太守何壽爲廷尉，四年徙。河平二年，爲大司農。河武傳，武爲郡吏時，事太守何壽。知武有宰相器，以同姓故厚之。後壽爲大司農，武爲揚州刺史，

[二]「延」，山西書局本作「征」，據漢書改。
[二]「擅」，山西書局本作「檀」，據漢書改。
[三]「遂」，山西書局本作「與」，據漢書改。
[四]「邢」，山西書局本作「刑」，據漢書改。

3689 臣壽 奏事在邸，壽兄子適在長安，壽為具召武弟顯及故人楊覆眾等，酒酣，見其兄子，曰：「此子揚州長史，材能駑下，未嘗省見。」顯等甚慚，退以謂武，武不可，顯等強之，不得已召見，賜卮酒。歲中，盧江太守舉之。

3690 曹壽 藝文志，小說家臣壽周紀七篇。註：項國圉人，宣帝時。

平陽侯曹壽尚武帝姊陽信長公主。師古曰：「當是參後，然傳及表並無之，未詳。」去病傳，曹壽有惡疾。

3691 甯壽 衛青傳，薦亢父甯壽，有詔徵。壽稱疾不至。

3692 孔壽 莽傳，封光孫壽為合意侯。[三]

3693 劉延壽 天漢元年，劉延壽嗣為楚王，地節元年謀反，自殺。廣陵王胥傳，胥女為楚王延壽后弟婦，數相餽遺。

3694 劉延壽 兩龔傳，公丘煬侯延壽嗣。

地節四年，公丘煬侯延壽嗣。

3695 劉延壽 陸侯延壽嗣。五鳳三年，劉延壽嗣為列侯。

宣紀，五鳳二年，坐知女妹夫亡，命笞二百，首匿罪，免。

百官公卿表，侍中光祿大夫許延壽為大司馬車騎將軍。神爵元年，以強弩將軍擊西羌。嚴延年傳，強弩將軍許延壽請延年為長史。

3696 許延壽 樂成敬侯以皇太子外祖父、同產弟、侍中、關內侯，有舊恩，封，千五百戶。元康二年封。又見許后傳。

〔一〕「兩」，山西書局本作「丙」，據漢書改。
〔二〕「孫」，山西書局本作「祿」，據漢書改。
〔三〕

卷一百六十九　西漢書姓名韻（六）　上聲　十九有

二七

3697 韓延壽　宣五鳳元年，左馮翊韓延壽有罪，棄市。百官公卿表，神爵三年，[一]東郡太守韓延壽爲左馮翊。字長公，燕人，魏相策以父義諫死，宜顯其子，霍光擢爲諫大夫，爲潁川太守。時更改，趙廣漢告許一切之法，教以禮讓。蕭望之遣御史案東郡傳會雜罪竟坐棄市，吏民數千人送至渭城，爭奉酒炙。延壽不忍距逆，人人爲飲，計飲酒石餘。移殿門禁止。望之逕太褊事，不學無術矣。

3698 繁延壽　元帝竟寧元年，御史大夫延壽卒。師古曰：「繁延壽也。」陳湯傳，御史大夫繁延壽議勿懸郅支名王之首。[三]許嘉、王商議懸之十日。建昭二年爲衛尉，一年遷。三年爲御史大夫，三年卒。一姓繁。

3699 甘延壽　永傳，御史大夫繁延壽除補屬壽奏：「望之踞慢不遜，受所監臧二百五十以上。」郁郅人，字君況。義成侯，以使西域騎都尉，討郅支單于，斬王以下千五百級，侯，四百戶。孫遷益封，凡二千戶。竟寧元年封。又見西域康居傳、烏孫傳，送馮夫人。以良家子善騎射爲羽林，投石拔距絕于等倫，常超踰羽林亭樓。陳湯傳，石顯嘗欲以姊妻延壽，延壽不取。

3700 張延壽　富平侯安世之子，元康四年封爲陽都侯，謚愛。傳曰，以弟彭祖陽都侯徙封平原，並一國也。安世子。安世見父子尊顯，不自安，爲子延壽求出補吏，上以爲北地太守。歲餘，閔安世老，復徵延壽爲左曹太僕。復嗣侯。上書讓減戶邑，天子以爲有讓，乃

[二]「三」，山西書局本作「二」，據漢書改。
[三]「名王」，山西書局本作「王名」，據漢書改。

3701 張延壽 徙封平原，並一國。憚語富平侯延壽曰：「聞前有奔車抵殿門，門關折，馬死，而昭帝崩，今復如此」云云。

3702 李延壽 元康四年，北海太守延壽爲太僕，四年病免。

3703 張延壽 初元三年，丞相司直李延壽子惠爲執金吾，九年遷。又見霍光傳，有執金吾臣延壽。師古曰：姓李。

3704 范延壽 河平二年，北海太守范延壽子路爲廷尉，八年卒。

3705 焦延壽 字贛。與廷尉范延壽語，云云。又見敬韻「慶」下。京房師事之，卒小黃令。常曰：「得我道以亡身者，必京生也。」京房以爲延壽易卽孟氏學，翟牧、白生不肯，[二]皆曰非也。劉向以爲焦延壽獨得隱士之說，託之孟氏。

執金吾延壽 昭元平元年，執金吾延壽。無姓。

3706 孟喜問易，京房師事之，卒小黃令。

3707 劉益壽 後元年，蔓原侯益壽嗣。

3708 劉益壽 桃安侯襄之六世孫，元康四年，長安上造詔復家。

3709 其益壽 陽河侯石之六世孫，元康四年，長安官大夫詔復家。

3710 公孫益壽 匈奴傳，祁連將軍田廣明欲引兵還，御史屬公孫益壽以爲不可，祁連不聽。

劉長壽 甘露元年，歷鄉頃侯長壽嗣。

〔二〕「生」，山西書局本作「光少」，據漢書改。

3711 許任壽 嚴敬侯猜之六世孫，元康四年，平壽公士詔復家。

3712 王山壽 商利侯，以丞相少史誘反者車騎將軍安入丞相府，侯，九百一十五戶。元鳳元年封。

3713 王公壽 元康元年，坐爲代郡太守故劾十人罪不直〔一〕免。

3714 趙奉壽 葬孫病死。互見公明下。

3715 趙增壽 〈趙廣漢傳，丞相侍婢有過，自絞死。廣漢使中郎趙奉壽風曉丞相，欲以脅之，毋令窮正己事。

鴻嘉元年，廬江太守趙增壽釋公爲左馮翊，二年爲廷尉，五年貶常山都尉。〔二〕陳湯傳，廷尉增壽議湯不可謂惑衆，虛設不然之事，非所宜言，大不敬也。

3716 酈明友 平帝初，封酈商等後玄孫明友等百一十三人爵關內侯。

3717 酈猛友 元始二年，詔賜商代後者猛友爵關內侯。

3718 范明友 平陵侯，以校尉擊反氏，後以將軍擊反氏，〔三〕獲王，虜首六千二百，〔四〕侯。與大將軍光定策，益封，凡二千九百戶。元鳳四年封，地節四年，坐謀反，誅。昭帝元鳳三年，匈奴傳，匈奴擊烏丸，霍光欲發兵邀擊，問趙充國，曰：「非計。」問中郎將范明友，曰：「可擊。」於是拜范明友爲度遼將軍，擊烏桓。後封平陵侯。後與霍雲等逆，誅。

〔一〕「劾」，山西書局本作「刻」，據漢書改。
〔二〕「都尉」，山西書局本作「太守」，據漢書改。
〔三〕「後」，山西書局本作「復」，據漢書改。
〔四〕「二」，山西書局本作「三」，據漢書改。

3719 劉友 爲度遼將軍，出遼東，匈奴去，遂烏桓弊，擊之，獲三王首，還，封平陵侯也。又匈奴傳，本始二年，度遼將軍范明友三萬餘騎，出酒泉〔一〕，出塞千二百餘里，至蒲離侯水，斬首捕虜七百餘級，鹵獲馬牛羊萬餘。霍光傳，范明友，光女壻也，徙爲光祿勳。

3720 劉友 高帝子。淮陽王，徙趙。高后七年，自殺。藝文志有趙幽王賦一篇。本傳有「爲王餓死」之歌。

3721 劉友 元延四年，菑川八世懷王友嗣。名同淮陽。

3722 李友 南城侯六世友嗣。莽篡，絕。同名三。

3723 共友 百官公卿表，元狩三年，廷尉李友。

3724 劉守 匈奴傳，匈奴入代郡，殺太守共友。師古曰：太守姓名也。

3725 劉守 成元延二年，廣陵靖王守以孝王子紹封。

3726 劉守 壽梁侯守，菑川懿王子。元朔二年封，〔二〕後坐酎金免。

3727 劉守 始元三年，山安侯守嗣。

3728 劉守 元封四年，繁安安侯守嗣。

3729 劉守 柳侯守六世嗣。莽篡，絕。

劉守 元康四年，軹質侯守嗣。

〔一〕「酒泉」，山西書局本作「張掖」，據漢書改。
〔二〕「二」，山西書局本作「元」，據漢書改。

3730 劉守要安哀侯守嗣[二]亡後。

3731 水衡都尉太始二年，水衡都尉守。無姓。

泉鳩里北地太守

3732 泉鳩里戾太子傅，泉鳩里加兵刃於太子者，初爲北地太守，後族。

3733 劉受建元五年，沈猷侯受嗣。元狩四年爲宗正。五年，坐聽請，耐爲司寇。

3734 劉受百官公卿表，元狩元年，宗正劉受。

3735 張受宣平侯敖之孫，高后八年，以魯太后子封，爲樂昌侯。文元年免。

3736 齊受平定敬侯，以卒從起留，以家車吏入漢，以驍騎都尉擊羽，得樓煩將，用齊丞相侯。

3737 王受蓋靖侯信之孫，嗣，元鼎五年坐酎金免。

3738 疏受廣之兄子，號二疏者。

3739 駒于利受匈奴傳，郅支單于亦遣子右大將駒于利受入侍。

3740 劉長久阿武侯六世長久嗣。莽篡，絕。

3741 劉狗狗宋子侯狗嗣，免。

3742 許九桃侯瘛之孫，文十年嗣。景中二年，坐寄使匈奴買塞外禁物，免。

3743 吳首外石侯陽之子，太初四年嗣，坐咀咒，要斬。

───────

〔二〕「要」，山西書局本作「栗」，據漢書改。

3744 燕舊　宜城侯倉之六世孫，嗣，莽敗，絕。

3745 孟柳　藝文志，馮商與孟柳俱待詔，頗序列傳，未卒，死。

3746 鯀君丑　閩粵傳，詔曰：「郢等首惡，獨無諸孫鯀君丑不與謀。」立丑爲粵鯀王。

3747 吳右　吳芮傳，共王右嗣。表作若。

3748 最後　郊祀志，引最後等，皆燕人，爲方仙道。非漢人矣，以別無見，列之。

3749 周醜　儒林，易，駻臂授燕周醜。

3750 甄阜　莽傳，地皇四年正月，漢兵得下江王常等兵助，[二]擊前隊大夫甄阜、屬正梁丘賜，皆斬之。匈奴傳，副校尉甄阜告匈奴不得受西域降下。又遣班四條。莽篡，又遣阜重遺單于。

3751 漂母　莽傳，琅邪女子呂母子爲縣吏，[三]爲宰所寃殺。母散家財云云，遂攻海曲縣，殺其宰以祭子墓。

3752 呂母　即昭靈夫人，高后七年，尊爲昭靈后。

3753 昭哀后　即宣夫人，高后七年，尊爲昭哀后。

3754 昭靈后

3755 高祖呂后　外戚傳。

〔一〕「得」，山西書局本作「將」，據漢書改。

〔二〕「琅」，山西書局本作「郎」，據漢書改。

外戚傳

3756 恆山王呂后　更立恆山王弘爲皇帝，〔二〕而立呂祿女爲后。

3757 孝文竇皇后　景帝母。

3758 孝惠張后　宣平侯敖之女，魯元公主生，呂后使陽爲有身云云。

3759 孝景薄后　薄太后家女也，無子無寵。太后崩，而后廢。〔三〕

3760 孝景王皇后　武帝母也。先爲王夫人，男在身時，夢日入懷。

3761 代王王后　生四男，先代王未爲帝而卒，後代王爲帝後，王后所生四男皆病死。

3762 孝武陳皇后　長公主嫖女也。陳午尚主，〔三〕生女。武帝立爲太子，長主有力，取主女爲妃。後爲后，廢居長門宮。薨，葬霸陵郎官亭東。

3763 孝武衛皇后　武帝后，字子夫。爲平陽主謳者。元朔元年生男據，後自殺，葬城南桐柏。〔四〕宣帝立，諡曰思后。

〔一〕「恆山王」，山西書局本作「桓山」，據漢書改。

〔二〕「而」，山西書局初版本脫，傅山全書本作本脫，據山西書局本補。

〔三〕「午」，山西書局本作「武」，據漢書改。

〔四〕「柏」，山西書局本作「拍」，據漢書改。

3764 孝昭上官皇后 安之女，因丁外人入爲婕妤。月餘，遂立爲后，年甫六歲。

3765 孝宣許皇后 宣元六王傳，宣帝許皇后，元帝母也。父廣漢，昌邑人，有女曰平君，曾孫立爲帝，平君爲婕妤。後立爲后。

3766 孝宣霍后 霍顯使女醫淳于衍毒死，葬杜南，是爲杜陵南園。

3767 孝宣王皇后 光女，字成君。顯既毒許后，復教后毒太子，不行。父奉光，女年十餘歲，所當適輒死。宣帝即位，召入，稍進爲婕妤。後爲元帝立爲皇太后。元帝崩，成帝即位，爲太皇太后。以成帝母亦姓王，故世號爲邛成太后。邛成[二]奉光所封國。

3768 孝元王皇后 成帝母，字政君，莽之姑也。父王禁。劉崇、翟義舉兵，太后聞之，曰：「人心不相遠。」莽篡，後令其屬黷貂，至漢家正臘日，獨與其左右相對飲食。年八十四，建國五年二月崩。合葬渭陵。莽詔揚雄作誄。[三]

3769 定陶王張后 丁姬傳，定陶王張后，其母鄭禮。

3770 孝成許皇后 平恩侯嘉女也。以災異省椒房掖廷用度。后上疏云云。後廢處昭台宮歲餘，徙長定宮。後因私賂淳于長，長書詩謾，天子使孔光賜后藥，自殺，葬延陵交道廄西。

〔一〕「邛」，山西書局本作「卬」，據漢書改。
〔二〕「邛」，山西書局本作「卬」，據漢書改。
〔三〕「揚」，山西書局本作「陽」，據漢書改。

3771 孝成趙皇后　本長安宮人。生時，父母不舉，三日不死。乃壯，屬陽阿主家，學歌舞，號飛燕。〔一〕

3772 孝哀傅皇后　定陶太后從弟晏之子也。哀帝為陶王時，傅太后取以配王。後立為后。王莽白太皇太后下詔，自殺。

3773 孝平王皇后　莽女也。莽篡，以孺子嬰為定安公，改皇太后為定安公太后，后時年十八矣。自劉氏廢，常稱疾不朝，莽敬憚哀傷，欲更嫁之，乃更號為黃皇室主。〔三〕漢兵誅莽，后自燒死。

3774 陰安侯頃王后　見文紀。蘇林曰：高帝兄仲妻也。仲名喜，為代王，廢為郃陽侯。子濞為吳王，故追見文紀。如淳曰：頃王后封陰安侯，時呂須為林光侯，蕭何夫人為酇侯。宗室表無陰安侯，諡頃王后也。

3775 紀太后　齊厲王次昌之母。見高五王傳。

3776 梁李太后　孝王武之妃，〔三〕共王買之母，亦私與食官長及郎尹霸等姦亂，平王以此使人風止之。

3777 梁陳太后　共王買之妃，平王襄之母。詳任后下。

3778 梁任后　平王妃，甚有寵於平王襄。孝王有罍尊，戒後世寶之，毋得與人。〔四〕任后欲子，李太后曰：「先王有命。」任后絕欲得之。襄使人開府取賜任后。又王及母陳太后事李多不

〔一〕「飛燕」，山西書局本作「燕飛」，據漢書改。
〔二〕「黃」，山西書局本作「廣」，據漢書改。
〔三〕「武」，傅山全書初版本誤作「作」，據山西書局本改。
〔四〕「毋」，山西書局本作「母」，據漢書改。

3779 風后

順。漢使來，李太后欲自言，襄使謁者中郎胡等遮止，閉門。李太后爭門，[二]措指。李太后病時，任后不請疾。薨，又不侍喪也。後爲狋反告，梟首於市。

藝文志，兵法陰陽家十三篇。[三]又五行風后孤虛二十卷。

3780 巫錦

二十寢

郊祀志，汾陰巫錦爲民祠魏脽后土營旁，見地如鉤狀，掊視得鼎。言吏。天子使驗問巫得鼎無奸詐，以禮祠，迎鼎至甘泉。

3781 劉敢

二十一感

丹陽哀侯敢，江都易王子。元朔元年封，亡後。

3782 劉敢

原洛侯敢，城陽頃王子。元鼎元年封，後坐殺人棄市。

3783 劉敢

衛皇后傳，遣執金吾劉敢收皇后璽綬。

3784 李敢

百官公卿表，元狩五年，郎中令李敢。[三]李廣傳，匈奴左賢王四萬騎圍廣，廣使其子李敢往馳之。敢從數十騎直貫胡騎，出其左右而還，報曰：「胡虜易與耳。」廣死軍中，時敢從驃騎將軍以校尉擊左賢王，力戰，奪旗鼓，賜爵關內侯。代廣爲郎中令。

[一]「爭」，山西書局本作「事」，據漢書改。
[二]「三」，山西書局本作「五」，據漢書改。
[三]「李」，山西書局本作「孝」，據漢書改。

3785 管敢

怨大將青之恨其父，乃擊傷大將軍。居無何，敢從上至甘泉宮獵，驃騎將軍去病怨敢傷青，射殺敢。去病時方貴幸，上爲諱，云鹿觸殺之。有女爲太子中人，去病無諱將，悉以李敢爲大校，[一]當諱將。又校尉敢皆獲旗鼓，賜爵關內侯，食邑二百戶。校尉自爲爵左庶長。軍吏卒爲官，賞賜其多。

3786 代郡范

李陵傳，陵軍侯管敢爲校尉所辱，亡降匈奴，具言「陵軍無後救，射矢且盡。」

3787 汲黯

初元二年，京兆尹代郡范。無姓。

字長孺，好黃老言，尚清靜。多病，嚴助爲請告。上曰：「汲黯何如人也？」助曰：「使黯任職居官，無以愈人，然至其輔少主守成，雖自謂賁育不能過。」淮南憚之曰：「守節死義。」周陽由傳，汲黯之伎，同車敢均茵馮。

3788 伏黯

匈奴傳，莽遣五威率伏黯送右廚唯姑夕王云云。互見王咸下。又見莽傳。

二十二琰

3789 須鷹

陳餘軍鉅鹿北，不敢前。張耳怨陳餘，使張鷹、陳釋讓餘。餘使五千人令張鷹等先嘗秦軍，皆没。

3790 張鷹

陸量侯無之曾孫，景元年嗣，元鼎五年酎金免。亦當在鹽韻。

[一]「校」，山西書局本作「將」，據漢書改。

卷一百七十 西漢書姓名韻（七）

去聲

一送

3791 劉仲 張負之子。負，陳平傳。謂仲曰：「吾欲以女孫予平」。

3792 張仲 張釋之傳，與兄仲同居，久宦減仲之產。

3793 張仲 昭始元元年，司隸校尉李仲字季主為廷尉，四年坐誣罔棄市。

3794 李仲

3795 許仲 王尊傳，男子郭賜，告許仲殺賜兄賞。

3796 段仲 儒林傳，胡母公羊弟子，廣川段仲。

3797 田仲 楚人，父事朱家，自以為行弗及也。

3798 王仲 外戚傳，孝景王皇后，父王仲，槐里人也。後追尊為共侯。

3799 武仲 莽傳，孫建奏：「不知何一男子，自稱劉子輿，收繫之，即長安姓武字仲」云云。

3800 薛子仲 食貨志，羲和置命士督五鈞六斡，郡有數人，皆用富賈。洛陽薛子仲等，乘傳求利。

3801 修成子仲　貨殖傳，薛子仲等訾亦十千萬，[二]莽以爲納言。
外戚傳，號金氏女爲修成君，生一男爲修成子仲，以太后故，橫於京師。又見義縱傳，縱爲長陵令，捕按太后外孫修成子仲，上以爲能。

3802 紅陽長仲　尹賞傳，紅陽長仲兄弟交通輕俠云云。註：「姓紅陽而兄字長，弟字仲也。」[三]
又曰：「紅陽侯王立之子，兄弟長少者也。」傅山曰：「王立之子，近之。
儒林傳，嚴彭祖，公羊春秋授瑯琊王中，元帝少府。師古曰：中讀曰仲。

3803 王中　
3804 郭翁中　游俠傳，有西河郭翁中。師古曰：「中讀如仲。」總見紙韻樊中子下。

3805 王鳳　成帝舅陽平侯，建昭三年爲侍中衞尉，三年遷。竟寧元年爲大司馬大將軍。又見京房傳。陽平侯禁之子，永光二年嗣，謚敬成。輔政凡十一歲，孝元王后傳，禁八男：長鳳，字孝卿，封陽平侯。其穎擅，見元后傳。薛宣傳，陽朔三年死，謚曰敬成。

3806 王鳳　東平王宇上書求太史公書，鳳議不宜與。薛宣傳，鳳聞宣名，薦宣爲長安令。

3807 劉鳳　成帝舅陽平侯鳳，梁荒王子，永始三年封。[三]

3808 陳鳳　曲鄉頃侯鳳，元始二年，詔賜平代後者鳳爵關內侯。

3809 陳鳳　曲鄉侯，以中郎將與王惲同功侯。元始五年封。

3810 陳鳳　五行志，哀帝建平中，豫章有男子化爲女子，嫁爲人婦，生一子。長安陳鳳言此陽變

〔一〕「亦」，山西書局本作「六」，據漢書改。
〔二〕「兄字長，弟字仲」，山西書局本作「兄弟字長仲」，據漢書改。
〔三〕「三」，山西書局本作「六」，據漢書改。

3811 便鳳

3812 宗伯鳳

爲陰，將亡繼嗣，自相生之象。一曰：嫁爲人婦生一子者，將復一世乃絕。

爰氏侯樂成之曾孫，元始五年紹封，千戶，莽敗，絕。

孝平王后傳，少府宗伯鳳内采。

碑傳，王莽新誅平帝外家衞氏，召明禮少府宗伯鳳入說爲人後之誼，欲以内厲平帝外寒衆議。

莽傳，平帝崩，莽徵明禮者宗伯鳳與定天下吏百石以上服喪三年。又爲傅丞。[一]

3813 房鳳

儒林傳，穀梁家尹更始，奏欲傳之長安王嘉傳，梁相疑東平獄冤，又以左氏章句授瑯琊房鳳字子元，僕射宗伯鳳以爲可許。師丹奏非毀先帝所立，不其人也。爲光祿大夫，出爲九江太守，至

3814 成重[二]

五官中郎將，與王龔、劉歆，共白立左氏。

青州牧。

3815 劉重

平帝時江湖賊，使陳茂諭出之，徙雲陽。

3816 吳重

邯會侯六世重嗣。無年。

3817 南正重

義陵侯鄧之子，惠四年嗣，亡後。

司馬遷傳，顓頊使南正重司天。

3818 楊覆衆[三]

何武傳，與成都楊覆衆，[四]共習歌中和、樂職之詩。又何壽爲具召覆衆等。

3819 成重

蕭由傳，平江賊成重等。

[一]「傅」，山西書局本作「陳」，據漢書改。
[二]「成重」，山西書局本作「陳重」，據漢書改。
[三]「楊覆衆」，山西書局本作「楊覆重」，據漢書改。下同。
[四]「成都」，山西書局本作「城都」，據漢書改。

3820 成重 莽傳，三虎有成重，保京師倉。總見郭欽下。

3821 劉異衆 樊輿思侯異衆嗣。無年。

3822 劉異衆 元延元年，鄭侯異衆，紹高郭侯之封。

3823 劉異衆 挾孝侯衆嗣，亡後。

3824 劉異衆 地節三年，〔一〕宣處原侯衆嗣，亡後。

3825 劉異衆 成陽侯衆，楚思王子，元始元年封，八年免。

3826 劉合衆 安鄉侯合衆嗣，免。

3827 畢衆 成建始元年，河南太守畢衆爲左馮翊。

3828 辛臨衆 趙充國傳，四府舉辛武賢小弟湯，可。護羌校尉充國奏：湯不如湯兄臨衆。湯已拜節，有詔更用臨衆。臨衆病免，復用湯也。

3829 張奉 北平侯倉之子，景六年嗣，諡康。

3830 革奉 袞棗侯朱之玄孫，元康四年，陽陵大夫詔復家。

3831 翼奉 藝文志，孝經有翼氏說。〔二〕本傳，字少君，東海下邳人。治齊詩，好律曆陰陽之占曰：「知下之術，在於六情十二律而已。」奉以中郎爲博士、諫大夫，以壽終。子及孫，皆以學在儒官。匡衡爲相，奏徙南北郊，其議皆自奉發之。儒林傳，后蒼通詩禮。

〔一〕「三」，山西書局本作「二」，據漢書改。

〔二〕「翼氏說」，山西書局本作「翼奉說」，據漢書改。

3832 樂奉 渠犁傳，時烏孫公主遣女來至京師學鼓琴，漢遣侍郎樂奉送主女。

3833 閻奉 百官公卿表，元封元年，水衡都尉閻奉。

3834 閻奉 義縱傳，會更五銖錢白金起，民爲姦云云。閻奉以惡用矣。師古曰：以嚴之故而見任用。

3835 先賢諷 歸德侯揮之孫，建始二年嗣。

3836 章贛 武五子傳，御史章贛等助江充拙蠱，被創突亡，自歸甘泉。

3837 楊贛 王溫舒爲中尉，所用猜禍吏，有關中楊贛。

3838 趙貢 薛宣傳，宣爲不其丞。琅邪太守趙貢行縣，見宣，甚說其能。從還至府，令妻子與相見，戒曰：「贛君至丞相，我兩子亦中丞相史。」宣代張禹爲相，貢兩子爲史。貢者，趙廣漢之兄子也。

3839 子貢 藝文志，雜占家，有子貢雜子侯歲二十六卷。又貨殖傳。

二置

3840 呂雉 高帝兄仲之子也。〔一〕以故代王子沛侯爲吳王，反，誅。

3841 劉濞 高帝兄仲之子也。〔一〕以故代王子沛侯爲吳王，反，誅。

3842 朱濞 傿陵嚴侯，以卒從起豐，入漢，以都尉擊羽、臧荼，侯，二千七百戶。

〔一〕「帝」，山西書局本作「弟」，據漢書改。

卷一百七十　西漢書姓名韻（七）　去聲　二置

四三

3843 陳濞　博陽嚴侯，以舍人從碭，以刺客將入漢，以都尉擊羽滎陽，絕甬道，殺追士卒，侯。

3844 劉鼻　神爵四年，平的頃侯鼻嗣。

3845 劉如意　趙隱王，高帝子，呂后殺之，亡後。

3846 劉如意　元始二年，廣宗王如意以代孝玄孫之子紹封。莽篡，貶爲公，廢。

3847 劉如意　平都侯到之曾孫。元康四年，長安公乘詔復家。

3848 劉如意　太初三年，封斯原侯如意嗣。

3849 單如意　昌武侯究之子，惠六年嗣，謚惠。

3850 豆如意　衛青傳，將軍李沮、李息及校尉豆如意皆有功，賜爵關内侯。

3851 劉安意　元封三年，象氏思侯安意嗣。

3852 唐廣意　斥丘侯厲之曾孫，元康四年，長安公士詔復家。

3853 郭廣意　後元二年，執金吾郭廣意免。

3854 郭廣意　燕王旦傳，王孺見執金吾郭廣意，問帝崩所病，立者誰子。廣意言待詔五柞宫，〔二〕宫中謹言帝崩。

3855 廣　意　元康二年，〔三〕執金吾廣意。無姓。

3856 公孫廣意　禾成侯昔之曾孫，元康四年，霸陵公乘詔復家。〔三〕

〔一〕「五柞宮」，山西書局本作「五祚宮」，據漢書改。

〔二〕「二」，山西書局本作「元」，據漢書改。

〔三〕「霸陵」，山西書局本作「罷陵」，據漢書改。

3857 中尉廣意　百官公卿表，景後三年，中尉廣意。無姓。
3858 劉中意　陽信夷侯揭之子，文十五年嗣，景六年，罪，免。
3859 淳于意　即倉公。
3860 廷尉意　征和三年，[二]廷尉意。無姓。
3861 楊得意　司馬相如傳，楊得意爲狗監，侍上。上讀子虛賦，善之，曰：「朕獨不得與此人同時哉！」得意曰：「臣邑司馬相如自言爲此賦。」
3862 司馬意　馮奉世傳，校尉司馬意皆在北道諸國間。
3863 公戶滿意　儒林傳，徐氏弟子公戶滿意爲禮官大夫。
3864 中大夫意　匈奴傳，使中大夫意遺單于。
3865 魏和意　烏孫傳，漢使司馬魏和意，副候任昌送侍子。互見「昌」下。
3866 崔不意　地理志，燉煌郡，效穀縣。註：師古曰：本漁澤障也。桑欽說，孝武元封六年，濟南崔不意爲漁澤尉，教力田，以勤效得穀，因立爲縣名。
3867 蘇意　文後六年，故楚相蘇意爲將軍，屯句注。
3868 劉意　建昭五年，廣陵共王意嗣。
3869 周意　汾陰侯昌孫，文前五年嗣，後坐行賕，髡爲城旦。

〔二〕「三」，山西書局本作「二」，據漢書改。

卷一百七十　西漢書姓名韻（七）　去聲　二寘

四五

3870 杜意 長修侯恬之孫，[二]文五年嗣。有罪，免。

3871 爰意 成陽定侯，以魏郎漢王二年從起陽武，擊羽，屬魏豹，豹反，屬相國彭越，以太原尉定代，侯，六百戶。

3872 孫意 元壽三年，京兆尹清河孫意子承。[三]

3873 沈意 莽敗死，大尹沈意不降，漢兵誅之。

3874 宋義 項梁再破秦軍而驕，宋義諫之，不聽。高陵君顯謂孫心曰：「宋義知兵。」因以爲上將軍。羽於帳中斬之。

3875 劉義 元狩六年嗣，爲城陽王，諡敬。[三]

3876 劉義 代王登之子，元光三年嗣代王，[四]後徙清河，諡剛。

3877 劉義 朝節侯劉義，趙敬肅王子，元朔二年封。[五]

3878 劉義 陸地侯義，中山靖王子，元朔三年封，[六]酎金免。

3879 劉義 夫夷敬侯義，長沙定王子。

〔二〕「孫」，山西書局本作「子」，據漢書改。

〔三〕「承」，山西書局本作「丞」，據漢書改。

〔三〕「敬」，山西書局本作「煬」，據漢書改。

〔四〕「元光」，山西書局本作「元」，據漢書改。

〔五〕「元」，山西書局本作「元」，據漢書改。

〔六〕「三」，山西書局本作「二」，據漢書改。

3880 劉義 甘露三年，〔一〕新市頃侯義嗣。

3881 劉義 樂侯義，梁敬王子，建昭元年封，坐使人殺人，髡城旦。

3882 呂義 陽信侯青之孫，文七年嗣，諡懷。

3883 呂義 以惠子封襄城侯，高后元年封，後爲常山王。

3884 劉義 宣曲齊侯，以卒從起留，以騎將入漢，定三秦，破羽軍榮陽，爲郎騎將，破鍾離眛固陵，功，侯，六百七十戶。

3885 丁義 樂成侯禮之曾孫，元鼎二年嗣，坐言五利侯不道，棄市。

3886 丁義 土軍式侯，高祖六年爲中地守，以廷尉擊豨，侯，一千一百戶，就國後爲燕相。位次曰信成侯。百官公卿表

3887 宣義 河內溫人，爲丞相時年八十餘，短小無鬚眉，似老嫗。陽平節侯，以丞相侯，前爲御史大夫與大將軍定策，益封，凡七百戶。元平元年封，亡後。以能爲韓詩，授昭帝

3888 蔡義 元鳳三年，光祿大夫蔡義爲少府，三年遷。

3889 李義 本始三年，廷尉李義。

3890 翟義 方進子，字文仲，舉兵死。

3891 翟義 莽傳，東郡太守翟義，立嚴鄉侯劉信爲天子。

〔二〕「三」，山西書局本作「二」，據漢書改。

卷一百七十　西漢書姓名韻（七）　去聲　二寘

四七

3892 鄧義　鴻嘉元年，[二]太原太守河内鄧義子華爲京兆尹，一年爲鉅鹿太守。

3893 遂義　綏和元年，丞相司直琅邪遂義子貢爲左馮翊，坐選舉免。

3894 鍾義　元始四年，京兆尹鍾義。

3895 黃義　伍被傳，王問：「大將軍何如人？」被曰：「臣所善黃義，從大將軍擊匈奴，言大將軍遇士大夫以禮，與士卒有恩，衆皆樂爲用。」

3896 韓義　燕王旦傳，郎中韓義等數諫旦，旦殺義等凡十五人。延壽之父，爲燕郎中，刺王之逆，諫而死。

3897 臣義　藝文志，臣義賦二篇。

3898 劉奉義　神爵二年，瑕丘煬侯義嗣。

3899 畢奉義　臘侯取之子，嗣，後坐詛要斬。

3900 河南府丞義　嚴延年傳，河南府丞義年老，畏延年中傷，[三]自筮得死卦，忽忽不樂。上書告延年十事，已拜奏，飲藥自殺，明不欺。

3901 董毉　故秦都尉，羽立爲翟王，都高奴，降漢，屬漢，爲上郡。

3902 王毉　項籍傳，呂馬童面之，指王毉曰：「此項王也。」羽乃曰：「聞漢購吾頭賞千金，邑萬戶，吾爲公得。」王毉取其頭。

[二]「鴻嘉」，山西書局本作「鴻功」，據漢書改。

[三]「畏」，山西書局本作「長」，據漢書改。

3903 張安世 字子孺，與定策立宣帝，封富平侯。有傳，附見湯傳，諡敬。上行幸河東，亡書三篋，詔問莫能知，唯安世識之，購書較之，無遺失。富平敬侯，以右將軍光祿勳輔政勤勞侯，以車騎將軍與大將軍定策，辛武賢與中郎將印宴語，印道：車騎將軍張安世始嘗不快上，上欲誅之。趙充國傳，印家將軍以爲安世事孝武數十年，見謂忠謹，宜全度之云云。許皇后傳，安世怒謂賀曰：「勿復言予女事。」凡萬三千六百四十戶，元鳳六年封。[二]畫麟閣。

3904 劉安世 太初二年，泗水哀王安世嗣。景十三王傳，泗水王商子，無子。

3905 韋安世 河平四年，大夫韋安世爲大鴻臚，三年爲長樂衞尉。玄成傳，方山之子安世歷郡太守，大鴻臚，長樂衞尉，朝廷稱有宰相之器，會病終。杜欽傳，數稱達名士韋安世等。

3906 朱安世 息夫躬傳。公孫賀傳，京師大俠也，賀請捕安世以贖子敬聲罪。安世告敬聲咀咒死。

3907 蕭建世 紀，地節四年，封故酇侯蕭何曾孫建世爲侯。表，何玄孫，地節四年，紹封酇，諡安。

3908 馮奉世 紀、表世次不同，傳與表同。元帝永光二年，右將軍馮奉世擊西羌。本傳，字子明，上黨潞人也。學春秋，涉大義，讀兵法。石顯傳，顯見馮奉世父子爲公卿，女又爲昭儀，心欲附之。又見莎車傳，送大宛客，以便宜發兵擊殺呼屠徵。還，爲光祿大夫。元后傳，安成侯崇薨，遺腹子奉世嗣侯。

3909 王奉世 安成侯崇之子，建始三年嗣，諡靖。

[二]「六」，山西書局本作「四」，據漢書改。

3910 劉奉世　昌慮釐侯奉世嗣。

3911 王延世　成帝河平元年，詔曰：「校尉王延世隄塞輒平。」溝洫志，河隄使者王延世塞，三十六日，河隄成。賜爵關內侯。建始時，復遣治之。杜欽傳，數稱達名士王延世等。

3912 趙延世　深澤侯將夕之玄孫，元康四年，平陵上造詔復家。

3913 劉充世　五鳳元年，蓴安侯充世。

3914 劉萬世　元康二年，利昌頃侯萬世嗣。〔二〕

3915 孫萬世　昌邑王傳，王與故太守卒史孫萬世交通，萬世謂賀：「見廢時，何不堅守毋出宮，斬大將軍，而聽人奪璽綬乎？」賀曰：「然，失之。」又以賀且王豫章，不久爲列侯。賀曰：「且然，非所宜言。」

3916 劉曾世　平隄節侯曾世嗣。

3917 劉保世　海昏原侯保世嗣。

3918 合傅世　貰齊侯胡害之玄孫，元康四年，茂陵公士詔復家。元壽二年，賜胡害後者爵大上造。

3919 閻章世　敬市侯澤赤六世孫，元康四年，長安上造詔復家。

3920 周廣世　魏其侯止玄孫，元康四年，長陵不更詔復家。

〔二〕「利昌頃侯」，山西書局本作「利昌賢侯」，據漢書改。

3921 丁廣世 李尋傳，甘忠可以天官歷、包元太平經教容丘丁廣世。

3922 劉世 平利節侯世，平干頃王子，神爵四年封。

3923 爰世 厭次侯類之六世孫，元康四年，陽陵公士詔復家。

3924 寶世 嬰父，觀津人也。喜賓客。

3925 奉世 趙充國傳，詔酒泉侯奉世將媷、月支兵四千人。又見陽韻富昌下。

3926 姬世 承休侯延年之孫，陽朔二年嗣，謚釐。

3927 王世 莽傳，建國元年，封宇子世為功昭侯。

3928 酈寄 曲周侯商子，孝文元年嗣，戶萬八千。後有罪，免。樊噲傳，商疾不治事。子寄字況，與呂祿善。大臣誅諸呂，祿為將軍，軍北軍，太尉不得入，使人刼商，令寄給祿。祿信之，與出遊，而太尉乃得入北軍，天下稱酈況賣友。

3929 劉寄 景帝子，膠東王，謚康。景十三王傳，淮南王謀反時，寄微聞其事，作戰守備，及吏治淮南事，連之。寄於上最親，發病而死。寄母王夫人，王后之妹，於上為從母。

3930 鄂寄 安平侯秋之曾孫，文十四年嗣，謚煬。

3931 華寄 朝陽齊侯，以舍人從起薛，以連敖入漢，以都尉擊羽，復攻韓王信，侯，千戶。

3932 衛寄 武原侯胠之子，惠四年嗣，謚共。

[二]「官」，傅山全書初版本誤作「宮」，據山西書局本改。

[三]「稱」，山西書局本脫，據漢書補。

3933 張寄 平侯瞻師之孫，景四年嗣。

3934 宣寄 土軍侯義之六世孫，元康四年，阿武不更詔復家。

3935 楊寄 莽傳，孔光奏王立舊惡，云白以官婢楊寄爲皇子。

3936 張慶忌 平帝初封張敖玄孫慶忌爲列侯。宣平侯敖之玄孫，元始二年紹封，爲睢陵侯，〔二〕千戶。

3937 劉慶忌 後元元年，魯孝王慶忌嗣。景十三王傳，魯孝王慶忌。

3938 劉慶忌 元鳳元年，平度節侯慶忌嗣。

3939 劉慶忌 元鳳六年，寧陽安侯慶忌嗣。

3940 劉慶忌 陽城侯德之孫，初元元年嗣，諡釐。谷永傳，建始三年冬，〔三〕日食地震，詔舉直言，太常陽城侯慶忌舉永。竟寧元年，陽城侯劉慶忌寧君爲宗正，三年遷。〔三〕又見楚元王傳。

3941 劉慶忌 後即宗正，德之孫，建始二年爲太常，五年免。

3942 須慶忌 鴻嘉元年，千乘令劉慶忌爲宗正，六月坐平都公主殺子，貶爲遼東太守。與前陽城侯攷之，去此十四年矣，不知是一人，是兩人。

3943 辛慶忌 陸量侯無之孫，〔四〕文後三年嗣，諡康。字子眞，武賢子也。始武賢與充國有隙，後充國家殺辛氏，至慶忌爲執金吾，坐子殺

〔一〕「睢陵」，山西書局本作「雎陵」，據漢書改。
〔二〕「冬」，山西書局本作「夕」，據漢書改。
〔三〕「三」，山西書局本作「二」，據漢書改。
〔四〕「無之孫」，山西書局本作「無子之孫」，衍一「子」，據漢書刪。

趙氏，左遷酒泉太守。大將軍王鳳書薦之，後何武有言慶忌宜在爪牙。〔一〕食飮被服尤節儉，而性好輿馬，號爲鮮明。匈奴、西域皆親附之。朱雲傳，辛慶忌叩頭流血，爭朱雲，上意解。劉輔傳，辛慶忌上書訟輔。儒林傳，申公弟子闕門慶忌爲膠東內史。李奇曰：闕門，姓也。

3944 闕門慶忌〔二〕

3945 無忌 太初元年，京兆尹無忌。

3946 宋毋忌 郊祀志，引宋毋忌等，皆燕人，爲方仙道。非漢人，別無見，列之。

3947 王忌 安國侯陵之子，高后八年嗣，諡哀。

3948 謬忌 郊祀志，亳人謬忌奏祠太乙方，曰：「天神貴者太乙，太乙之佐曰五帝。」又作薄忌。

3949 莊忌 藝文志，莊忌夫子賦二十四篇。

3950 蘭忌 淮南厲王傳，與故中尉蕑忌謀，殺士伍開章以閉口。

3951 劉賜 淮南厲王子，陽周侯，爲廬江王，徙衡山。元狩元年，反，自殺。〔三〕

3952 劉賜 富陽侯賜，六安夷王子，元康二年封。〔四〕建昭二年，坐上書歸印綬免八百戶。

3953 劉賜 麗茲共侯賜，高密頃王子，建始二年封。

吏請召治忌，長不遣，謾曰：「忌病。」嚴助傳作聞，音同。南海王獻幣帛，忌擅焚其書，不以聞。

〔一〕「何武」，山西書局本作「王武」，據漢書改。
〔二〕「無忌」，山西書局本作「尹無忌」，據漢書改。
〔三〕「自殺」，山西書局本作「誅」，據漢書改。
〔四〕「二」，山西書局本作「元」，據漢書改。

3954 劉賜向傳，三子皆好學。中子賜，九卿丞，早死。

3955 劉賜莽傳，申屠建令丞相劉賜斬崔發。

3956 丁賜陽都侯復曾孫，元康四年，臨沂公士詔復家。

3957 戎賜柳丘齊侯賜，以三隊將入漢，定三秦，以都尉破羽軍，爲將軍，侯，八千戶。

3958 繒賜祁穀侯玄孫，元康四年，茂陵公大夫詔復家。

3959 酇賜高梁侯疥之玄孫，元康四年，陽陵公乘詔復家。

3960 蔡賜陳勝傳，廣圉滎陽，不能下，勝以上蔡人房君蔡賜爲柱國。

3961 郭賜王尊傳，尊行縣，男子郭賜自言：許仲家十餘人共殺賜兄弟。爲章邯擊死。又曰：食其玄孫。

3962 陸賜匡衡傳，謂所親吏趙殷曰：「主簿陸賜故居奏曹，習事曉知國界，署集曹掾。」明年治計時，衡問殷國界事：[二]「曹欲奈何？」殷曰：「賜以爲舉計，令郡實之。」

3963 魯賜昌圉侯卿之六世孫，元康四年，長安大夫詔復家。

3964 旅賜昌圉侯卿之六世孫，死，無子，有同產子，元始二年求不得。

3965 周賜汝陰侯嬰之玄孫，文十六年嗣，侯，謚共

3966 夏侯賜高景侯成之玄孫，元康四年，長安大夫詔復家。

3967 桓侯賜以匈奴王降，侯。中三年封。

〔二〕「國」，山西書局本作「曰」，據漢書改。

淳于賜	本始三年，大司農淳于賜。
3968 博士賜	律曆志，兒寬與博士賜等，議正朔、服色。
3969 浩星賜	趙充國傳，充國振旅而還。所善浩星賜迎說充國，曰：將軍宜歸功於破羌、強弩二將軍。破羌謂辛武賢，強弩謂許延壽也。
3970 内官長賜	眭弘傳，弘使友人内官長賜上書，與眭皆伏誅。
3971 臣賜	霍光傳。不知姓。
3972 梁丘賜	楚元王子，漢斬屬正梁丘賜。詳見甄阜下。
3973 劉蓺	楚元王子，與濞等為逆，先封宛朐侯。
3974 荀彘	元封三年，左將軍荀彘擊朝鮮。[二]
3975 劉志	坐捕樓舡將軍，誅。
3976 劉志	文十六年，以悼惠王子、安都侯立為濟北王，景帝徙菑川，謚懿。吳、楚時，亦與謀，坐堅守不發兵。後
3977 吳廣志	便頃侯淺之孫，景六年嗣。
3978 劉可置	懷昌侯可置嗣。無年。
3979 劉廣置	終弋侯廣置，衡山賜王子，[三]元朔六年封，[三]酎金免。

〔一〕「左」，山西書局本作「右」，據漢書改。
〔二〕「衡山賜王」，山西書局本作「衡王賜王」，據漢書改。
〔三〕「六」，山西書局本作「二」，據漢書改。

卷一百七十　西漢書姓名韻（七）　去聲　二寘

五五

3980 劉置　太始元年，公丘康侯置嗣。

3981 劉置　子南君嘉子，元封四年嗣，莽敗，絕。

3982 姬置　高平侯逢時之子，元延四年嗣，莽敗，絕。

3983 王置　參封侯嗣，城陽戴王子，永光三年封。

3984 劉嗣　敍傳，斿子嗣，顯名當世。與彪共游學，然貴老、莊之學。桓譚欲借其書，書報不進。

3985 班嗣　元始元年，承鄉侯嗣，以楚孝王孫紹封，八年免。

3986 劉建　廣城侯建，廣陽思王子，元始元年封，七年免。師古曰：建，竹二反。

3987 劉誼　元壽二年，詔賜嬰代後者誼爵關內侯。

3988 賈誼　藝文志，賈誼五十八篇，又賦七篇。傳，降、灌、東陽侯、馮敬之屬盡害之。儒林傳，

3989 蔡誼　誼爲左氏傳訓詁。霍光傳，御史大夫臣誼。師古曰：「蔡誼。」儒林傳，誼詩受於趙子。

3990 張摯　平棘懿侯，以客從起亢父，[三]斬章邯所置蜀守，用燕相侯，千戶。

3991 林摯　釋之子，字長公，官至大夫，免。以漢三年用趙右林將初擊定諸侯，五百三十六戶，功比歷侯。

3992 許瘛　宋子惠侯，以不能取容當世，故終身不仕。

3993 魏駟[三]　涑陵康侯，以陽陵君侯。晉灼曰：涑古恌字。師古曰：直夷反。

〔二〕「從亢父」，山西書局本作「從元父」，據漢書改。
〔三〕「魏駟」，山西書局本作「魏泗」，據漢書改。

3994 顏異

百官公卿表，元狩四年，大農令顏異，坐腹誹誅。食貨志，異為濟南亭長，以廉直稍遷至九卿。異與張湯有隙，湯治異腹非，論死，自是後有腹非之法。

3995 內史士

悼惠傳，內史士勸王以一郡上太后為魯元公主湯沐邑。

3996 張開地〔二〕

良大父，相韓昭侯、宣惠王、襄哀王。

3997 箕肆

得雲中守遨、〔三〕丞相箕肆。

3998 高肆

周勃傳，擊豨靈丘，斬都尉高肆。

3999 雷被

淮南王安傳，太子遷學用劍，聞郎中雷被巧，召與戲。被一再讓，誤中太子。太子怒，被恐，願奮擊匈奴。元朔五年，自告與王謀反縱跡。上以被雅辭多引漢美，欲勿誅。張湯固請誅之。

4000 伍被

被楚人也，為淮南王中郎，後亡之長安。

4001 周被

伍被傳，王曰：「令周被下穎川兵塞轘轅、伊闕之道。」

4002 持彎

昌邑王傳，臣敞閱至子女持彎，故王跪曰：「持彎母，嚴長孫女也。」臣敞故知執金吾嚴延年字長孫，女羅紨，前為故王妻。

4003 橋庇

子庸，儒林，易，商瞿授魯橋庇，橋庇授江東馯臂。

4004 馯臂

子弓，儒林，易，橋庇授江東馯臂。

〔二〕「張」，傅山全書初版本誤作「強」，據山西書局本改。
〔三〕「得雲中守遨」，山西書局本作「得趙利」，據漢書改。

卷一百七十　西漢書姓名韻（七）　去聲　二置

五七

4005 卑爰疐 息夫躬傳，可令降胡詐爲卑爰疐使者上書：「唯天子哀，告單于歸臣侍子。願助戊己校尉保惡都奴之界」云云。段會宗傳，是時，小昆彌季父卑爰疐欲害昆彌

4006 卑爰疐[二] 烏孫傳，末振將弟卑爰疐本共謀殺大昆彌雌栗靡。至元始中殺烏日領以自效，漢封爲歸義侯。

4007 單次 匈奴傳。哀帝建平二年，烏孫庶子卑爰疐入匈奴西界，寇盜牛畜。

4008 嫂居次 儒林傳，徐氏弟子，爲禮官大夫。

4009 須卜居次 常惠傳，護單于行父及嫂居次。晉灼曰：「匈奴女號，若公主也。」又見匈奴傳。又烏孫傳。

4010 都犁胡次 匈奴傳，虛閭權渠單于病歐血，乃使題王都犁胡次入漢，請和親。

4011 當于居次 莽傳，又遣王昭君女須卜居次入侍。匈奴傳，復株絫單于復妻昭君，生二女，長女云爲須卜居次，後又作伊墨居次。

4012 竺次 即昭君小女。

4013 韓毋辟 烏孫傳，遣謁者竺次、期門甘延壽，送馮夫人。

4014 日貳 游俠傳，有梁人韓毋辟。師古曰：音避。

4015 司馬憙 烏孫傳，小昆彌拊離立，爲弟日貳所殺。拊離子安日使姑莫匿等詐亡從日貳，刺殺之。互見「匿」下。

車師傳，地節二年，遣鄭吉與校尉司馬憙將罪人田渠犁，欲攻車師云云。

[二]「爰」，山西書局本作「援」，據漢書改。下同。

三霽

4016 班

穉敍傳，況生三子：長伯、次斿、次穉。穉為西河屬國都尉，遷廣平相。平帝時，莽欲文致太平，使者行風俗，采頌聲，而穉無所上。甄豐劾穉絕嘉應云。穉懼，願歸相印，補延陵園郎，食故祿終身。哀帝即位，出為黃門郎中常侍，方直自守。

4017 趙利

高紀。韓王信傳，信亡走匈奴，與甚將白土人曼丘臣[二]立趙裔利為王。匈奴傳，與韓王信將趙利期，而不來。周勃傳，轉擊陳豨、趙利軍於樓煩，破之。

4018 李廣利

海西侯，以貳師將軍擊大宛斬王，侯，八千戶。[三]太初四年封，征和三年降匈奴。劉屈氂傳，廣利出擊匈奴，丞相祖道，至渭橋，廣利曰：「願君侯早請昌邑王為太子。」屈氂許諾。昌邑者，貳師女弟李夫人子也。貳師女又為屈氂子妻云。匈奴傳，貳師在匈奴歲餘，衛律害其寵，飭胡巫言云云，遂屠貳師以祠。

4019 吳利

利高紀。百官公卿表，景中五年，軑侯吳利為奉常。功臣表，軑侯自姓黎。

4020 王利

利莽傳，建國元年，封字子利為功著公。

4021 唐厲

厲斥丘侯，以舍人初從起豐，以左司馬入漢，以亞將攻羽，卻敵，為東部都尉，破羽侯成武，為漢中尉，擊布，為斥丘侯，千戶。

[一] 「白土」，山西書局本作「皇」，據漢書改。
[二] 「千」，山西書局本作「百」，據漢書改。
[三] 「子」，山西書局本脫，據漢書補。

4022 徐厲　祝茲夷侯，以舍人從沛，以郎中入漢，還，得雍王邯家屬，用常山丞相侯。文後六年，徐厲爲將軍次棘門。

本始二年，[一]安陽康侯記嗣。

4023 劉記　運平侯記，城陽共王子，[二]元朔四年封。[三]名同安陽。

4024 劉記　安陽康侯記嗣。

4025 史良娣　戾太子良娣也。太子有妃，有良娣，[四]有孺子，凡三等。武五子傳，戾太子納史良娣，生男進，號史皇孫。外戚傳，追尊曰戾后。

4026 司馬良娣　元后傳，會太子所愛幸司馬良娣病，且死，謂太子曰：「妾死非天命，迺諸良人更祝詛殺我」云云。

4027 劉棄　羽康侯棄嗣，莽篡，絕。

4028 劉棄　天漢三年，山原康侯棄嗣。

4029 劉棄　百官公卿表，元朔四年，宗正劉棄。

4030 張棄　趙后傳，解光奏：驗問有官婢張棄。後王舜擇棄爲兒乳母，所養兒十一日，宮長李南取去。

〔一〕「二」，山西書局本作「三」，據漢書改。
〔二〕「城陽共王」，山西書局本作「城陽共」，據漢書改。
〔三〕「四」，山西書局本作「二」，據漢書改。
〔四〕「娣」，山西書局本作「姊」，據漢書改。

棄

4031 涉都侯父　故南海太守降漢者。

4032 劉係　地節三年，羽康恭侯係嗣。

4033 番係　百官公卿表，元光五年，右内史番係。〔一〕又元朔五年，爲卿史大夫。食貨志，番係欲省底柱之漕，穿汾、河渠以爲溉田。

4034 蘇季　藝文志，遼東太守蘇季賦一篇。

4035 鄭季　衛青父，河東平陽人，以縣吏給事侯家。平陽侯曹壽尚武帝姊陽信長公主。季與家僮衛媼私通，生青。

4036 趙季　何並傳，陽翟輕俠趙季、李款，以氣力漁食閭里，並至，皆亡去。

4037 揚季　揚雄傳，揚季官至廬江太守，元鼎間避仇復遡江上楚郢，自揚季至雄，五世而傳一子。

4038 李季　李延年傳，弟李季與中人亂，出入驕恣，誅。又見李夫人傳。

4039 石季〔二〕　敍傳，定襄大姓石、季輩報怨，殺追捕吏，班伯上狀，自請願試期月。

4040 杜穉季　寶問侯文姦惡，文曰：「霸陵杜穉季。」穉季者，大俠，與淳于長、蕭育厚善。長以穉季託寶云。後穉季因侯文所厚自陳，遂不敢犯法。

4041 徐少季　藝文志，老子徐氏經說。〔三〕字少季。

〔一〕「右」，山西書局本作「左」，據漢書改。
〔二〕「季」，中華書局本作「李」。下同。
〔三〕「老子徐氏經說」，山西書局本作「老子徐氏說」，據漢書改。

卷一百七十　西漢書姓名韻（七）　去聲　三霽

六一

4042 安國少季　南粵傳，嫛齊所取邯鄲摎氏女，〔一〕曾與霸陵安國少季通。及嫛齊死後，元鼎四年，漢使安國少季諭王、王太后入朝云云。

4043 田既　田儋傳，韓信襲齊，齊將軍田既軍於膠東。韓信破殺之。曹參傳，得故將軍田既。

4044 趙既　樊噲傳，擊豨胡騎橫谷，斬將軍趙既。

4045 常麗　景十三王河間王傳，中尉常麗以聞，曰：「王身端行治，溫仁恭儉，篤敬愛下，明知深察，惠於鰥寡。」

4046 賁麗　翟方進傳，郎賁麗善爲星，言大臣宜當之。

4047 任孋　解光奏：有故成都、平阿侯婢任孋。互見羊子下。

4048 蕭系　何孫，景帝二年爲列侯。

4049 黃帝　藝文志，小說家，黃帝說四十篇。〔三〕註：「迂誕依託。」又兵陰陽家，黃帝十六篇，又有黃帝陰陽二十五卷。〔三〕又黃帝諸子論陰陽二十五卷。又黃帝長柳占夢十一卷。又內經五十五卷。又神農黃帝食禁七卷。又房中有黃帝三王養陽方二十卷。又神仙家，黃帝雜子步引十二卷。黃帝雜子芝菌十八卷。黃帝歧伯按摩十卷。又黃帝雜子十九家方二十一卷。

4050 丙吉馭吏　吉傳，馭吏嗜酒，數逋蕩，嘗醉歐丞相車上。吉容之，不去。後吏刺得邊境犇命書，

〔一〕「摎氏女」，山西書局本作「摎女氏」，據漢書改。
〔二〕「黃帝說」，山西書局本作「黃帝」，據漢書改。
〔三〕「黃帝陰陽」，山西書局本作「黃帝陰陽家」，據漢書改。

請豫視邊郡長吏老病不任兵馬者，而吉得其力。

四御

4051 劉注 道之子，元朔元年嗣楚王，謚襄。

4052 陽城注 梧齊侯延之六世孫，元康四年，梧公士詔復家。

4053 王柱 紅陽侯立之子，元始四年嗣，莽敗，絕。元后傳，紅陽侯立死，子柱嗣。

4054 劉去 征和二年，廣川王去嗣，後坐烹姬不道，徙上庸，與邑百戶。諸無道事，雜見魚、庚、震韻。繆王齊之子。

4055 劉豫〔一〕 阿武戴侯豫，河間獻王子，元朔三年封。〔二〕

4056 劉遇 千章侯遇，代共王子，元朔封，更爲夏丘侯，酎金免。

4057 劉譽 梧安侯譽，楚思王子，元始元年封，八年免。

4058 王毐 杜衍嚴侯，以中郎騎漢王二年從起下邳，屬淮陰，從灌嬰共斬羽，侯，千七百戶。

4059 陳署 龍陽敬侯，以卒從，漢王元年起霸上，以謁者擊羽，斬曹咎，侯，千戶。

4060 周長孺 藝文志，平陽公主舍人周長孺賦二篇。

4061 霍仲孺 去病父，與少兒通，〔三〕生去病。

〔一〕「劉豫」，山西書局本作「劉御」，據漢書改。
〔二〕「三」，山西書局本作「二」，據漢書改。
〔三〕「少兒」，山西書局本作「小兒」，據漢書改。

卷一百七十　西漢書姓名韻（七）　去聲　四御

六三

4062 魯翁孺 游俠傳，有太原魯翁孺。總見紙韻樊中子下。

4063 陳君孺 游俠傳，有東陽陳君孺。亦見樊中子下。

4064 韓幼孺 游俠，名聞州郡者，有池陽韓幼孺。

4065 寒孺 游俠傳，有陝州寒孺。劇孟傳。

4066 籍孺 高祖時佞倖。

4067 閎孺 朱建傳，建亦見孝惠幸臣閎孺云云。師古曰：佞幸傳云：高祖時有籍孺，孝惠有閎孺。是兩人皆孺，而姓名別。此多籍字，孝惠時佞幸。

4068 閎孺 尹翁歸傳，田延年為河東太守，分為兩部，閎孺部汾北，尹翁歸部汾南。後官至廣陵相。

4069 君孺 衛青傳，衛媪長女，為太僕公孫賀妻。

4070 王孺 燕王旦遣幸臣王孺等之長安，以問禮儀為名。

4071 張孺 李尋傳，與張孺、鄭寬中同師，治尚書

4072 張孺 敞傳，祖父孺為上谷大守，徙茂陵。

4073 班孺 敍傳，壹生孺，為任俠，州郡歌之。

4074 乘距 景十三王傳，廣川繆王齊，有幸臣乘距，已而有罪，欲誅乘距，亡，齊因禽其宗族。

4075 戾太子據 乘距怨王，乃上書告齊與同產姦。

五暮

4076 英布 故楚將，羽分楚，爲九江王，都六。降漢。羽使殺義帝。先項梁以爲當陽君，漢立爲淮南王。後反，長沙哀王誘之番陽，番陽人殺之。

4077 欒布 梁人，與彭越遊，爲酒保於齊。爲奴於燕，爲其主報仇，臧荼舉爲都尉。漢虜布。表作俞侯。越言上瀆布。孝文時爲燕相，至將軍。吳、楚反時，以功封鄃侯，復爲燕相。以將軍吳楚反擊齊，侯。

4078 鄭布 陳勝傳，勝初立時，取慮人鄭布等特起，圍東海守。

4079 季布 楚人，任俠，河東太守。

4080 鼂錯 景紀。有傳，爰盎謀殺之。食貨志，言令民入粟於邊，以受爵免罪，邊食支五歲，〔二〕復令人粟郡縣。藝文志，法家有鼂錯三十一篇。劇原侯錯，菑川懿王子，元朔二年封。〔三〕

4081 劉助 武紀，中大夫嚴助持節發會稽兵，救東甌。有傳。食貨志，嚴助、朱買臣等招徠東甌，事兩粵，江淮之間蕭然煩費。〔三〕會稽吳人，嚴夫子忌子也，或言族子也。又見鄒陽、

4082 嚴助

〔一〕「食」，山西書局本作「歲」，據漢書改。
〔二〕「二」，山西書局本作「元」，據漢書改。
〔三〕「費」，山西書局本作「廢」，據漢書改。

枹乘傳。〔二〕藝文志，有莊助四篇，即嚴助也。又賦三十五篇。張湯傳，助腹心之臣，與淮南交私，論殺之。又南粵王傳，天子使嚴助往諭意。又閩粵傳，詰田蚡，言當救。遣浮海救之。

4083 枹汙王子

助 匈奴傳，莽誘枹汙王子助，至，拜爲順單于。

4084 劉護 廣陵王胥傳，哀王護嗣。表訛作獲。

4085 劉護 東鄉侯護嗣，〔三〕免。

4086 劉護 栗鄉頃侯護，東平思王子，鴻嘉元年封。

4087 劉護 廣節侯護嗣。

4088 劉護 堂鄉侯護，楚思王子，元始元年封，八年免。

4089 周護 酇成侯繹之玄孫，元始元年，以詔書爲次復禹之同産弟子。亡子，絶。

4090 周護 莽傳，元壽元年，日食，賢良周護等對策頌莽功德，上於是徵莽。

4091 宣護 南安侯虎之曾孫，元康四年，南安簪褭詔復家。

4092 趙護 成鴻嘉四年，拜河東都尉趙護爲廣漢太守，擊捕賊鄭躬等。元延元年，爲執金吾。字子夏。薛宣傳，廣漢盜賊羣起，拜河東都尉趙護爲廣漢太守，數月斬其帥鄭躬。〔三〕

〔一〕「枹」，山西書局本作「救」，據漢書改。
〔二〕「嗣」，山西書局本作「傳」，據漢書改。
〔三〕「月」，山西書局本作「日」，據漢書改。

4093 賈護　儒林，左氏學，胡常授黎陽賈護，字季君，待詔爲郎。

4094 樓護　游俠傳，字君卿，齊人。

4095 梁護　莽封梁護爲修遠伯，奉少吳後。

4096 刁護　匈奴傳，戊己校尉史陳良等，共殺校尉刁護。互見「良」、「帶」、「玄」、「商」下。車師傳，王須置離謀亡匈奴。刁護聞之，召驗問。

4097 劉度　參戶侯度嗣。無年。

4098 劉度　邯葦頃侯度嗣。

4099 劉度　鍾武節侯度，長沙頃王子，元康元年封。

4100 劉度　陽鄉侯度嗣，免。

4101 公孫度　平津侯弘之子，元狩三年嗣。元封四年，坐爲山陽太守詔徵鉅野令史成不遣，完爲城旦。

4102 任固　臨樂列侯固嗣。無年。

4103 劉固　猇鼇侯固嗣。無年。

4104 劉固　鼇鄉侯固，建昭元年封。鴻嘉四年，坐使人上書歸印綬，〔二〕免。四百七十二戶。

4105 劉固　緼鄉侯固，趙共王子，綏和元年封。十六年免。

4106 任固　弋陽侯宮之玄孫，元始元年嗣。更始元年，爲兵所殺。

〔二〕「人」，傅山全書初版本脫，據山西書局本補。

卷一百七十　西漢書姓名韻（七）　去聲　五暮

六七

4107 王堅固 邛成侯奉光之曾孫，元始元年紹封，莽敗，絕。又見孝宣王后傳。

4108 丁固 丁公，名固。

4109 班固 彪子

4110 臧固 韓安國傳，于梁舉壺遂、臧固，至它，〔二〕皆天下名士。

4111 轅固 儒林傳，齊人，以治詩孝景時爲博士，〔三〕與黃生嘗論於上前。後竇太后召問固老子。固曰：「此家人言耳。」太后怒，使固入圈擊彘。上假之利兵，中彘心也。後武帝以賢良徵。謂公孫弘曰：「無曲學以阿世！」

4112 公孫固 藝文志，公孫固一篇。齊閔王失國，問之，因爲陳古今成敗。

4113 王無故〔三〕 平昌節侯，以宣帝舅關內侯，六百戶。地節四年封。又見史皇孫王夫人傳，魏相諫伐匈奴，願陛下與平昌侯等詳議。

4114 張無故 儒林，書，張山拊授山陽張無故子儒，〔四〕善修章句，爲廣陵太傅，守小夏侯說。

4115 室鮒 清侯中同之孫，文八年嗣，謚康。

4116 孔鮒 光傳，順生孔鮒，爲陳涉博士，死陳下。

4117 雕庫 趙充國傳，罕、开豪靡當兒使弟雕庫來告都尉，曰先零欲反，後數日果反。雕庫種人

〔二〕「它」，山西書局本作「他」，據漢書改。
〔三〕「詩」，山西書局本作「事」，據漢書改。
〔三〕「王無故」，山西書局本作「王無固」，據漢書改。
〔四〕「子儒」，山西書局本作「李子儒」，據漢書改。

去聲 六泰

4118 兒

父 庫 頗在先零中，都尉卽留庫爲質。充國以爲無罪，遣歸告諸豪。

4119 毦

趙充國傳，羌兒庫等，共斬楊玉來降，[二]封兒庫爲君。

錯之父也，史不載名，錯爲御史大夫，所更令三十章，諸侯讙譁。父聞之，從潁川來，[三]謂錯曰：「上初卽位，公爲政用事，侵削諸侯，疏人骨肉，口讓多怨，公何爲也」云云。遂飲藥死，曰：「不忍見禍逮身。」

4120 一主簿

王尊傳，唯一主簿泣在尊旁，立不動。而水波稍卻迴還。[三]不知名。

4121 筦路

儒林傳，公羊學，疏廣授琅邪筦路，爲御史中丞。

4122 邪務

西南夷傳，夜郞王興子邪務迫脅旁二十二邑反。互見指下。

4123 陰末赴

西域罽賓傳，文忠與容屈王子陰末赴共謀，攻罽賓，殺其王，立陰末赴爲罽賓王。

六泰

4124 樊

噲 沛人，屠狗者。舞陽武侯，以舍人起沛，從至霸上，爲侯，以郞入漢，定三秦，爲將軍，擊羽，再益封。從破燕，執韓王信，侯，五千戶。

4125 爰

噲 爰盎傳，孝文卽位，盎兄噲任盎爲郞中。如淳曰：「爲兄所保任也。」

[一]「楊玉」，山西書局本作「楊王」，據漢書改。
[二]「從」，傅山全書初版本誤作「縱」，據山西書局本改。
[三]「迴」，山西書局本作「曰」，據漢書改。

卷一百七十 西漢書姓名韻（七） 去聲 六泰

六九

4126 中山靖王〈藝文志〉，有詔賜中山靖王子噲歌詩四篇。

4127 子噲

4128 昧蔡 元狩五年，丞相李蔡。〈百官公卿表〉，元朔五年，主爵都尉李蔡。〈李廣傳〉，初廣與從弟李蔡俱爲郎，景帝時，至二千石。武帝元朔中，爲輕車將軍，封爲樂安侯。元狩二年，代公孫弘爲丞相。蔡爲人在下中，名出廣下遠甚，廣死明年，李蔡以丞相坐詔賜冢地陽陵當得二十畝，蔡盜取三頃，頗賣得四十餘萬，又盜取神道外壖地一畝葬其中，當下獄，自殺。〈衞青傳〉，詔輕車將軍蔡再從大將軍獲王，封樂安侯。匈奴得王，侯，二千戶。元朔四年封，[三]元狩五年，坐以丞相侵賣園陵道壖地，自殺。李廣利傳，立宛貴人之故時遇漢善者名昧蔡爲宛王。

4129 褚大 元狩六年，遣博士大等循行天下。師古曰：「褚大也。」〈食貨志〉，犯法者衆，於是遣博士褚大、徐偃等分行郡國，舉並兼之徒守相爲利者。又五行志，

4130 褚大 兒寬大，徐偃等分行郡國，御史大夫缺，徵褚大。至洛陽，聞兒寬爲之，大大笑。及至，與議封禪於上前，[三]大不能及，退曰：「上誠知人。」

4131 褚大 儒林傳，胡母生公羊弟子，蘭陵褚大，至梁相。

4132 欒大 方士，封樂通侯，後要斬。樂通侯，以方術詔所襃侯，三千戶。

4133 欒大 郊祀志，樂成侯登上書言欒大，欒大，膠東宮人，故常與文成同師，而爲膠東王上方。

[三]「上」，山西書局本脫，據漢書補。
[四]，山西書局本作「三」，據漢書改。

4134 呂大 先封平昌侯，後嗣呂王。以孝惠子平昌侯，﹝二﹞高后元年封，七年爲呂王。

4135 尊大 律曆志，詔公孫卿與侍郎尊大等，議造漢曆。

4136 王大 莽傳，大姓下邳王大率衆隨王憲。總詳申碭下。

4137 劉不害 浮丘節侯不害，楚安王子，元光六年封。﹝三﹞

4138 劉不害 陰安康侯不害，濟北貞王子，元朔三年封。﹝四﹞

4139 劉不害 元始元年，金鄉侯不害，以東平思王孫封，﹝五﹞八年免。

4140 劉不害 元始元年，就鄉侯不害，以東平思王孫封，﹝六﹞八年免。

4141 劉不害 淮南王安傳，王有孼子不害，最長，王不愛，后、太子皆不以爲子兄數。

4142 劉不害 景十三王河間獻王之子不害嗣，諡共。

4143 王不害 清河侯吸玄孫，元康四年，長安大夫詔復家。

4144 衛不害 武原侯胠之孫，﹝七﹞景三年嗣，後坐葬過律，免。

﹝一﹞ 此條「欒」字，山西書局本作「奕」，據漢書改。

﹝二﹞ 「平昌侯」，山西書局本作「昌平侯」，據漢書改。

﹝三﹞ 「六」，山西書局本作「五」，據漢書改。

﹝四﹞ 「三」，山西書局本作「二」，據漢書改。

﹝五﹞ 「東」，傅山全書初版本誤作「敢」，據山西書局本改。

﹝六﹞ 「以東平思王孫封」，山西書局本脫「封」字，據漢書補。

﹝七﹞ 「武原侯」，山西書局本作「武元侯」，據漢書改。

4145 趙不害　須昌侯衍之孫，文後四年嗣。景五年，有罪，免。

4146 魏不害　當塗康侯，以圉守尉捕反者胡倩侯，子聖與議定策，益封，凡二千二百戶。又見田廣明傳。百官公卿表，後元二年，為太常，六年坐孝文廟風發瓦免。

4147 公上不害　汲紹侯，高祖六年為太僕，擊陳豨有功，侯，千三百戶。為趙太僕。

4148 守衛尉不害　後元元年，守衛尉不害。無姓。

4149 韓不害　天漢四年，左馮翊〔一〕韓不害。〔二〕

4150 劉毋害　驪丘侯毋害嗣。無年。本始二年，〔三〕坐使人殺兄棄市。〔三〕

4151 劉毋害　俞閭煬侯毋害。菑川靖王子，元鼎元年封。

4152 華毋害　終陵齊侯，以越將從起留，入漢，定三秦，擊臧荼，侯，七百四十戶。從攻馬邑擊布。〔四〕

4153 楊毋害　赤泉侯喜之孫，景四年嗣。六年，坐詐給人贓六百，免。中五年，復封，為臨汝侯。

4154 閻無害　敬市侯澤赤之子，文九年嗣。元光二年，有罪，免。

4155 合傳胡害　貰齊侯，以越戶將從破秦，入漢，定三秦，以都尉擊羽，侯，六百戶，功比臺侯。

〔一〕「左馮翊」，山西書局本作「右馮翊」，據漢書改。

〔二〕山西書局本作「元」，據漢書改。

〔三〕「殺」，山西書局本作「坐」，據漢書改。

〔四〕「馬邑」，山西書局本作「馬逆」，據漢書改。

4156 劉代 龍丘侯代，菑川懿王子，元朔二年封，〔一〕後坐酎金免。

4157 劉代 柴原侯代，齊孝王子，元朔二年封。

4158 馮代 博成侯無擇之子嗣，八年，坐呂氏誅。

4159 范代 范陽靖侯，以匈奴王降，侯，六千二百戶。〔二〕景中三年封。

4160 劉蓋 柳宿夷侯蓋，中山靖王子，元朔四年封。〔三〕

4161 劉蓋 昌慮侯蓋嗣，免。

4162 劉蕠 高郭節侯蕠，河間獻王子，地節二年封。

4163 劉匄 距陽侯，河間獻王子，元朔三年封，〔四〕酎金免。

4164 劉䎽 䎽神爵三年，樂鄉節侯䎽嗣。

4165 溫疥 撐頭侯，以燕將軍漢王四年從破曹咎軍，〔五〕為燕相告燕王荼反，侯。以燕相國定盧綰死事，子侯。

4166 鄺疥 高梁共侯，父食其以客從破秦，〔六〕以列侯入，還定諸侯，常使，使約和諸侯，說齊王
千九百戶。

〔一〕 山西書局本作「元」，據漢書改。

〔二〕 山西書局本作「三」，據漢書改。

〔三〕 山西書局本作「二」，據漢書改。

〔四〕 山西書局本作「三」，據漢書改。

〔五〕 山西書局本作「軍」，山西書局本作「年」，據漢書改。

〔六〕 「食以客從」，山西書局本作「食以其客從」，據漢書改。

卷一百七十　西漢書姓名韻（七）　去聲　六泰

七三

4167 御史大夫　百官公卿表，景四年御史大夫介。無姓。

介

4168 劉　帶　鼂錯傳，與洛陽宋孟及劉帶同師。

4169 公玉帶　郊祀志，濟南人公玉帶上黃帝時明堂圖。太初元年，公玉帶言：黃帝雖封泰山，然風后、封鉅、岐伯令黃帝封東泰山，〔一〕禪凡山合符，〔二〕然後不死。

4170 王子帶　匈奴傳，惠后有子帶，欲立之，與翟后爲内應，開戎翟，破逐襄王。

4171 終　帶　匈奴傳，戊己校尉史終帶等，謀共殺校尉刁護。互見「良」、「商」下。〔三〕又詳見車師傳，曰：終帶取糧食。

4172 燉煌太守　趙充國傳，詔敦煌太守快將二千人。

快

4173 劉　快　莽傳，徐鄉侯劉快結黨數千人，起兵於其國。師古曰：「快，膠東恭王子。」表作炔，疑表誤。

4174 榮　愛　景十三王傳，廣川王姬昭信譖姬榮愛，視瞻意態不善，疑有私。時榮愛爲去刺方繡領，去取燒之。榮愛恐，投井。出之未死，笞問，自誣與醫姦。縛柱燒刀灼潰兩目，生割兩股，銷鉛灌其口中。死，支解以棘埋之。

〔一〕「黃帝」，山西書局本作「皇帝」，據漢書改。

〔二〕「凡山」，山西書局本作「凡三」，據漢書改。

〔三〕「互」，傅山全書初版本脱，據山西書局本補。

4175 蒯聵　司馬遷傳，司馬氏在趙者，以傳劍論顯，蒯聵其後也。如淳曰：刺客蒯聵。

4176 王亥　儒林傳，公羊家請內侍郎許廣，而監議使者亦並內穀梁家中郎王亥，各五人，議三十餘事。

4177 令狐邁　宇文周書，令狐整傳，黑獺常謂整曰：「卿遠祖立忠而去，今卿立忠而來，可謂積善餘慶。」整遠祖漢建威將軍邁，不為王莽屈，其子孫避地河右，故稱之云。今漢書乃不見此人。

七隊

4178 吳芮　始故秦番陽令也，其得江、湖問民心，號番君。以女妻黥布，羽命為衡山王，都邾。[三]

4179 劉遂　趙幽王子遂為趙王，景三年反，誅。又匈奴傳，遂陰使於匈奴。

4180 劉遂　初元四年，梁夷王遂嗣。

4181 劉遂　廣望共侯遂嗣。無年。

4182 劉遂　平侯遂，濟北式王子，元朔三年封，[三]後坐知人盜官母馬為賊，會赦，復作。

4183 劉遂　南城頃侯遂嗣。無年。

4184 劉遂　太始二年，雲康侯遂嗣。

〔二〕「邾」，山西書局本作「洙」，據漢書改。
〔三〕「三」，山西書局本作「三」，據漢書改。

4185 劉遂　利鄉戴侯遂嗣。

4186 劉遂　建陵靖侯遂，魯孝王子，甘露四年封。同名八。

4187 陳遂　初元年，太原太守陳遂爲京兆尹，一年遷。二年，爲廷尉，卒。

4188 陳遂　遵祖父，字長子，與宣帝博奕者。

4189 劉遂　懷昌夷侯，菑川懿王子，元朔二年封。

4190 張遂　宣平侯張敖玄孫，元康四年，長陵公乘詔復家。

4191 黃遂　邧侯極忠之曾孫，元鼎元年，坐挌搏公主馬，髡爲城旦。戶四千。

4192 壺遂　律曆志，大中大夫壺遂等言：「歷紀懷廢，宜改正朔。」韓安國傳，於梁舉壺遂。[三]司馬遷傳，大中大夫壺遂曰：「昔孔子何爲作春秋哉？」又曰：「孔子之時，上無明王，下不得任用」云云。

4193 鄺遂　鄺食其傳，高梁侯挤之子嗣。

4194 馮遂　馮唐子。武帝舉賢良，唐老不能爲官，乃以遂爲郎，字王孫，亦奇士。

4195 王遂　孝元王皇后傳，王安孫遂字伯紀，處東平陵，生賀。

4196 師遂　史皇孫王夫人傳，問賈長兒妻貞及從者師遂云，長兒使遂送翁須至長安，[三]入太子家，辭，皆驗。

[二]，山西書局本作「元」，據漢書改。
[三]「於」，山西書局本作「子」，據漢書改。
[三]「長兒」，山西書局本作「貞」，據漢書改。

4197 高遂

竇嬰傳，梁人高遂說嬰曰：「能富貴將軍者，[二]上也；能親將軍者，太后也。今將軍傅太子，太子廢，爭不能拔，又不能死，乃謝病，引趙女而不朝，有如兩宮螫將軍，則將軍無類矣。」嬰然之。

4198 龔遂

昌邑王郎中令，多所諫爭，見賀傳。循吏傳，字少卿，山陽南平陽人也。爲勃海太守。

4199 成方遂

雋不疑傳，成方遂，本夏陽人，以卜筮爲事。有故太子舍人嘗從方遂卜，謂曰：「子狀貌甚似衞太子。」方遂心利其言，幾得以富貴，即詐自稱詣闕云云。

4200 公孫遂

朝鮮傳，以兩將圍城乖異，使故濟南太守公孫遂往正之，左將軍荀彘以所意告遂云云。

4201 共尉

敖子嗣，爲臨江王，後，漢虜之。靳歙傳，得江陵王，致洛陽。不云爲臨江王。

4202 王衞尉

蕭何傳，何爲民請上林空地，使得入田，上大怒，下何廷尉，械繫之。數日，衞尉侍前問曰：「相國何罪，陛下繫之暴也？」上曰云云。王衞尉曰：「奈何疑相國受賈民錢！且陛下距楚數歲，豨、布反時，相國守關中，關中搖足，關西非陛下有。相國不以此時爲利，乃利賈人之金乎」云云。

4203 霸陵尉

李廣傳，霸陵尉醉，呵止廣，廣後爲右北平太守。請霸陵尉與俱，至軍斬之。

4204 尹都尉

藝文志，農家，尹都尉十四篇。不知世。

4205 鄧都尉

濞傳，條侯至洛陽，問故父絳侯客鄧都尉曰：「策安出？」鄧都尉勸堅壁，以梁委吳云云。

〔二〕「者」，山西書局本脫，據漢書補。

4206 夏侯都尉

儒林，書，夏侯都尉從濟南張生受尚書，以傳族子始昌。

4207 烏藉都尉

匈奴傳，屠耆單于使兄右奧鞬王爲烏藉都尉，以備呼韓邪，於後右奧鞬王自立爲車犂單于。〔二〕

4208 烏藉都尉

又曰：烏藉都尉亦自立爲烏藉單于。凡五單于。後去單于號，與呼揭並輔車犂。互見車犂王下。〔三〕傅山曰：此烏藉都尉，自別一人，非右奧鞬王也。後李陵子復立烏藉都尉爲單于，〔三〕呼韓邪捕斬之。

4209 常惠

長羅壯侯，以校尉光祿大夫持節將烏孫兵擊匈奴，〔四〕獲名王，首虜三萬九千級，侯，二千八百五十戶。本始四年封。有傳。匈奴傳，校尉常惠與烏孫兵至右谷蠡庭，獲名王，犂汙以下三萬九千餘級，馬牛羊驢騾橐駝七十餘萬。漢封常惠爲長羅侯。〔五〕於是匈奴衰耗。烏孫傳，復遣常惠將三校屯赤谷，因爲大小昆彌分別人民地界。太原人。蘇武傳，與副中郎將勝及假吏常惠等至匈奴，置他所。後夜見漢使者，具自陳道云云。武歸，拜爲中郎。

4210 劉惠

元封六年，州鄉憲侯惠嗣。

4211 劉惠

洓孝侯惠嗣。無年。

〔一〕「右奧鞬王」，山西書局本作「奧鞬王」，據漢書改。

〔二〕「車」，山西書局本作「堂」，據漢書改。

〔三〕「李陵子」，山西書局本作「李子陵」，「復」，山西書局本作「後」，據漢書改。

〔四〕「持節」上，山西書局本有「常惠」二字，據漢書刪。「將」，山西書局本作「護」，據漢書改。

〔五〕「封」，山西書局本脫，據漢書補。

4212 大農令惠 景後二年,大農令惠。無姓。

4213 賈惠 息夫躬傳,躬寄居丘亭,邑人河內掾賈惠過躬,教以祝盜方,以桑東南指枝為匕,畫北斗其上,持匕招指祝盜,人有上書告躬云云。

4214 陳惠 史丹傳,是陳惠、李微高於匡衡,可相國也。互見支韻「微」下。

4215 薛惠 宣子,亦至二千石。惠為彭城令,宣過其縣,橋梁郵亭不修,心知惠不能。留彭城數日,案行舍中,處置什器,觀視園菜,終不問惠以吏事。

4216 堂溪惠 儒林,公羊學,貢禹授潁川堂溪惠。

4217 西門君惠 莽傳,西門君惠為王涉言:「劉氏當復興。」

4218 劉貴[二] 劇戴侯貴嗣。無年。

4219 劉貴 成哀侯貴嗣,亡後。

4220 劉貴 莽傳,孫建奏:「劉貴,不知誰子孫。」師古曰:劉貴,不知誰子孫。

4221 留貴 景十三王,河間王元怒少史留貴。留貴踰垣出。欲告元,元殺留貴母。反。

4222 任貴 西南夷傳,粵雋蠻夷任貴亦殺太守枚根,自立為邛穀王。[三]會莽敗漢興,誅貴,復奮號云。

〔二〕「劉貴」,中華書局本作「劉骨」。

〔三〕「邛穀王」,山西書局本作「卬穀王」,據漢書改。

4223 烏貴　車師後城傳，太子軍宿，亡走焉者。車師王更立子烏貴爲太子，及立爲王，與匈奴結婚，教匈奴遮漢道通烏孫者。

4224 劉歲　沈猶夷侯歲，楚元王子，景元年封。

4225 劉萬歲　曲成侯萬歲，中山靖王子，元朔四年封，〔二〕酎金免。

4226 劉類　東淮侯類，城陽頃王子，元鼎元年封，酎金免。

4227 張類　北平侯蒼之孫，〔三〕景後元年嗣。建元五年，坐臨諸侯喪後，免。蒼傳，蒼長八尺餘，蒼子長八尺，類長六尺。

4228 爰類　厭次侯，以愼將元年從起留，入漢，以都尉守廣武，功，侯。

4229 武最　梁鄒侯虎之子，孝惠五年嗣。

4230 陳最　費侯賀子，景中六年紹封巢侯，亡後。

4231 涅陽康侯　以父朝鮮相路人，漢兵至，首先降，道死，子侯。元封三年封，亡後。互見成已下。

4232 宋最　周勃傳，得豨將宋最。

4233 召潰　黎頃侯奴之子，文後五年嗣。

4234 衛尉潰　莽通與謀反者，要斬。〔三〕

──────

〔一〕〔四〕，山西書局本作〔三〕，據漢書改。
〔二〕〔蒼〕，山西書局本作〔倉〕，據漢書改。
〔三〕〔反〕下，山西書局本衍〔一〕〔反〕字，據漢書改。

八震

4235 劉慧 邯會哀侯慧嗣。無年。

4236 劉退 蔞節侯退，河間獻王子，元朔三年封。[一]

4237 劉位 蘭旗侯位嗣，絕。

4238 劉怏 徐鄉侯怏，膠東共王子，元延元年封，莽建國元年，舉兵欲誅莽，死。莽傳作快。

4239 劉內 高宛侯猜之八世孫，元始三年，賜爵關內侯。

4240 昭涉昧 平州侯掉尾之玄孫，景後一年嗣，[二]元狩五年，坐行馳道中，免。

4241 姪 藝文志，兵家有姪一篇。師古曰：女端反，說兵法者人名也。[三]

紀信

4242 紀信

韓王信

4243 韓王信 故韓襄王孽孫也。羽立鄭昌為韓王距漢，信急擊昌。昌降漢，漢乃立信為韓王。後反，入匈奴，柴將軍與戰，斬之。又匈奴傳。

廷尉信

4244 廷尉信 景元年，廷尉信與丞相議法令。

4245 廷尉信 征和元年，廷尉信。無姓。

4246 廷尉信 文後元年，廷尉信。無姓。

[一]「三」，山西書局本作「二」，據漢書改。

[二]「嗣」，山西書局本脫，據漢書補。

[三]「法」，山西書局本作「賜」，據漢書改。

4247 奉常信 文後七年，奉常信。

平帝初，封宣帝耳孫信等三十六人爲列侯。

4248 常信 莽傳，五年正月，袷祭明堂，宗室子九百餘人助祭。封孝宣曾孫信等三十六人爲列侯。

4249 劉信 王子侯表，羹頡侯信，高帝兄子。[一]

4250 劉信 臨朐孝侯信嗣。無年。

4251 劉信 始元三年，阿武節侯信嗣。

4252 劉信 前侯信，濟北貞王子，元朔三年封，[二]酎金免。

4253 劉信 雲夷侯信，齊孝王子，元朔四年封。[三]

4254 劉信 五鳳元年，寧陽康侯信嗣。

4255 劉信 嚴鄉侯信，東平煬王子，建平二年封。四年，坐父大逆，免。元始元年復封。莽居攝二年，翟義舉兵，立信爲天子，兵敗死。又見東平王傳。

4256 劉信 莽傳，王況作讖書，有「江中劉信，執敵報怨」。

4257 劉信 律曆志，張壽王及待詔李信治黃帝調曆，課皆疏闊。

4258 李信 李廣傳，其先曰李信，秦時爲將，逐得燕太子丹者也。

4259 李信 王溫舒爲中尉，任猜禍吏，有關中成信。

4260 成信

〔一〕「兄」上，山西書局本衍一「伯」字，據漢書刪。
〔二〕「三」，山西書局本作「二」，據漢書改。
〔三〕「四」，山西書局本作「三」，據漢書改。

4261 成信 減宣爲右扶風，坐怒其吏成信，成信亡藏上林中，宣使郞令將吏卒，闌入上林中蠶室門，攻亭格殺信，射中苑門。宣下吏，[一]爲大逆，自殺。

4262 趙信 元朔六年，前將軍趙信降匈奴。又見衞青傳後。

4263 文信 元朔六年，前將軍趙信降匈奴。禽侯，以匈奴相國降，侯。元朔二年，擊匈奴功，益封，千六百八十戶。元光四年封，元朔六年降匈奴。詳衞青傳。

4264 夏侯 鄂邑公主子，昭帝赦之。

4265 陳信 汝陰侯嬰之六世孫，元康四年，長安大夫詔復家。

4266 韓信 河陽侯涓之子，文元年嗣。三年，坐不償人債過六月，免。

淮陰侯，初以卒從項梁。梁死，屬羽爲郞中。至咸陽，亡從入漢，爲連敖票客。蕭何言之，爲大將軍。別定魏、趙，爲齊王，徙楚。擅發兵，廢爲侯。有傳。紀、傳並云爲治粟都尉，此云客票。

4267 丙信 高宛侯猜曾孫，建元元年嗣。坐出入屬車間，免。戶三千二百。[三]

4268 旅信 共侯罷師之曾孫，元康四年，霸陵簪褭詔復家。

4269 奚信 成陽侯意之子，文十一年嗣。建元元年，有罪，要斬。

4270 吳信 成陽侯淺之子，文後七年嗣，謚共。

4271 周信 成陰夷侯，以卒從起單父，爲呂后舍人，度呂后，爲河南守，侯，五百戶。師古曰：

[一]「宣下吏」，山西書局本作「下宣吏」，據漢書改。
[二]「三」，山西書局本作「二」，據漢書改。

度於水也。

4272 衛信 建陵侯綰之手，元光五年嗣。元鼎五年，坐酎金免。又見綰傳。

4273 王信 蓋靖侯，以皇后兄侯。景中五年封，即所謂王長君，元鼎元年爲太常。又外戚傳。周亞夫傳，景帝從侯信，亞夫爭非高帝約，默然而沮。亞夫死後，乃封信爲蓋侯。

4274 大理信 百官公卿表，建元二年，大理信。無姓。

4275 壺信 元鳳元年，執金吾壺信。

4276 守左馮翊 五鳳元年，守左馮翊、勃海太守信。無姓。

信

4277 逢信 陽朔元年，弘農太守逢信少子爲京兆尹，三年遷。四年，爲太僕，六年遷。

4278 逢信 方進傳，方進舉奏牧守九卿，中傷者尤多。如陳咸以至逢信、孫閎之屬，罷退之。

4279 淳于信 陽朔四年，太原太守淳于信中君爲右扶風。

4280 孫信 元始四年，左馮翊孫信子孺。

4281 零陵令信 藝文志，縱橫家有秦零陵令信一篇。〔三〕難李斯。

4282 陽成昭信〔三〕 廣川王去愛姬，〔三〕殺昭平、地餘、陶望卿、望卿女弟都、〔四〕姬榮愛等。後事覺，廷

〔一〕「一篇」，「六篇」，據漢書改。
〔二〕「陽成昭信」，山西書局本作「城陽昭信」，據漢書改。
〔三〕「去」，山西書局本作「齊」，據漢書改。
〔四〕「望卿女弟」，山西書局本作「望鄉弟」，據漢書改。

4283 中謁者信 臣議去聽昭信讒，燔燒烹煑，生割剝人，拒師之諫，殺其父子云云。逆節絕理，當伏顯戮。上不忍，徙上庸。去道自殺，昭信棄市。

4284 田信 東平王宇傳，謂中謁者信等曰：「漢大臣議天子少弱，建欲使我輔佐太子。及我危得之」云云。

4285 董寬信 張湯傳，三長史使吏捕案湯左田信等，曰：「湯且欲爲請奏，信輒先知之，居物致富，與湯分之」云云。

4286 楊信 董賢傳，弟寬信代賢爲駙馬都尉，王閎爲寬信求蕭咸女爲婦，賢死，寬信徙合浦。匈奴傳，漢使楊信使匈奴。楊信爲人剛直屈強，非貴臣也，單于不親。欲召入。不肯去節，迺坐穹廬外見楊信。楊信說以太子入質云云。

4287 劉舜 景中五年，立子舜爲常山王，諡憲。景十三王傳，王，帝少子，驕淫，數犯禁，上寬之。

4288 劉舜 居攝二年，長沙王舜嗣。莽篡，貶爲公，廢。

4289 劉舜 初元五年，廣陽穆王舜嗣。頃王建之子。

4290 劉舜 良成共侯舜嗣。

4291 劉舜 元延二年，桑中侯舜紹封，十九年免。

4292 劉舜 高質侯舜，梁靖王子，建昭元年封。

4293 王舜 安平夷侯舜，邛成侯奉光子，[二]元帝初元元年，以皇太后兄侍中中郎將封，千四百戶。

〔二〕「邛成侯」，山西書局本作「卭成侯」，據漢書改。

又見宣王皇后傳。

4294 王舜敍傳，班伯請試守定襄，上遣侍中中郎將王舜馳傳代伯護單于。〔一〕

4295 王舜匈奴傳，遣中郎將王舜往問伊邪莫演降狀，〔二〕對曰：「我病狂妄言耳。」

4296 王舜哀帝益太僕安陽侯王舜五百戶。〔三〕安陽侯音之子，永始二年嗣，莽篡，為安新公。元后傳，音死，子舜嗣。又莽篡，請璽，太后不肯授莽。使安陽侯舜諭指。舜素謹敕，太后雅愛信之。既知其為莽求璽，怒罵之云云。建國元年，為太師封安新公。莽傳，莽自莽篡後腹心。又白太后下舜詔，令莽攝帝事。又王舜自莽篡後病悸，〔四〕寢劇，死。

4297 王舜韋玄成傳，太僕王舜與中壘校尉劉歆議孝武功德，不宜毀。制曰：「可。」

4298 王舜元壽三年，為車騎將軍。

4299 王舜綏和元年，駙馬都尉王舜為太僕，病免。

4300 王舜孝成趙后傳，解光奏言：〔五〕有中黃門王舜。後田客持詔記，令籍武以兒付舜。互見武，棄下。

4301 郭舜傅介子等傳，贊曰：都獲十八人，郭舜以廉平著。康居傳，都獲郭舜上書，請歸康居

〔一〕「護單于」，山西書局本作「護單于子」，據漢書改。

〔二〕「問」，山西書局本作「門」，據漢書改。

〔三〕「哀帝」，山西書局本作「安帝」，「五百戶」，山西書局本作「百戶」，據漢書改。

〔四〕「悸」，山西書局本作「季」，據漢書改。

〔五〕「言」，山西書局本作「問」，據漢書改。

4302 郭舜　侍子，絕勿復通，以章漢家不通無禮之國。蕭育傳，育爲茂陵令，課第六，栽自脫，何暇欲爲左右言？」而漆令郭舜殿，見責問，育爲之請，扶風怒曰：「君課第六，裁自脫，何暇欲爲左右言？」

4303 毛舜　安丘侯說之六世孫，元康四年，陽陵上造詔復家。

4304 張舜　張節侯釋之之孫，文十三年嗣，景中六年，有罪免。

4305 許舜　博望頃侯，以皇太子外祖父同產弟長樂衞尉有舊恩侯，千五百戶。元康二年封。又見許后傳。疏廣傳，許伯白使舜監護太子家。

4306 單舜　中牟侯右車之曾孫，元光二年嗣，酎金免。

4307 甄舜　元延元年，護軍都尉甄舜子節爲太僕。

4308 韋舜　韋賢子，留魯守墳墓。

4309 李舜　高帝時，李舜舉夏。[二]

4310 絮舜　魏相傳，敞坐與楊惲厚善，黨友，等比皆免，敞即收舜係獄。敞奏獨寢不下。敞使賊捕掾絮舜有所案驗，舜以爲敞當免，不肯爲竟事云云。冬月未盡數日，晝夜驗治，竟致棄市。[三]灼曰：「坐增虜獲。」

4311 田順　千秋子。宣紀，雲中太守田順，本始二年，爲虎牙將軍，擊匈奴。三年，有罪自殺。匈奴傳，本始二年，雲中太守田順爲虎牙將軍，三萬餘騎，出五

[一]「李舜」，山西書局本作「李順」，據漢書改。
[二]「致」，山西書局本作「到」，據漢書改。

卷一百七十　西漢書姓名韻（七）　去聲　八震

八七

4312 車順

富民侯千秋之子。元鳳四年嗣，本始三年，坐為虎牙將軍擊匈奴詐增虜獲，[二]自殺。

4313 劉順

千秋子嗣富民侯，官至雲中太守，宣帝時以虎牙將軍擊匈奴。卽田順也。

4314 劉順

城陽王，天漢四年嗣，諡荒。

4315 劉順

元鼎三年，張梁侯順嗣，征和三年，爲奴所殺。

4316 劉順

邵侯順，代共王子，元朔三年封，[三]後坐殺人及奴凡十六人，以捕匈奴千騎，免。

4317 劉順

公丘夷侯順，魯共王子，元朔三年封。[四]

4318 劉順

廣侯順，河間獻王子，元朔三年封，酎金免。[五]

4319 劉順

邯平侯順，趙敬肅王子，元朔三年封，酎金免。[六]

4320 劉順

羊石侯順嗣，免。

4321 劉順

黃聲侯順嗣，亡後。

4322 泠順

成河平元年，千乘太守東萊劉順爲宗正，四年坐使合陽侯舉子免。同名九。

下相侯耳之子，文三年嗣，景三年，坐謀反，誅。

[一]「虞」，據漢書改。
[二]「奴」，山西書局本作「匈奴」，據漢書改。
[三]「三」，山西書局本作「二」，據漢書改。
[四]「三」，山西書局本作「二」，據漢書改。
[五]「三」，山西書局本作「二」，據漢書改。
[六]「三」，山西書局本作「二」，據漢書改。

去聲　八震

4323 成順　開陵侯娩之子嗣。無年。

4324 訾順　樓虛侯，以捕反者樊並侯，千戶。永始四年封。

4325 衛尉順　甘露四年，衛尉順。無姓。

4326 溫順　成建始元年，常山太守溫順子敎爲右扶風，一年遷。二年，爲少府，坐買公田與近臣下獄論。

4327 水衡都尉順　陽朔元年，水衡都尉順。無姓。

4328 劉畯　景十三王傳，魯文王畯。見先韻。

4329 薛順　郊祀志，王莽議復長安南北郊，列名有博士薛順。

4330 孔順　光傳，穿生順，爲魏相。

4331 長孫順　儒林傳，詩，王吉授淄川長孫順，爲博士。

4332 陳順　石顯傳，其黨牢梁、陳順皆免官。長安謠曰：「去牢與陳實無賈。」

4333 王駿　成河平元年，司隷校尉王駿爲少府，七年徙。陽朔四年爲京兆尹，一年遷。鴻嘉元年爲御史大夫，五年卒。永始二年，御史大夫王駿卒。王吉之子。儒林，易，王吉使其子郎中駿上疏從梁丘臨受易。王吉傳，陳咸、匡衡皆薦駿。匡衡傳，司隷校尉駿劾衡。杜欽傳，數稱達名士王駿等。藝文志，論語，魯王駿說二十篇。淮陽憲王傳，遣諫大夫王駿賜璽書論指云云。

4334 王駿 孝宣王皇后傳，〔一〕成帝即位，復爵太皇太后弟弟爲關內侯。

4335 王駿 元始三年，執金吾長安侯王駿君公，三年遷。此似是宣王皇后傳爲關內侯者。

4336 王駿 翟義傳，莽以明義侯王駿爲強弩將軍。

4337 王駿 莽傳，奮武將軍王駿與王晏出張掖。

4338 劉駿 焉耆伏兵共襲擊駿等，皆殺之。車師傳，天鳳三年，乃遣五威將王駿等使匈奴，頒四條。

4339 劉駿 出西域。匈奴傳，遣中郎將王駿將戊己校尉

4340 劉駿 互見昌、阜、尋下。又莽篡後，遣五威將王駿重遺單于。

4341 大奴駿 元帝永光三年，泗水戾王駿嗣。

4342 王俊 景十三王傳，勤王燧之子。

4343 陽浚 鄭節侯駿嗣。

4344 陽俊 張延壽傳，方使大奴駿等四十餘人，〔三〕白晝入樂府攻射官寺云云。

4345 劉愼 商之子。商傳，日商子俊欲上書告商，俊妻左將軍史丹女，持其書示丹，丹惡其父子乖迕，爲女求去。皆匡之言。

莽傳，誅貂將軍陽俊與嚴尤出漁陽。

莽傳，又遣大將軍陽浚守敖倉

鴻嘉元年，高密王愼嗣，〔三〕莽篡貶爲公，廢。

〔一〕「孝宣王皇后傳」，山西書局本作「孝宣王侯傳」，據漢書改。

〔二〕「四十」，山西書局本作「三十」，據漢書改。

〔三〕「高密王」，山西書局本作「高密侯」，據漢書改。

4346 大鴻臚愼 鴻嘉元年。無姓。

4347 翟方進 藝文志，數術家，魯有梓愼。

4348 朱進 中邑貞侯，以執矛從入漢，以梓愼。

4349 梓愼 高陵共侯，以丞相侯，千戶。哀帝即位，益子宣五百戶。馮參傳，方進數謂參勿禁太甚。宜少詘節於五侯。朱博傳，前丞相方進奏：宣知方進名儒，有宰相器，深結厚焉。後方進竟代宣爲丞相。薛宣傳，罷刺史，更置州牧，秩眞二千石，位至次九卿。方進知能有餘，內求人主微指以固其位。註：如淳曰：字子威，汝南上蔡人。傳曰：方進知能有餘，內求中材苟自守而已。奏可。儒林傳，尹更始以左氏授方進。傅山曰：其反復於淳于長也，無恥之甚。綏和二年，星變賜册自殺。漢儀註有天地大變，策告殃咎之事。[二]

4350 史皇孫進 武五子傳，史良娣生進，[三]號史皇孫。

4351 龔奮 藝文志，傳魯論者，常山都尉龔奮。

4352 孫奮 樊噲傳，擊豨胡騎橫谷，虜守孫奮。

4353 石奮 萬石君也，趙人，姊能鼓瑟。高祖召之爲美人。

4354 石奮 孝文時爲大中大夫。無文學，恭謹無比。

[一]「曹咎」，山西書局本作「曹皐」，據漢書改。
[二]「殃咎」，山西書局本作「丞相」，據漢書改。
[三]「史良娣」，山西書局本作「史良姊」，據漢書改。

4355 蕭奮〉儒林傳，瑕丘蕭奮以禮至淮陽太守。

4356 劉鎮〉樂陽侯鎮嗣，免。

4357 劉躉〉襄平侯躉，廣陽厲王子，永光五年嗣。〔二〕劉攽曰：「廣陽無厲王，當是廣陵。」

4358 呂忿〉呂成侯，以皇太后昆弟子侯。高后元年封，八年，反，誅。

4359 孔僅〉百官公卿表，元鼎二年，大農令孔僅。食貨志，以東郭咸陽、孔僅爲大農丞，領鹽鐵事。僅，南陽大冶。〔三〕

4360 鴈門守圂〉周勃傳，擊豨軍樓煩，得鴈門守圂。師古曰：「魯之窮士也。」

4361 猗頓〉貨殖傳，用鹽鹽起。

九翰

4362 劉衎〉中山王興之子，是爲平帝。

4363 許廣漢〉暴室嗇夫，女爲宣帝后。應劭曰：〔三〕「暴室宮人獄也。」師古曰：「掖庭主織作染練之署。」〔四〕孝宣許后傳，坐從行而盜，當死，詔募下蠶室。後爲宦者丞。外戚恩澤侯表，平恩戴侯，以皇太子外祖父昌成君侯，五千六百戶。地節三年封，亡後。

〔二〕「五」，山西書局本作「三」，據漢書改。
〔三〕「南陽」，山西書局本作「南野」，據漢書改。
〔三〕「應劭」，山西書局本作「應邵」，據漢書改。
〔四〕「掖庭主」，山西書局本作「夜」，據漢書改。

4364 趙廣漢 宣紀，京輔都尉廣漢。師古曰：「趙廣漢也。」有傳，以與定策，賜爵關內侯。字子都，涿郡蠡吾人也，為京兆尹，坐賊殺不辜等罪，要斬。突入丞相府，召夫人跪庭下，良已甚矣。

4365 鄧廣漢 長信少府鄧廣漢與霍云等誅。霍光傳，徙光女壻長樂衛尉鄧廣漢為少府。

4366 劉廣漢 桑中戴侯廣漢，趙頃王子，地節二年封。

4367 劉廣漢 景十三王傳，曰：薨，無後。

4368 周廣漢 哀建平三年，立廣德夷王弟廣漢為廣川平王。

4369 劉廣漢 勃曾孫，元康四年，槐里公乘詔復家。

4370 郭廣漢 東武侯蒙之玄孫，元康四年，茂陵公士詔復家。

4371 王廣漢 信成侯定之子，初元五年嗣，亡後。

4372 稠廣漢 功臣表，太初三年，常樂侯廣漢嗣。太始元年薨，亡後。雕之子也。〔二〕

4373 靳安漢 信武侯歙六世孫，元康四年，長安上造詔復家。

4374 董安漢 散侯舍吾之子，太初三年嗣。

4375 黃安漢 下酇侯同之子嗣，後坐咀呪，斬。

4376 鴻臚漢 建始四年，河南太守漢為大鴻臚，一年免。無姓。

4377 姚定漢 張騫傳，諸常使宛姚定漢等言：宛兵弱，誠以漢兵不過三千人，強弩射之，破矣。

〔二〕「雕」，山西書局本作「雎」，據漢書改。

4378 姚定漢 衛皇后自殺，黃門蘇文、〔二〕姚定漢興置公舍令空舍。

4379 聞人通漢 儒林傳，后蒼說禮數萬言，授沛聞人通漢子方，以太子舍人論石渠，至中山中尉。

4380 劉漢 建平三年，劉漢以廣德夷王弟紹封，爲廣平王，莽篡貶爲公，廢。

4381 劉壽漢〔三〕 繁安節侯壽漢嗣。

4382 劉漢 復陽煬侯漢嗣。無年。

4383 劉漢 膠鄉敬侯漢，高密哀王子，初元元年封，七百四十戶。

4384 劉漢 元始元年，西安侯漢，以東平思王孫封，八年薨。〔三〕

4385 黎漢〔四〕 軑侯朱蒼之六世孫，元康四年，竟陵簪裊詔復家。

4386 邴漢 綏和二年，〔五〕光祿大夫邴漢游君爲京兆尹，數月病，爲中大夫。兩龔傳，〔六〕初，瑯邪邴漢亦以清行徵用，至京兆尹，莽秉政，妻充漢與家屬徙合浦息夫躬傳，妻充漢與家屬徙合浦

4387 充漢 昌邑王傳，徵王有中郎將利漢。師古曰：不知姓。又霍光傳。

4388 利漢

4389 王漢 霍光傳，出羣孫壻中郎將王漢爲武威太守。

〔二〕「蘇文」，山西書局本作「蘇門」，據漢書改。
〔三〕「劉壽漢」，山西書局本作「劉漢」，據漢書改。
〔三〕「薨」，山西書局本作「免」，據漢書改。
〔四〕「黎漢」，山西書局本作「梨漢」，據漢書改。
〔五〕「二」，山西書局本作「元」，據漢書改。
〔六〕「兩龔傳」，山西書局本作「丙龔傳」，據漢書改。

十諫

4390 王曼　莽之父。

4391 光祿大夫　彭宣傳，使光祿大夫曼賜黃金五十斤。

4392 曼　孝文後七年，屬國悍爲將屯將軍。師古曰：典屯軍以備非常。景中二年，封其子棄之新市侯。

4393 屬國悍　趙內史王悍諫其王無反，殺。

4394 王悍　靳歙傳，擊項悍濟陽下。

4395 項悍　利昌侯六世換嗣，莽篡，絕。

4396 劉換　陳勝傳，勝使武平君畔爲將軍，監郯下軍。秦嘉矯殺之。

武平君畔

4397 劉旦　武帝子，燕王謀反，敗。歌曰：「歸空城兮，狗不吠，雞不鳴。橫術何廣兮，固知國中之無人！」自殺，諡刺。

4398 劉旦　黃龍元年，長沙煬王旦嗣，亡後。

4399 劉旦　平望侯六世旦嗣。無年。

4400 劉旦　平利侯旦嗣，免。

4401 劉旦　元始元年，平通侯旦以東平思王孫封，八年免。

4402 劉旦〔二〕昌鄉侯旦，東平煬王子，元始元年封。〔三〕同名六。

4403 許旦 平恩侯嘉之孫，鴻嘉二年嗣，謚質。孝成許后傳，后廢，后弟子平恩侯旦就國。

4404 鄂但 安平侯秋之玄孫，景後二年嗣，元狩元年，坐與淮南通，稱臣盡力，棄市。

4405 杜但 棘陽侯得臣之子，文六年嗣。

4406 任但 廣阿侯敖之孫，文四年嗣，謚敬。

4407 男子但 淮南王長傳，令男子但七十八人與柴奇謀，以輦車四十乘反谷口。下奏書則曰「大夫但。」

4408 孟但 儒林，易，王同授廣川孟但，為太子門大夫。〔三〕

4409 傅晏 哀帝封皇后父傅晏為孔鄉侯，三千戶，又益二千戶。又見傅昭儀傳，中叔之子也，綏和二年封，元壽二年，坐亂妻妾位免，〔四〕徙合浦。百官公卿表，元壽元年，為大司馬衛將軍，賜金，安車，免。息夫躬傳，晏與躬同郡，相友善，因以為援。又詳朱博傳。

4410 劉晏 棗疆侯晏，廣川惠王子，元朔三年封，〔五〕亡後。

〔一〕「旦」，中華書局本漢書作「但」。

〔二〕「封」，山西書局本作「免」，據漢書改。

〔三〕「門大夫」，山西書局本作「舍人」，據漢書改。

〔四〕「亂」，山西書局本作「乳」，據漢書改。

〔五〕「元朔」，山西書局本作「元封」，據漢書改。

4411 平晏　防鄉侯，以長安少府與劉歆、〔二〕孔永、孫遷四人使治明堂辟雍得萬國歡心功侯，各千戶。元始五年封，莽篡，爲就新公。漢興，惟韋、平父子至宰相。百官公卿表，元始五年，少府平晏爲大司徒。又平當傳，曰：與大司徒晏等百四十七人議，〔三〕皇高祖考廟奉明園毀勿修，罷南陵、雲陵爲縣。奏可。莽傳，平晏主領機事。建國元年，封大司徒就德侯平晏爲太傅、宣成傳，王莽奏：平父子至宰相。又孝平王皇后傳，尚書令平晏爲大司徒。又遣太傅平晏之雒陽相宅兆。〔四〕後日食，策太傅平晏勿領尚書事。地皇元年，〔五〕就新公。

4412 王晏　翟方進傳，莽以騎都尉王晏爲建威將軍屯城北。平晏死。

4413 許晏　儒林，詩，張游卿門人許晏爲博士，陳留人。

4414 馮愛　厭次侯類之七世孫，元始三年，詔賜爵關内侯。

4415 馮解散　閼氏節侯，以代大與漢王三年降，爲鴈門守，以將軍平代反寇，侯，千戶。「大與，主爵禄之官。」洪邁曰：馮解散以代大與。史記作太尉。師古曰：

4416 祕憚　戴侯彭祖之子，高后三年嗣，謚共。

4417 涉間　項籍傳，秦將涉間圍鉅鹿，籍破之，不降，自燒殺。

〔二〕「長安」，中華書局本改作「長樂」。
〔三〕「尚書令」，山西書局本作「尚書」。
〔三〕「百四十七人」，山西書局本作「四十七人」，據漢書改。
〔四〕「之雒陽」，山西書局本脱「之」字。「相宅兆」，山西書局本作「相兆宅」，據漢書改。
〔五〕「元」，山西書局本作「二」，據漢書改。

卷一百七十　西漢書姓名韻（七）　去聲　十諫

九七

王諫

〈元后傳〉，莽疏屬王諫上書言：「皇天廢漢而命立新室，太皇太后不宜稱尊號。」莽親以其書太后。太后曰：「此言是也！」莽因曰：「此詩德之臣也。」及張永獻銅璧文，於是鴆殺諫。

卷一百七十一 西漢書姓名韻（八）

去聲

十一霰

4419 劉建 燕王，高帝子，諡靈。〈外戚傳〉，呂后殺之。

4420 劉建 元狩二年，江都王劉建有罪自殺。〈景十三王〉，無道之跡，不可忍視。

4421 劉建 燕王旦太子劉建，昭帝赦之，宣帝本始元年立爲廣陽王，表諡頃。

4422 劉建 元光六年，菑川靖王建嗣，濟北王志之子。

4423 劉建 襄嚾侯劉建，趙敬肅王子，元朔二年封，[一]後坐酎金免。

4424 劉建 元封六年，臨樂憲侯建嗣。

4425 劉建 地節四年，牟平康侯建嗣。

4426 劉建 皋虞煬侯建，膠東康王子，元封元年封。[二]

4427 劉建 黃龍元年，柳泉孝侯建嗣。

[一]「二」，山西書局本作「元」，據漢書改。
[二]「元封」，山西書局本作「元鼎」，據漢書改。

4428 劉建 淮南王安傳，王孼子不害子建，材高有氣，嘗怨望太子不省其父，使所善嚴正上書，〔二〕告太子。

4429 蘇建 元朔六年，右將軍蘇建亡軍，獨身逃歸。平陵侯，以都尉從車騎將軍擊匈奴，功，侯。元朔五年，用遊擊將軍從大將軍，益封，凡一千戶。六年，坐與翕侯趙信俱敗，獨身脫來歸，當斬，贖免。武之父，以校尉從大將軍，封平陵侯。衛青傳，衛尉蘇建為右將軍，還，月餘，復出定襄。蘇建、趙信並三千餘騎，獨逢單于兵，戰一日，信亡降。

4430 鄭令蘇建 青不敢擅斬，囚建行在所。匈奴傳，右將軍建得以身脫，即蘇建也。石顯傳，鄭令蘇建得顯私書奏之，後以他事論死。自是公卿以下皆畏顯。

4431 馬适建 百官公卿表，始元元年為執金吾，六年坐殺人下獄，自殺。

4432 馬适建 昭元鳳元年，武都氐人反，遣執金吾馬适建將三輔，太常徒，皆免刑擊之。又見西南夷傳。

4433 搖建 海陽侯毋餘之孫，高后五年嗣，諡康。

4434 許建 栢至侯盎之六世孫，元康四年，長安公士詔復家。

4435 景建 德侯，以長安大夫從莽通共殺如侯，侯，三千七百三十五戶。後坐共通反要斬。又屈氂傳。

4436 張建 博成侯章之子，五鳳元年嗣。建始四年，坐尚陽邑公主與婢姦主旁，數醉罵主，免。

〔二〕「善」，山西書局本作「害」，據漢書改。

4437 甘建 義成侯延壽之子，陽朔元年嗣，諡煬。

4438 廷尉建 建元四年，廷尉建。無姓。

4439 京兆尹建 後元元年，京兆尹建。無姓。

4440 王建 元延元年，廣陵太守王建爲京兆尹。

4441 朱建 平原君也。藝文志，平原君七篇，又賦二篇。楚人，爲辟陽畫策，使吏捕治。辟陽侯於諸呂至深，卒不誅者，陸賈、朱建之力也。孝文聞其爲辟陽畫策，使吏捕治。辟陽侯於諸呂至深，召其子，拜爲中大夫。使匈奴，匈奴無禮，罵單于死。史失其名。文帝惜之，召其子，拜爲中大夫。使匈奴，匈奴無禮，罵單于死。史失其名。

4442 石建 奮傳，以長子建爲郎中令。建老白首，萬石君尚無恙云。

4443 胡建 子孟，河東人。守軍正丞，斬監軍御史訢，以成奏上。後爲渭城令，捕蓋主私夫丁外人。蓋主告建侵辱長公主云云，霍光寢其奏。光病，上官氏代聽事，捕建，建自殺。

4444 金建 渭城冤之，爲立祠。

4445 夏侯建 勝從父子，字長卿。自師事勝及歐陽高，左右采獲，又從五經諸儒問與尚書相出入者，牽引以次章句。勝非之曰：「建所謂章句小儒，破碎大道。」建亦非勝爲學疏略，難以應敵。建卒自專門名經，爲議郎博士，至太子少傅。又儒林傳，是爲尚書大小夏侯。

4446 杜建 新豐杜建爲京兆掾，護作平陵方上。賓客爲姦利，風告之，不改，令數吏趙廣漢傳，
將建棄市。

4447 孫建 平帝初，右將軍孫建，前正議不阿，賜爵關內侯。元始五年，以強弩將軍有折衝之威

4448 申屠建

侯。莽簒，爲成新公。元壽三年，護軍都尉孫建子夏爲執金吾，本年又爲右將軍。元始二年，爲左將軍光祿勳。段會宗傳，復遣會宗與都護孫建並力。又贊曰：都護十八人，孫建以威重顯。翟義傳，莽以成武侯孫建爲奮威將軍。烏孫傳，卑爰疐侵凌兩昆彌，都護孫建襲殺之。建曰：「臣名善之，疑建匿之。」建國元年，輕車將軍成武侯孫建爲立國將軍，成誅臣足以塞責。」莽傳，孫建爲爪牙。

新公。天鳳二年死。[二]

4449 路建

原涉傳，更始西屏將軍申屠建請涉相見，[三]大重之。故茂陵令尹公，壞涉塚舍者，爲建主簿，涉本不怨。涉從建所出，尹故遮拜，涉怒使客刺殺尹。申屠建内恨恥之，陽言不以一吏易之，卒斬涉也。莽傳，將軍申屠建亦至，詳王莽下。[四]申屠建營事崔發爲詩，建至，發降之。後復稱說，建令丞相劉賜斬發以狥。[五]

4450 劉燕

莽傳，太保舜言：「天下聞公不受千乘之土」云云。蜀郡男子路建等輟訟慚怍而退。

4451 劉狩燕

被陽敬侯燕，齊孝王子，元朔四年封。[六]
洮陽靖侯狩燕，長沙定王子，元朔四年封。[七]「燕」字無音，亦可入先韻。

[二]「漕中叔」，山西書局本作「曹中叔」，據漢書改。
[三]「二」，山西書局本作「使」。[三]，據漢書改。
[四]「始」，山西書局本作「西平」。「相見」，山西書局本作「相」，據漢書改。
[四]「王莽」，山西書局本作「西屏」。
[五]「劉賜斬發」，山西書局本作「劉發」，據漢書改。
[六]「山西書局本作「二」，據漢書改。
[七]「四」，山西書局本作「二」，據漢書改。

4452 劉便 廣鼇侯便,菑川孝王子,竟寧元年封。
4453 僕雷電 輝渠侯朋之子,元鼎四年嗣,征和三年,以五原屬國都尉與貳師俱擊匈奴,没。
4454 霍嬗 冠軍侯去病子,元鼎元年,以南陽侯嗣,諡哀。去病傳,子嬗字子侯,上愛之,幸其壯而將之。爲奉車都尉,從封泰山薨。
4455 樂願 願陽侯說之子,景中六年嗣,諡靖。
4456 良願 莽傳,平憲等奏言:「羌豪良願等,可萬二千人,願爲内臣」云云。
4457 石偏 百官公卿表,建元三年,[二]内史石偏。
4458 翟母練義 之母,莽害之。
4459 劉憲 式節侯憲,城陽荒王子,初元元年封,三百戶。
4460 劉憲 昌鄉侯憲,膠東頃王子,建始二年封,[三]元壽二年,坐使家丞封上印綬,免。
4461 杜憲 建平侯之玄孫,嗣。建武中以先降梁王,薨,不得代。丁姬傳,太后叔父憲爲太僕。師古曰:梁王,劉永也。
4462 丁憲 哀建平二年,城門校尉丁憲子尉爲太僕,四年遷。
4463 平憲 莽傳,唯西方未有加,乃遣中郎將平憲等多持金帛誘塞外羌,使獻地。
4464 董憲 莽傳,赤眉別校董憲等衆數萬在梁郡,王匡欲擊之,廉丹以爲當且休士。匡進,敗。

僕匡走。

[一]「建元」,山西書局本作「建武」,據漢書改。
[二]
[三]「三」,山西書局本作「二」,據漢書改。

卷二百七十一 西漢書姓名韻(八) 去聲 十一霰

一〇三

4465 司國憲

司國憲莽傳，王匡等戰數不利。莽知天下潰畔，議遣風俗大夫司國憲等分行天下，除詔令不便於民者。

4466 王憲

莽傳，鄧曄以弘農掾王憲為校尉，將數百人北渡渭，北至頻陽，所過迎降。後公賓就斬莽首，詣王憲。王憲自稱漢大將軍，城中數十萬兵皆屬焉。舍東宮，妻莽後宮，乘其車服。李松、鄧曄入長安，將軍趙萌、申屠建亦至，以王憲得璽綬不輒上，多挾宮女，建天子旗鼓，收斬之。

十二嘯

4467 華要

朝陽侯寄之子，高后元年嗣，諡文。

4468 戚少

臨轅侯鰓之七世孫，元始二年，詔賜爵關內侯。

4469 杜少

滅宣傳，時盜賊滋起，楚有杜少。

4470 白光少

儒林，易，孟喜授同郡白光少子沛為博士。

4471 屠門少

莽傳，杜陵屠門少之屬皆數千人，假號稱漢將。

十三效

4472 成帝劉鷔

成帝名。元后傳，生成帝於甲館畫堂。宣帝愛之，自名之曰鷔，字太孫。

4473 魏豹

魏諸公子也，立為魏王。羽立之，都平陽。降漢，尋畔，韓信擊虜之，屬漢為河東上黨郡。後漢使豹守滎陽，楚圍急，周苛曰：「反國之王，難與共守。」遂殺

4474 劉 豹 豹。
4475 水衡都尉豹 新鄉侯豹，清河綱王子，本始四年封。
豹 元鼎四年，水衡都尉豹。無姓。
4476 少府豹 元鼎六年，[一]少府豹。無姓。
4477 西門豹 魏人，溝洫志，引之。
4478 軒丘豹 梁孝王傳，天子案梁事，捕公孫詭、羊勝，王匭後宮。梁相軒丘豹及內史安國皆泣諫王。
4479 太傅豹 昌邑王傳，臣敞言：哀王歌舞者張修等十人，太傅豹等擅留，以爲哀王園中人，所不當得爲，請罷歸。
4480 劉伯造 東陽哀侯伯造嗣。
4481 劉報 城陽侯報嗣，免。
4482 夏侯竈[二] 汝陰侯嬰之子，孝文九年嗣侯，謚夷。鼌錯傳，舉鼌。
4483 周竈 隆慮克侯，以卒從起碭，以連敖入漢，以長鈘都尉擊羽，侯，玄孫，[三]元康四年，陽陵公乘詔復家。不著名。南粵傳，趙它自尊爲南武帝，高后遣將軍隆慮侯周竈擊之。

〔一〕 山西書局本作「五」，據漢書改。
〔二〕 「夏侯竈」，山西書局本作「夏竈侯」，據漢書改。
〔三〕 「玄孫」，山西書局本作「曾孫」，據漢書改。

4484 程竈 匈奴傳，文帝拜周竈爲隴西將軍，擊胡。

4485 禈竈 歷侯黑之孫，文後元年嗣，景中元年，[二]有罪免。

4486 華告 藝文志，數術家，鄭有禈竈。

4487 劉告 終陵侯毋害之曾孫，元康四年，於陵大夫詔復家。

4488 劉到 東茅侯到子，文三年嗣，坐事國人過員，免。

東茅敬侯，以舍人從起碭，至霸上，以二隊入漢，定三秦，以都尉擊羽，破荼，侯。

4489 劉到 捕韓王信，爲將軍，益邑千戶。

4490 朱悼 平都孝侯，以齊將高祖三年定齊降，侯，千戶。同名二。

4491 徐悼 中邑眞侯進之子，文後二年嗣，景後三年，罪，免。

4492 劉孝 祝茲侯厲之子，文七年嗣，諡康。

衡山王賜傳，后乘舒生太子爽，少男孝。後，姬徐來爲后，毀太子爽，王欲廢太子爽，[三]而后又欲並廢孝。後有侍者善舞，王幸之，后欲令與孝亂以污之。後太子爽告王，孝與王御者姦。王械繫太子，孝日益親幸。

4493 繒賀 文紀，祁侯繒賀爲將軍，軍滎陽。以執盾漢王三年初起從晉陽，以連敖擊羽。漢王敗

十四箇

[二]「中元年」，山西書局本作「元年」，據漢書改。

[三]「欲」，山西書局本脫，據漢書補。

公孫賀 [4494]

走,賀擊楚迫騎,以故不得進。漢王顧謂賀祁王。戰彭城斬羽,爭惡,絕延璧,侯,千四百戶。

武紀,太僕公孫賀爲輕車將軍。有傳。字子叔,義渠人。拜丞相,不受印綬。朱安世告之,父子死獄中。衛青傳,衛媼女君孺,爲太僕公孫賀妻。又,詔車騎將軍公孫賀從大將軍獲王,封爲南窌侯。「窌」本作「奅」。表,平曲侯渾邪之子,元朔五年,以將軍擊匈奴,得王,侯,封南奅侯。元鼎五年酎金免。傳作祖父昆邪,與表世次不同。匈奴傳,公孫賀出雲中,無所得。

太僕賀 [4495]

百官公卿表,建元六年,太僕賀。無姓,當卽公孫賀。

張賀 [4496]

宣紀,[二] 掖庭令,嘗事戾太子,奉養曾孫甚謹。張湯傳,[三] 安世兄賀幸於衛太子,太子敗,安世爲上書,得下蠶室。後爲掖庭令,宣帝以皇曾孫收養掖庭,恩甚密。又教書,令受詩,爲取許妃,以家財聘之。及卽位,而賀已死。上追思賀恩,欲封其塚爲恩德侯,置守塚二百家。賀有子早死,子安世小男彭祖,席研書,指欲封之,先賜爵關内侯。安世深辭賀封,又求損守塚戶數,稍減至三十戶。上曰:「吾自爲掖庭令,非爲將軍也。」遂下詔,封彭祖爲陽都侯,賜賀諡曰陽都哀侯。

張賀 [4497]

陳勝傳,又進擊陳西張賀軍,賀死。同名二。

[二]「宣紀」,山西書局本作「紀」,據漢書改。
[三]「張湯傳」,山西書局本作「傳」,據漢書改。

4498 劉賀　昌邑王，即海昏侯。張敞視王居處，奏曰：「王年二十六七，為人青黑色，小目，鼻未銳卑，少鬚眉，身體長大，疾痿，行步不便」云云。上由是知賀不足忌。洪邁曰：「光武廢太子彊，而立顯宗，彊為東海王，顯宗待之彌厚，賢於宣遠矣。太初三年，泗水戴王賀以思王子紹封。景十三王，泗水哀王安世薨，無子。武帝憐泗水王絕，復立安世弟賀，是為戴王。

4499 劉賀　後元年，邯會勤侯賀嗣。

4500 劉賀　象氏節侯賀，趙敬肅王子，元朔三年封。[二]

4501 劉賀　樂信節侯賀嗣。

4502 劉賀　高廣哀侯賀嗣。

4503 劉賀　廣昌侯賀，河間孝王子，綏和元年封，十六年免。

4504 劉賀　費侯，以舍人從起碭，以左司馬入漢，用都尉屬韓信，擊羽，為將軍，定會稽、浙江、湖陵，侯。

4505 陳賀

4506 盧賀　陽羨侯常之子，[三]征和二年坐受衛太子節，掠死。

4507 靈賀　亞谷侯它之曾孫嗣，高后七年嗣，謚共。

4508 郎中令賀　百官公卿表，景後元年，郎中令賀。無姓

[二]「二」，據漢書改。

[三]「它之曾孫」，山西書局本作「它之子曾孫」，據漢書改。

4509 王賀 藝文志，護軍射師王賀射書五篇。

4510 王賀 孝元王皇后傳，王遂生賀，字翁孺。爲武帝繡衣御史，逐捕魏郡羣盜堅盧黨與，[二]多縱不誅。以奉使不稱，免。同名二。

4511 梁丘賀 宣帝時爲郎，行祠孝昭廟，先敺旄頭劍挺墮地，首垂泥中，刃鄉乘輿車，馬驚。召賀筮之，有兵謀，不吉。上還，有司侍祠。[三]霍氏外孫任宣坐謀反誅，宣子章夜玄服入廟，居廊間，執戟立廟門，待上至，欲爲逆。發覺，伏誅。以筮有應，近幸，爲大中大夫，給事中，至少府。年老終官。蘇武傳，畫麟閣。王吉傳，吉好梁丘賀說易，使子駿受焉。儒林傳，王吉使子駿從賀子臨受易，不云從賀。儒林，易，田王孫授施讎、孟喜、梁丘賀。由是易有施、孟、梁丘之學。字長翁，琅邪諸人也。以能心計，爲武騎。從京房受易。嚴延年傳，疑少府梁丘賀毀之，心恨。

4512 趙過 食貨志，以趙過爲搜粟都尉，過能爲代田，一畮三甽。[三]歲代處，故曰代田。

4513 馮座 野王子，嗣關內侯。

十五禡

4514 黃霸 建成定侯，以丞相侯，六百戶。以定陶太后不立號，益封，二千二百戶。五鳳三年封。

[一] 「堅盧」，山西書局本作「監盧」，據漢書改。
[二] 「侍」，山西書局本作「待」，據漢書改。
[三] 「甽」，山西書局本作「畝」，據漢書改。

4515 劉霸 廣陵厲王太子也。元帝初元二年,以厲王子紹爲王,謚孝。廣陵王胥傳,召太子霸等夜飲。

刑法志,宣帝求明察寬恕黃霸等以爲廷平。[二]夏侯勝傳,霸與勝下獄,霸從勝受經,曰:朝聞夕死可矣。韓延壽傳,黃霸代延壽爲潁川,因其迹而大治。循吏傳,字次公,淮陽陽夏人也,武帝末以待詔入錢賞官,[三]補侍郎謁者,免。復入穀瀋黎郡,補左馮翊二百石卒史。補河東均輸長,河南太守丞。宣帝召爲廷尉正,守丞相長史,爲揚州刺史,潁川太守。徵守京兆尹,復爲潁川,賜爵關內侯,徵爲太子太傅。五鳳三年,代丙吉爲丞相,封建成侯,而功名損於治郡。時以張敞家雀爲神雀事,可笑矣。

4516 劉霸 元狩五年,浮丘侯霸嗣,坐酎金免。

4517 劉霸 挾蔷侯霸,[三]城陽頃王子,元鼎元年封。

4518 劉霸 松茲戴侯霸,六安共王子,元始五年封。

4519 劉霸 東昌節侯霸嗣。

4520 劉霸 鐘武哀侯霸嗣,亡後。

4521 劉霸 高郭哀侯霸嗣,亡後。

4522 劉霸 成鄉節侯霸嗣,亡後。

[一]「求明察」、「爲廷平」,山西書局本作「求明策」、「爲平」,據漢書改。
[二]「待詔」,山西書局本作「詔待」,據漢書改。
[三]「挾蔷侯」,山西書局本作「扶蔷侯」,據漢書改。

4523 劉霸 建陽孝侯霸嗣。

4524 劉霸 式哀侯霸嗣，〔一〕亡後。

4525 劉霸 新成侯霸嗣，免。

4526 劉霸 昌陽侯霸，泗水戾王子，永始四年封，免。同名十二。

4527 周霸 郊祀志，周霸屬圖封事，於是上罷諸儒。〔二〕

4528 周霸 儒林，易，王同授魯周霸。又曰：「申公詩弟子周霸，爲膠西內史。

4529 周霸 衛青傳，蘇建歸，青問其罪正閎、長史安、議郎周霸，曰：「可斬之，以明將軍之威。」閎、安不然。青曰：「霸說我以明威，甚失臣意。」

4530 張霸 儒林，書，世所傳百兩篇，出東萊張霸，分析合二十九篇以爲數十，又采左氏傳、書敘爲作首尾，凡百二篇。篇或數簡，文意淺陋。成帝時求其古文者，霸以爲百兩徵，以中書較之，非是。霸辭受父。

4531 張霸 張安世傳，賀有孤孫霸，年七歲，拜爲散騎中郎將，賜爵關內侯，食邑三百戶。

4532 張霸 歸德侯颯之玄孫，嗣，永平十四年，有罪免。

4533 先賢霸 莽傳，南郡張霸，起雲杜綠林，號曰下江兵，衆皆萬餘人。

4534 中尉霸 百官公卿表，元狩三年，中尉霸。無姓。

〔一〕「式哀侯」，山西書局本作「武哀侯」，據漢書改。

〔二〕「諸儒」，山西書局本脫，據漢書補。

4535 廷尉霸 元鼎元年，廷尉霸。無姓。

4536 尹霸 梁平王襄傳，李太后亦與食官長及郎尹霸等姦亂。

4537 博士臣霸 霍光傳，臣敞等謹與博士臣霸

4538 孔霸 光傳，延年生霸字次孺。亦治尚書，事夏侯勝。霸生光焉。宣帝時，霸以經授皇太子[二]又見儒林傳。元帝即位，欲相霸，霸讓再三，上知至深，乃弗用。薨，謚曰烈君。

4539 侯霸 莽傳，選用能吏侯霸等分督六尉、六隊，如漢刺史，與三公士郡一人從事。

4540 巨毋霸 莽傳，巨毋霸，長丈，大十圍，自謂出於蓬萊東南，五城西北，昭如海瀕。莽聞惡之，留巨毋霸在所新豐。

4541 綺里季夏[二] 四皓之一，王貢傳序。

4542 石夏 霍光傳，趙平客石夏善為天官，謂平曰：「熒惑守御星，御星，太僕奉車都尉也，不黜則死。」平內憂霍山等。

4543 儲夏 莽傳，儲夏自請願說瓜田儀，莽以為中郎，使出儀。服虔曰：「儲夏，人姓也。」[三]

4544 周舍 文十四年，周舍為衛將軍。匈奴傳，周舍為將軍，長安備胡寇。百官公卿表，十四年，

十六蔗

[一]「曰」，山西書局本作「君」，據漢書改。
[二]「綺里季夏」，中華書局本作「綺里季」。
[三]「人姓也」，山西書局本作「人姓名也」，據漢書改。

4545 劉舍 中尉周舍。

4546 劉舍 洨夷侯舍，[二] 趙敬肅王子，征和元年封。

4547 劉舍 桃安侯襄之子，文十年嗣，謚懿。

百官公卿表，景五年，姚丘侯劉舍為太僕。七年，為御史大夫，三年遷。中元三年，為丞相。後元年舍死。師古曰：「侯表及諸傳皆桃侯，獨此為姚丘侯，疑誤也。」申屠嘉傳，自嘉死後，桃侯劉舍等，為丞相備員而已。刑法志，丞相劉舍及御史大夫衛綰等請：「笞者，箠長五尺，其本大一寸，其竹也，末薄半寸，皆平其節。當笞者笞臀。毋得更人，畢一罪乃更人。」自是笞者得全。

4548 王舍 杜衍侯翥之曾孫，文十二年嗣。後有罪，為鬼薪。戶三千四百。

4549 陶舍 開封愍侯，以右司馬漢王五年初從，以中尉擊燕、代，侯，比共侯，二千戶。

4550 雋舍 霍光傳，臣雋舍。師古曰：姓雋名舍。博士。

4551 臣舍 霍光傳，博士臣虞舍。

4552 龔舍 楚人，字君倩。與勝友，謂之兩龔。勝薦之至為諫大夫。哀帝時，為太山太守。後使使者拜光祿大夫。舍終不肯起，年六十罷。莽居攝中卒。

4553 張赦 宣紀，詔曰：「東織室令史張赦使魏郡豪李竟報霍雲為逆」云云。霍光傳，赦見霍雲家卒卒，謂雲舅李竟：「可令大夫言太后，先誅魏丞相、平恩侯」云云。

[二]「洨夷侯」，山西書局本作「凌夷侯」，據漢書改。

4554 劉將夜　乘丘節侯將夜，中山靖王子，元朔四年封。〔二〕

4555 劉社〔三〕　建武二年，立春陵侯敞子社爲城陽王。

4556 呂謝　甯陵夷侯臣之子，文十一年嗣，諡戴。

4557 臣　射霍光傳，博士。不知姓。

十七漾

4558 泗守壯　秦泗守壯兵敗於薛，壯走戚，司馬得殺之。

4559 劉壯　辟土節侯壯，城陽共王子，元朔二年封。〔三〕

4560 張尚　楚相，景帝中二年，以諫其王無反，封其子爲列侯。

4561 劉尚　初元三年，菑川考王尚嗣。

4562 劉尚　建平二年，河間王尚嗣。莽篡，貶爲公，廢。

4563 劉尚　呂鄉侯尚，楚思王子，元始元年封，四年免。

4564 劉尚　景十三王，河間惠王之子尚嗣，莽時絕。

4565 元尚　郊祀志引元尚，燕人，爲方仙道，例同宋無忌等。

4566 李尚　孫寶傳，紅陽侯王立使客因南郡太守李尚占墾草田數百頃，寶聞之，發其奸，尚下獄

〔二〕「四」，山西書局本作「三」，據漢書改。
〔三〕「社」，中華書局本作「祉」。
〔三〕「三」，山西書局本作「元」，據漢書改。

4567 高尚 東平王雲傳，又知災異者高尚等指星宿，言上疾必不愈。死。

4568 魏尚 遣太師犧仲景尚擊青、徐。又曰，景尚擊賊不能克，地皇三年，赤眉殺之。

4569 景尚 馮唐傳，竊聞魏尚爲雲中守，軍市租盡以給士卒，出私養錢，五日一殺牛，饗賓客軍吏云。是日，令唐持節赦魏尚，復爲雲中守。尚，槐里人也。

4570 劉向 字子政，本名更生，德之子也。初以能屬文與王褒、張子僑並進對。律曆志，作五紀論。藝文志，有劉向賦三十三篇。〔二〕陳湯傳，向上書訟湯、延壽功。書好。

4571 劉向 劇魁侯六世向嗣。無年。

4572 劉向 儒林傳，劉向以故諫大夫待詔，受穀梁。

4573 魏向 當塗侯不害之曾孫嗣，謚戴。

4574 王況 成都侯，哀帝初免爲庶人。成都侯商之子也，元延四年嗣，〔三〕綏和二年坐山陵未成實酒歌舞，免。又見元后傳，解光劾奏：況幸得以外親繼父爲侍中，亦聘娶掖庭貴人爲妻，不敬。

4575 王況 翟義傳，莽以春王城門校尉王況爲震威將軍。又遣虎賁將軍王況與苗訢出五原。〔三〕

4576 王況 莽傳，六虎敗走，史熊、王況詣闕歸死。

〔二〕「賦」，山西書局本脫，據漢書改。
〔三〕〔四〕，山西書局本作「二」，據漢書改。
〔三〕「苗訢」，山西書局本作「苗許」，據漢書改。

王況莽傳，卜者王況謂李焉云云。因爲李焉作讖書，言文帝發忿，居地下云云，十餘萬言。莽捕治之，皆死。[二]

4577

4578 劉況地節三年，俞呂侯況嗣。

4579 劉況栗侯況嗣。無年。

4580 劉況元始元年，平纂侯況以東平思王孫封，八年免。

4581 許況平恩侯嘉之子，河平二年嗣，謚嚴。

4582 何況氾鄉侯武之子，元始四年嗣。不著其後。

4583 薛況宣傳，宣子。況爲右曹侍郎，聞申咸語，賕客楊明，欲令創咸面目，使不居位。會司隸缺，況恐咸爲之，遂令明遮咸宮門外，斷鼻唇云云。廷尉議，況完爲城旦。況與呂寬善，莽治況。

4584 薛況游俠傳，有陽翟薛況。

4585 薛寶翟義傳，莽以中郎將震羌侯寶兄爲奮威將軍。兄讀作況。

4586 寶莽遣護羌校尉寶擊破西羌。

4587 班況敍傳，回生況，舉孝廉爲郎，積功勞，至上河農都尉，[三]女爲成帝婕妤，致仕就第，貲千金，徙昌陵。後罷，大臣名家皆占數於長安。

[二]「死」，山西書局本作「免」，據漢書改。

[三]「農」，山西書局本脫，據漢書補。

4588 田　況　莽傳，翼平連率田況奏郡縣訾民不實，莽以況忠言憂國，進爵為伯。又曰：唯翼平連率田況素果敢，發民年十八以上四萬餘人，莽以況為將，休息郡縣，委任臣以二州盜賊。莽畏惡況，莽讓況，使使代監其兵。況還，拜為師尉大夫。況去，齊遂敗。

4589 韓　況　匈奴傳，哀元壽二年，遣中郎將韓況送單于。道遠乏食，單于給之。

4590 安成恭侯　王太后之弟崇妻，哀建平三年自殺。

4591 夫人放　王吉傳，成帝舅安成侯夫人放寡居，共養長信宮，坐咀咒下獄。王崇為放言，放外家解氏與崇為昏。

4592 劉　放　嗣　麗茲侯放嗣，免。

4593 趙　放　隨桃侯光之玄孫，元始五年紹封，千戶。

4594 梁　放　合陽侯喜之子，建始二年嗣。

4595 梁　放　杜欽傳，元帝詔舉賢良方正能直言者，合陽侯梁放舉欽。

4596 張　放　陽都侯延壽曾孫，過河陽主作樂。張延壽傳，嗣陽都，諡思。五行志，成帝與富平侯張放俱稱富平侯家人，富平侯安世玄孫也。以敬武公主子，開敏得幸。娶后弟平恩侯女，上為供帳，賜甲第，號天子娶婦，皇后嫁女。常從上微行。丞相薛宣、御史大夫翟方進奏：「放驕蹇，侍御史脩等至放家捕賊，奴閉門弩射吏，拒不得入」云云。後成帝崩，放思慕哭泣而死。佞幸傳，孝成時士人則張放、淳于長云云。敘傳，

4597 孔放　王音風丞相御史奏富平侯罪過，乃出放爲邊都尉。博山侯光之子，元始五年嗣，莽敗，絕。光子。光爲僕射，尚書令。詔以子男放爲侍郎，給事黃門。

4598 韓放　李尋傳，請王根徵韓放等，可與圖之。服虔曰：韓放曉水。

4599 曹放　莽傳，遣國師和仲曹放助郭興擊句町。又曰：曹放擊賊不能克。

4600 假佐放　王尊傳，司隸遣假佐放奉詔書曰尊發吏捕人，放謂尊：「詔書所捕宜密。」尊曰：「治所公正，京兆善漏泄人事。」放曰：「所捕宜今發吏。」[二]尊曰：「詔書無京兆，又不當發吏。」

4601 酒趙放　王尊傳，長安大猾酒趙放。游俠傳又作趙君都。

4602 劉讓　蓋胥侯讓，河間獻王子，元朔三年封，[三]酎金免。

4603 劉讓　戎丘侯讓，中山靖王子，元朔五年封，[三]酎金免。

4604 劉讓　扐節侯讓，城陽頃王子，元鼎元年封。

4605 左馮翊讓　地節四年，潁川太守讓爲左馮翊。無姓。

4606 讓　建始二年，水衡都尉爵。太原太守讓爲右扶風。無姓。

[一]「今」，山西書局本作「令」，據漢書改。
[二]「三」，山西書局本作「二」，據漢書改。
[三]「五」，山西書局本作「二」，據漢書改。

4607 侍中水衡 建平二年。無姓。去前建始二年讓二十七年，定是兩人。

4608 都尉讓 元延元年，河南太守徐讓子張爲左馮翊，四年免。

4609 徐讓 溝洫志，哀帝時，待詔賈讓奏言：治河有上中下三策。

4610 賈讓 淮南王安傳，列侯讓等四十三人議：安大逆無道。不著姓。

4611 列侯讓 翟義傳，莽復以太僕武讓爲積弩將軍，屯函關。

4612 武讓 合陽孝侯安上嗣，亡後。

4613 劉安上 日磾傳，倫之子，都成敬侯，以侍中中郎將受楊惲言霍禹反謀，傳言止内霍氏禁闥，賀不宜得奉宗廟朝聘之禮。

4614 金安上 昌邑王傳，安上奏：

4615 曹曠 藝文志，小説家，師曠六篇。又，兵陰陽家，師曠八篇。

4616 師曠 參十・世孫曠嗣。表云：今見。[二] 地節四年封。

4617 許盎 柏至靖侯，以騎鄰從起昌邑，以説衛入漢，以中尉擊羽，侯，千戸。師古曰：說讀税，謂軍行初舍止之時主爲衛也。

4618 袁盎 字絲。父楚人也，故爲羣盜。梁王使人刺殺之。季布傳，季心長事袁絲。汲黯傳，慕傅伯、[三] 袁盎之爲人。

[一] 「千七百七十一戸」，山西書局本作「千七百七十七戸」，據漢書改。

[二] 「傅伯」，山西書局本作「傳伯」，據漢書改。

4618 甘相 義成侯延壽之曾孫，建武四年爲兵所殺。

4619 魏相 高平憲侯，以丞相侯，八百一十三戶。[二]地節三年封。韋玄成傳，[三]王莽奏曰：至元康元年，丞相相等奏，悼園宜稱尊號曰「皇考」，立廟，益園民滿千六百家。麒麟閣張湯傳，魏相上封事，論張安世功。又見杜延年傳。字弱翁，濟陰定陶人。灌嬰傳，擊項羽將龍且、魏相軍定陶南。

4620 魏相 百官公卿表，元鼎五年，陽平侯杜相爲太常，一年遷。哀帝建平元年爲廷尉，二年貶爲東海都尉。

4621 杜相 綏和二年，大司農河東梁相子夏，[四]丞相王嘉薦故廷尉梁相等。王嘉傳，薦相明習治獄，計謀深沈云云。獲迷國罔上之責而死矣。兩龔傳，

4622 梁相 元壽三年，故廷尉梁相復爲大理，坐除吏不次免。五年坐擅縣大樂令論。

4623 邟相 鮑宣傳，清名之士，太原則邟越、邟相。邟相字稚賓，相、越同族昆弟，莽時爲太子四友。既死，莽太子稅以衣衾，其子扳棺不聽，勿受。儒林傳，治易，與費直同時，其學亦無章句，專說陰陽災異，自言出於丁將軍。

4624 高相 沛人也。

4625 丁望 綏和二年，城門校尉丁望爲衛尉，三年遷。建平二年，[五]爲光祿勳，一月遷。光祿大

〔二〕「八百一十三戶」，山西書局本作「八百一十戶」，據漢書改。
〔三〕「玄」，山西書局本作「宣」，據漢書改。
〔三〕「陽平侯」，山西書局本作「平侯」，據漢書改。
〔四〕「兩龔傳」，山西書局本作「丙龔傳」，據漢書改。
〔五〕「二」，山西書局本作「元」，據漢書改。

4626 嚴望　丁姬傳，太后叔父望，左將軍。

4627 矯望　朱雲傳，九江嚴望，能傳雲學，爲博士，至太山太守。

4628 蟜望　建平三年，將作大匠東海矯望，爲執金吾，又爲右將軍，一年遷。

4629 王望　朱博傳，右將軍蟜望四十四人，以爲如彭宣等言，可許。

4630 王望　李尋傳，請徵掾王望，可與圖之。又見養韻「敿」下。

4631 王莽傳，董忠拔劍自刎，侍中王望言大司馬反。

4632 方望　楚孝王傳，平陵方望頗知天文，以爲更始必敗，共起兵將嬰至臨涇，立爲天子。

4633 史望　孝城趙后傳，解光奏：臣從事史望驗問知狀者。[三] 望，史之名也。

4634 左大將　李廣傳，[三]有白馬將出護兵，廣上馬，奔射殺白馬將。

4635 白馬將　匈奴傳，且鞮侯單于兩子，長爲左賢王，次爲左大將，病且死，言立左賢王未至，貴人更立左大將爲單于。左賢王聞之，不敢進。左大將使人召之而讓位焉。

4636 末振將　周勃傳，屠馬邑。所將卒斬豨將軍乘馬降。師古曰：姓乘馬，名降也。

4637 乘馬降　詳平聲「將」下。

魏絳　匈奴傳引之。

[一] 「矯望」，中華書局本作「蟜望」。

[二] 「從事」下，山西書局本衍一「掾」字，據漢書刪。

[三] 「李廣傳」上，山西書局本有「匈奴」二字，據漢書刪。

4638 單于父行　常惠傳，昆彌自將翕侯以下五萬餘騎至右谷蠡庭，〔二〕獲單于父行。師古曰：「行，胡浪反。」又似其名號。

4639 申碭　莽傳，王憲所過迎降，大姓櫟陽申碭、下邽王大皆率衆隨憲。

十八敬

4640 馮敬　高紀，魏豹騎將。高祖曰：「不能當灌嬰。」秦將馮無擇子，虜豹。後不知死降。

4641 馮敬　景後二年，匈奴入鴈門，太守馮敬與戰死。

4642 馮敬　百官公卿表，文三年，典客馮敬，四年遷。七年，典客馮敬爲御史大夫。賈誼傳，害毀誼。〔三〕師古曰：「馮敬時爲御史大夫。」

4643 劉敬　齊人勸都關中，賜姓劉，號曰奉春君，始建和親之策。

4644 劉敬　西昌侯敬，魯共王子，元朔三年封，〔三〕酎金免。

4645 劉敬　桑中頃侯敬嗣，亡後。

4646 劉敬　曲梁安侯敬，平干頃王子，元康二年封。〔四〕

4647 劉敬　藝文志，劉敬三篇。

〔二〕「將」，山西書局本作「稱」，據漢書改。

〔三〕「誼」，山西書局本作「宜」，據漢書改。

〔三〕「三」，山西書局本作「二」，據漢書改。

〔四〕「元康」，山西書局本作「地節」，據漢書改。

4648 任敬 廣阿侯敖之子，文三年嗣，謚夷。

4649 任敬 平恩侯嘉之曾孫，建國四年嗣，莽敗絕。

4650 胡毋敬 藝文志，博學七章，太史令胡毋敬作。

4651 夏侯敬 儒林，禮，慶普授魯夏侯敬。

4652 女孫敬 張安世傳，其女孫敬爲霍氏外屬婦，當相坐，安世瘦懼，形於色。上怪而憐之，乃赦敬，以慰其意。

4653 劉敬 景帝子。三年立，爲中山王，謚靖。又見景十三王傳。爲人樂酒好内，有子百二十餘人。有聞樂之對。

4654 劉勝 神爵三年，邯鄲釐侯勝嗣。

4655 劉勝 樂鄉釐侯勝嗣。即鄧子。

4656 劉勝 要安節侯勝，城陽荒王子，初元元年封。

4657 劉勝 平皋侯它之曾孫，建元元年嗣，坐酎金免。

4658 田勝 田蚡弟，封周陽侯。周陽懿侯，以皇太后同母弟侯，景後三年封。又見外戚孝景王皇后傳。

4659 任勝 中郎將任勝，與霍雲等爲逆，誅。霍光傳，光次壻諸吏中郎將羽林監任勝出爲安定太守。

4660 召勝 廣嚴侯歐之子，文二年嗣，謚戴。

4661 蕭勝 何曾孫，景中二年嗣，爲武陽侯。坐不齋，耐爲隸臣。百官公卿表，景七年爲奉常。

卷一百七十一　西漢書姓名韻（八）　去聲　十八敬

一二三

4662 靈勝 陽羡侯常之孫，文七年嗣，諡哀。

4663 張勝 鹵嚴侯平之子，高后五年嗣。文四年，有罪，爲隸臣。

4664 張勝 盧綰傳，綰使其臣張勝使匈奴，言豨等軍破。勝聽臧衍之言，乃私令匈奴兵擊燕。綰疑勝與胡反，請族勝。勝還報，綰寤，乃詐論他人，以脫勝家屬。

4665 張勝 蘇武傳，與副中郎將張勝等至匈奴，虞常與謀劫單于母閼氏，後常引勝。衛律斬常，將斬張勝，請降。又詳陽韻。

4666 衛勝 軚譖侯者之子，嗣，薨，制所幸封，不得嗣。

4667 杆勝 樂平侯毋擇之孫，嗣，諡共。

4668 呂勝 贅其侯，以皇太后昆弟子淮陽丞相侯。高后元年封，八年，反，誅。

4669 呂勝 項羽傳，郎中呂勝各得其一體。故分其地以封五人。表，涅陽嚴侯呂勝，以騎士漢三年從出關，以郎中共斬項羽，侯，千五百戶，比杜衍侯。按史記項羽世家，封呂騰爲涅陽侯。而表無名，但云涅陽莊侯。意以爲此表偶訛爲騰。及再以別本較之，皆作騰。傳、表必有一訛也。互詳庚韻。

4670 戴勝 藝文志，高堂生弟子。

4671 陳勝 陳王，字涉，雖死，所置侯王將相，竟亡秦。

4672 羊勝 梁孝王傳，齊人，謀刺爰盎。

4673 臣勝 霍光傳。不知姓。

4674 龔勝 楚人，字君賓。莽遣使奉璽書、太子師友祭酒印綬，勝不受。以受漢厚恩，不事二姓，

4675 駟勝

4676 夏侯勝 不飲食，積十四日死。孫寶傳，下寶獄，勝固爭。朱博傳，諫大夫等十四人以爲傅晏宜與朱博、趙玄同罪，不道。互見先韻「宣」下。王嘉傳，勝獨以爲嘉備位宰相，諸事並廢，坐薦梁相等，微薄，以應迷國不道，恐不可示天下。儒林傳，書，陳翁生授楚龔勝，至右扶風。

元后傳，博士駟勝，皆以太后諸弟以無功爲侯云云。互見楊興下。

宣紀，長信少府關内侯勝。師古曰：「夏侯勝」有傳。始昌之族子，傳始昌學。又見五行志。霍光傳，昌邑王使人薄責勝。丙吉傳，夏侯勝曰：吉有陰德云云。又見儒林傳。蕭望之傳，又從夏侯勝問論語、禮服。藝文志，傳魯論。本傳，霍光白令以尚書授太后。宣帝欲爲武帝立廟樂，詔曰云云。羣臣大議庭中，皆曰：「宜如詔書。」勝獨謂：「武帝不宜立廟樂。」丞相義、御史大夫廣明劾奏勝非議詔書，下獄。繫再更冬，勝因地震赦出，爲諫大夫給事中。勝爲人質樸守正，簡易亡威儀。見時謂上爲君，誤相字於前，上亦以是親信之。官至太子太傅，年九十卒官。

4677 劉必勝 歷鄉康侯必勝。廣川繆王子，神爵四年封。[二]

4678 廷尉勝 百官公卿表，景三年，廷尉勝。無姓。

4679 太守勝 郊祀志，巫錦得鼎，言吏告河東太守勝。無姓。

4680 劉慶 膠東王少子，元狩二年爲六安王，[三] 謚共。景十三王傳，寄少子，母愛幸，常欲立之。

〔一〕「四」，山西書局本作「三」，據漢書改。
〔二〕「三」，山西書局本作「三」，據漢書改。
〔三〕

卷一百七十一　西漢書姓名韻（八）　去聲　十八敬

一二五

4681 劉慶 天漢四年，河間孝王慶嗣。又景十三王傳。

4682 劉慶 元朔元年，棘樂侯慶嗣，元鼎五年酎金免。

4683 劉慶 東平侯慶，城陽共王子，元朔四年封，[二]元狩三年，坐與姊姦，下獄瘐死。[三]

4684 劉慶 夫夷釐侯慶嗣。無年。

4685 劉慶 泉陵戴侯真定子，黃龍元年嗣，諡頃。翟義傳，莽作大誥，泉陵侯劉慶上書令莽行天子事。」師古曰：「周成王幼少，稱孺子，周公居攝。今帝富於春秋，宜令安漢公行天子事，如周公。」師古曰：「劉慶也。上書令莽行天子事。」翟義傳，莽作大誥，泉陵侯劉慶上書言：「周成王幼少，稱孺子，周公居攝。今帝富於春秋，宜令安漢公行天子事，如周公。」王子侯年表：「泉陵節侯賢，長沙定王子，本始四年戴侯真定嗣。黃龍元年頃侯慶嗣。」此則是也。此傳及翟義傳並云泉陵，地理志泉陵屬零陵郡，而表作衆陵，表為誤也。

4686 劉慶 南陵侯慶，趙敬肅王子。不得封年。後坐為沛郡太守橫恣罔上，下獄瘐死。[三]

4687 劉慶 新昌節侯慶，燕刺王子，本始四年封。

4688 劉慶 武鄉質侯慶，平干頃王子，神爵三年封。[四]

4689 劉慶 武鄉侯慶，高密頃王子，建始二年封。

4690 劉慶 陵石侯慶，膠東共王子，鴻嘉四年封，廿五年免。同名十一。

[一] 山西書局本作 [二]，據漢書改。
[二] 瘦，山西書局本作「瘦」，據漢書改。
[三] 瘦，山西書局本作「瘦」，據漢書改。
[四] 三，山西書局本作「元」，據漢書改。

4691 蕭慶紀，何曾孫，元狩三年封爲列侯。表，元狩三年，共侯慶以何曾孫紹封，二千四百戶，三年薨。

4692 石慶紀，太初二年正月戊申，丞相石慶薨。外戚恩澤侯表，牧丘恬侯，以丞相及父萬石積行，元鼎五年封。百官公卿表，元鼎二年，太子太傅石慶爲御史大夫，三年遷。元鼎五年，御史大夫石慶爲丞相。太初二年正月戊寅，丞相慶薨。紀、表薨日不同。公孫弘傳，自李蔡至石慶，丞相府客館丘虛而已。石奮傳，少子慶爲内史。

4693 石慶僨陵侯濦之子，高后四年嗣，謚共。亡後。

4694 朱慶翟方進傳，方進爲丞相司直。從上甘泉，行馳道中，司隸校尉陳慶劾方進，没入車馬。

4695 陳慶永始三年，琅邪太守陳慶君卿爲廷尉，一年爲長信少府。見公卿表。

4696 陳慶儛陵侯濦之子既至甘泉，會殿中，慶與廷尉范延壽語，時慶有章劾，自道：「行事以賭論，今尚書持我事來，當於此決。前我爲尚書時，嘗有所奏事，行事有闕失，罪合贖。忽忘之，留月餘。」方進劾慶不敬，免官。「自道行」句，顏師古註曰：當祭泰時時，

4697 陳慶莽傳，成紀隗崔兄弟攻殺雍州牧陳慶與安定卒正王旬，並其衆。

4698 成慶景十三王，廣川王去，殿門有成慶畫，短衣大褲長劍，去好之，被服皆效焉。師古曰：成慶，古勇士，見淮南子。

4699 衛慶衡山王賜傳，元光六年，王入朝，謁者衛慶有方術，欲上書事天子，王怒，故劾慶死

4700 禽慶 鮑宣傳，北海禽慶子夏皆儒生，去官不仕莽。

4701 周慶 梁人，字幼君，從榮廣受穀梁。江公孫死，徵周慶、丁姓待詔保宮，為博士。

4702 公孫慶 陳勝傳，景駒為楚王，欲擊秦軍濟陰下。使公孫慶使齊，欲與並力俱進。田儋殺公孫慶。

4703 王孫慶 翟義傳，東郡王孫慶素有勇略，莽使太醫、尚方刳剝之云云。

傳，翟義黨王孫慶捕得，以校尉擊匈奴，侯。後以將軍破祁連，迎昆邪王，益封。

4704 霍去病 冠軍景桓侯，以校尉擊匈奴，侯。外戚恩澤表，冠軍景桓侯，莽使太醫、尚方刳剝之云云。

皇后姊子。元朔三年封。本傳，大將軍青姊少兒子也。以皇后姊子，〔三〕年十八為侍中。善騎射，再從大將軍。受詔，予壯士，為票姚校尉，與輕勇騎八百直棄大將軍數百里赴利，斬捕首虜過當。下詔以二千五百戶封去病為冠軍侯。

4705 薛去病 廣平侯歐之玄孫，元康四年，長安大夫詔復家。

4706 劉聖 元鼎五年，胡執侯聖嗣。坐知人脫亡名數，以為傭保，殺人免。

4707 劉聖 襄隄侯聖，廣川繆王子，元鼎元年封。地節四年，坐金少四兩，免。

4708 劉聖 朝陽荒侯聖，廣陵厲王子，〔三〕本始元年封。

〔一〕「劭」，山西書局本作「刻」，據漢書改。
〔二〕「姊子」，山西書局本作「子姊」，據漢書改。
〔三〕「王」，山西書局本脫，據漢書補。

4709 劉聖 于鄉節侯定之子,嗣,免。

4710 劉聖 莽傳,故鐘武侯劉聖稱尊號。同名五。

4711 室聖 清侯中同之子,〔一〕惠元年嗣,諡頃。

4712 須聖 陸量侯無之曾孫,元康四年,鄜陽秉鐸詔復家。

4713 須聖 當塗侯不害之子,與議定策嗣,〔二〕諡愛。霍光傳,當塗侯臣聖。師古曰:姓魏。

4714 魏聖 成陽朔三年,潁鐵官徒申屠聖等殺長吏,自稱將軍,尋伏誅。

4715 申屠聖 長平侯宣之子,元始四年嗣,諡節。

4716 彭聖〔三〕 蘇武傳,凡隨武還者九人,有徐聖,拜為中郎。

4717 徐聖 何武傳,九江太守戴聖,禮經號「小戴」者也。行治多不法,武廉得其罪,聖自免。后蒼授梁戴聖字次君以博士,論石渠。至九江太守。為博士,毀武於朝。聖子賓客為羣盜,得武平心決之,得不死。聖又慙服也。儒林傳,

4718 戴聖 息夫躬母夫躬傳,母聖,坐大逆不道,棄市。

4719 息夫躬母

4720 袁聖 莽傳,以博士袁聖為阿輔。

李聖 莽詔揚州牧李聖等部兵,迫措青、徐盜賊。卽李夢也。莽賜名「聖」。後莽敗,李聖兵

〔一〕「清侯」,山西書局本作「清河」,據漢書改。

〔二〕「議定策」,山西書局本作「定策議」,據漢書改。

〔三〕自「彭聖」至「劉眞定」,傅山全書初版本脫,據山西書局本補。

卷一百七十一　西漢書姓名韻(八)　去聲　十八敬

4721 劉定山陽哀侯定，景中六年以梁孝王子立，亡後。

敗山東，格死。互見壽良下。

4722 劉定本始元年，六安繆王定嗣，景十三王傳，祿之子。

4723 劉定被陽孝侯定嗣，無子。

4724 劉定稻夷侯定，齊孝王子，元朔二年封。

4725 劉定都梁敬侯定，長沙定王子，元朔二年封。

4726 劉定太初四年，皋虞穆侯定嗣。

4727 劉定邯莝侯定嗣，免。

4728 劉定于鄉節侯定，泗水勤王子，永光三年封。

4729 劉定本始四年，衆陵戴侯眞定嗣。翟義及莽傳作泉陵，詳其子頃侯慶。

4730 王定安國侯陵之玄孫，元狩三年嗣，坐酎金免。

4731 王眞定信成侯，以匈奴烏桓屠耆單于子左大將軍率衆降，侯，千六百戶，後坐弟謀反，削五百戶。

4732 王定藝文志，河間王與毛生等作樂記，其內史丞王定傳之，以授常山王禹。

4733 留定彊圉侯躬之曾孫，元康四年，長安大夫詔復家。

4734 任定廣阿侯敖之玄孫，元康四年，廣阿簪褭詔復家。

4735 竇定章武侯廣國之子，景七年嗣，諡共。

4736 太常定百官公卿表，建元六年，太常定。無姓。

4737 趙定 藝文志，雅琴趙氏七篇。註：「名定，渤海人，宣帝時魏相奏之。」又王褒傳。

4738 陳定 伍被傳，王曰：「令陳定發南陽兵守武關。」

4739 陳定 莽敗，曹部監杜普、陳定等不降，漢兵誅之。

4740 耿定 王商傳，張匡言，頻陽耿定上書言商與父傳通，[二]及女弟淫亂，奴殺其私夫，疑商教使云云。

4741 史定 南粵傳，揭陽令史定降漢，為安道侯。功臣表，安道侯揭陽定，以南粵揭陽令聞漢兵至自定降，侯，六百戶，元鼎六年封。

4742 樊並 成永始三年，尉氏男子樊並等十三人謀反，殺陳留守。儒林，書，張霸之父有弟子尉氏樊並。謀反，乃黜張霸之書。

4743 劉並 建陽侯並嗣，免。

4744 劉並 元始二年，高陽侯並，以淮陽憲王孫封，八年免。

4745 楊並 西陽頃侯並，東平思王子，元延二年封。

4746 劉並 赤泉侯喜之八世孫代，河平四年嗣，諡釐。

4747 許並 博望侯舜之曾孫，永始元年，賜帛百定。

4748 丙並 博陽侯吉之曾孫，元始二年嗣，諡釐。

4749 關並 溝洫志，王莽時，徵能治河者以百數，其大略異者，長水校尉平陵關並言：「河決曹、

[一]「傳」，山西書局本作「傳」，據漢書改。

4750 何並　字子廉，自平輿徙平陵。

4751 池陽令並　衛之域，南北不過百八十里，可空此地，勿爲官亭民室。新論云，字子陽，材智通達也。馮野王傳，野王爲左馮翊，池陽令並素行貪污，輕野王外戚年少，治行不改。野王部督郵掾趙都案驗，得其主守盜十金罪，收捕。並不首吏，都格殺。並家上書陳寃，詣吏自殺以明野王。

4752 逯並　翟義傳，莽復以將作大匠蒙鄉侯逯並爲橫野將軍，屯武關。莽傳，[二]遣著武將軍逯並等填名都。又曰：同風侯逯並爲大司馬。又曰：日食，策大司馬逯並上印綬，就侯氏朝位。

4753 陽並　莽傳，上谷都尉陽並等，皆當世名士，咸爲莽言。

4754 趙並　莽傳，莽亦厭符命，使尚書大夫趙並驗治，非五威將所班，皆下獄。又遣趙並勞北邊，還言五原北假膏壤殖穀，以並爲田禾將軍。

4755 胡倩　征和三年，反者胡倩發覺，誅。田廣明傳，故城父令公孫勇與客胡倩謀反。

4756 義倩　賢門下生博士義倩等與宗家計議，共矯賢令，使家丞上書言大行，以大韋玄成傳，都尉玄成爲後。

4757 典客靚　百官公卿表，文七年，典客靚。無姓。

4758 太公家令

〔二〕「莽傳」，山西書局本作「莽者」，據漢書改。

4759 蘇令 成永始三年，山陽鐵官徒蘇令攻殺長吏，經郡國十九。王嘉傳。梅福上書：「山陽亡徒蘇令之羣，蹈藉名都大郡，[一]輕量大臣，無所忌憚。」

4760 車令 張騫傳，使壯士車令等持千金請宛王貳師城善馬。李廣利傳，詔曰：「危須以西及大宛皆合約殺期門車令。」

4761 李竟 宣紀，詔：「魏郡豪李竟報冠陽侯霍雲為逆」云云。霍光傳，霍雲舅李竟所善張赦。

4762 劉竟 元初元二年，[二]立弟竟為清河王，徙中山王。[三]傳曰：立為清河王，徙中山，幼少未之國薨，諡哀。

又見蔗韻。

4763 武充竟 元康四年，山陽曹竟子期，儒生，夫夷侯國公乘詔復家。

4764 曹竟 梁鄒侯虎六世孫，鮑宣傳，山陽曹竟子期，儒生，去官不仕莽。更始徵竟以為丞相，封侯。赤眉入長安，手劍格死。

4765 劉靖 元延三年，泗水王靖嗣。莽篡，貶為公，廢。景十三王傳，戾王駿之子。

4766 王竟 景嚴侯，以車司馬漢元年初從起高陵，屬劉賈，以都尉從軍，侯，五百戶。

4767 丁寧 陽都侯復之子，高后六年嗣，諡趬。

4768 單繒 中牟侯右軍之子，文八年嗣，諡敬。

[一]「蹈」，山西書局本作「踏」，據漢書改。
[二]「二」，山西書局本作「三」，據漢書改。
[三]「清河王，徙中山王」，山西書局本作「中山王，徙清河」，據漢書改。

卷二百七十一　西漢書姓名韻（八）　去聲　十八敬

4769 王媪景嚴侯竸之孫，文十一年嗣，景十年，有罪免。

4770 鄧樂鄉頃侯鄧嗣。建元三年，棘樂共侯應嗣。

4771 劉應安險侯應，中山靖王子，元朔四年封，〔二〕酎金免。

4772 劉應鱣侯應，城陽頃王子，元鼎元年封，酎金免。

4773 劉應昌城釐侯應嗣，免。

4774 劉應茲鄉節侯應嗣。同名五。

4775 劉應䶞成侯緤之子，景中元年紹封爲鄲侯，諡康。鄲，師古：音多。

4776 周應高景侯成之孫，景中元年紹封爲繩侯。同名二。

4777 周應安平敬侯秋之孫，高后八年嗣，

4778 鄂應櫜祖侯鍇之孫，文七年嗣，諡共。

4779 陳應平定侯受之孫，文六年嗣，諡共。

4780 齊應景十三王，江都王建聞淮南、衡山陰謀，遂作兵器，號后父胡應爲將軍。

4781 胡應匈奴傳，呼韓邪單于願保塞上谷以西至燉煌，請罷邊備吏卒，郎中侯應以爲不可許十則。

4782 侯應瑕丘節侯政，魯共王子，元朔封。

4783 劉政

〔二〕「四」，山西書局本作「三」，據漢書改。

4784 劉政 益昌共侯政嗣。同名二。

4785 劉政 戴侯彭祖之七世孫，元康四年，陽陵大夫詔復家。

4786 范政 范陽靖侯代之玄孫，元始二年，詔賜爵關內侯。

4787 馬政 冷廣告謀反者。

4788 祕政 減宣傳，時盜賊滋起，有南陽百政。

4789 百政 儒林，書，歐陽地餘少子政爲莽講學大夫。

4790 歐陽政 李陵傳，霍光、上官傑遣陵故人任立政等三人至匈奴招陵。至，單于賜漢使者，李陵、衛律皆侍坐。立政未得私語，即目視陵，而數數自循其刀環，握其足，陰諭之，後與陵，律大言曰：「漢已大赦，中國安樂」云云。陵曰：「大夫不能再辱。」立政字少公。

4791 任立政

4792 子政 蕭育傳，鄠名賊梁子政阻山爲害，育爲右扶風，數月，盡誅子政等。

4793 嚴正 淮南王安傳，王孽子不害子建，使嚴正上書告后荼太子遷。

4794 劉勁 武鄉侯慶子，嗣，免。

4795 劉勁 景十三王，魯頃王勁。同名二。

4796 傅勁 高武侯喜之子，建國二年，侯勁嗣。莽敗，絕。

4797 射姓 律曆志，典星射姓等議造漢曆。姓等奏不能爲算，願募治曆者。

丁姓 梁人，字子孫，從榮廣受穀梁。江公孫死，徵丁姓待詔保宮，官至中山太傅。

卷二百七十一　西漢書姓名韻（八）　去聲　十八敬

一三五

4798 劇孟 周亞夫傳。爰盎傳互見。游俠傳，洛陽人。周亞夫曰：「吳楚舉大事而不求劇孟，吾知其無能爲矣。」

4799 睢孟 有傳。儒林傳，嬴公以公羊授魯睢孟，爲符節令，坐說災異誅。又曰，貢禹事嬴公，成於睢孟。

4800 宋孟 黽錯傳，與洛陽宋孟、劉帶同師。

4801 張孟 灌夫之父，吳楚反時，灌嬰爲將軍，請張孟爲校尉。年老，死吳軍中。夫願取吳將軍頭報父仇也。

4802 韋孟 賢傳，其先韋孟，家本彭城，爲楚元王傅，又傅子夷王及孫王戊。[二]戊荒淫不遵道，孟作諫詩一章，後去位，徙家於鄒。自孟至賢五世。

4803 王孟 游俠傳，符離王孟，亦以俠稱江、淮之間。

4804 王孟 莽傳，假號稱漢將者，有藍田王孟。

4805 傅子孟 傅昭儀傳，傅太后同產弟四人，長子孟。

4806 程鄭 司馬相如傳，臨邛富人程鄭。[三]貨殖傳，山東遷虜也，亦冶鑄，富埒卓氏。

4807 王盛 莽傳，梓童人哀章作圖書，皆書莽大臣八人，又取令名王興、王盛，自竄姓名凡十一人。建國元年按金匱圖書，封拜以京兆王盛爲前將軍，崇新公…是四將之一。王盛

[二]「傳」，山西書局本作「傳」，據漢書改。

[三]「臨邛」，山西書局本作「臨卭」，據漢書改。

十九宥

者，賣餅。莽按符命求得此姓名容貌應卜相，徑從布衣登用，〔二〕以視神焉。莽敗死漸台上。互詳王興、哀章下。

4808 劉戊 楚王，景三年反。元王孫也。

4809 陳戊 平帝元始二年，遣執金吾侯陳茂假以鉦鼓，〔三〕諭說江湖賊成重。

4810 麻戊 王溫舒傳，溫舒爲中尉，所任猜禍吏，河內麻戊。

4811 陳茂 莽傳，以延德侯陳茂爲大司馬。又遣秩宗大將軍陳茂與嚴尤擊荊州，茂伏而涕泣。互見「尤」下。又嚴尤敗昆陽下，聞劉聖稱尊號，自稱漢將，召會吏民。尤爲稱說王莽云云，茂與尤並死。走至沛郡譙，爲承相十餘日敗。

4812 令狐茂 戾太子傳，壺關三老茂上書。荀悅漢紀云令狐茂。

4813 辛茂 慶忌少子，水衡都尉，出爲郡守。自見名臣子孫，不甚訕事兩甄。爲莽害。又見庚韻「興」下。

4814 馮茂 西南夷傳，莽遣平蠻將軍馮茂發巴、蜀、犍爲吏士，擊益州。賦斂取足於民，三年，死者什七，巴、蜀騷動。莽徵馮茂殺之。又見莽傳。

4815 劉富 楚元王子。休侯戊反，免。後又更封紅侯，諡懿。富又在暮韻。

〔二〕「徑」，山西書局本作「經」，據漢書改。

〔三〕「金」，山西書局本脫，據漢書補。

卷一百七十一 西漢書姓名韻（八） 去聲 十九宥

一三七

4816 劉富 祁鄉侯富嗣，免。同名二。

4817 劉傳富 安郭于侯傳富，中山靖王子，元朔四年封。〔二〕

4818 廚唯姑夕 匈奴遣廚唯姑夕王富等四十人送歙、颮。〔三〕

王富

4819 劉授 河平元年，膠東共王授嗣。

4820 劉授 景十三王傳〉，音之子。

4821 劉授 景十三王，河間頃王授。

4922 劉慭 武安侯慭，楚思王子，建平四年封。〔三〕元壽二年，坐奴殺人免。元始元年復封，八年免。

4823 劉就 博陽頃侯就，齊孝王子，元朔三年封。〔四〕

4824 劉就 茴鄉釐侯就，梁敬王子，建昭元年封。

4825 劉就 博鄉侯就嗣，免。同名三。

4826 布就 張騫傳〉，昆莫新生，傅父布就翎侯抱亡置草中。

4827 張就 儒林〉詩，栗豐授山陽張就。

〔一〕山西書局本作「三」，據《漢書》改。
〔二〕山西書局本作「諷」，據《漢書》改。
〔三〕山西書局本作「元」，據《漢書》改。
〔四〕山西書局本作「三」，據《漢書》改。

4828 姬就 莽傳，周公後褒魯子姬就，已前定焉。

4829 公賓就 莽傳，校尉東海公賓就，故大行治禮，見杜吳問綬主所在。曰：「室中西北陬間。」就識，斬莽首。持詣王憲。

4830 單究 昌武靖信侯，初以舍人從，以郎入漢，定三秦，以郎騎將軍擊諸侯，侯，九百戶，功比魏其侯。

4831 盧漏 亞谷侯它之孫，建元五年嗣，諡康。

4832 史籀 藝文志，史籀十五篇。注：「建武時亡六篇矣。」

4833 呼速累 馮奉世傳，發三輔、河東及呼速累種。累，工豆反。

4834 趙繡 嚴延年傳，遣掾蠡吾趙繡按高氏。繡爲兩劾，先白輕者。延年知其如此，索得重劾，論殺之。

4835 若豆 莽傳，大司馬護軍郭興擊蠻夷若豆等。又見孟遷下。

4836 細沈瘦 烏孫傳，狂王子，細沈瘦會兵圍魏和意、任昌及公主於赤谷城。互見「意」下。

4837 劉禁 州鄉侯禁，河間獻王子，元朔三年封。[二]

二十沁

[一]「三」，山西書局本作「二」，據漢書改。

4838 王禁 陽平頃侯，以皇后父侯，二千六百戶。〔二〕子鳳，以大將軍益封五千四百戶，凡八千戶。〔三〕

初元元年封。孝元王皇后傳，翁孺生禁，字稚君，少學法律，爲廷尉史。有大志，不脩廉隅，好酒色，多取旁妻，凡四女八男。

4839 孫禁 溝洫志，河隄都尉許商與丞相史共行視，圖方略。買捐之傳，石顯與禁雜治捐之。禁請開篤馬河，許商異議。

4840 張禁 藝文志，雜占家，武禁相依器十四卷。

4841 武禁

4842 尚方禁 王尊傳，長安大猾尚方禁，嘗盜人妻，見斫，創著頰。博爲左馮翊，以他事召見，辟左右問禁，禁自知情得，叩頭服狀。博笑曰：「大丈夫固時有是。」因親信之，爲耳目。

4843 劉歆 安衆侯歆嗣。無年。歆又音其錦反。

二十一勘

4844 滑湛 離侯鄧弱，下引滑湛云云。

4845 楊湛 薛宣傳，高陵令楊湛，貪猾不遜云云。宣條其姦臧，封與湛，湛解印綬付吏，無怨言。

4846 許紺 鮑宣傳，辛興與宣女婿許紺俱過宣，宣不知情，坐是繫獄，自殺。

〔一〕「翦」，山西書局本作「箭」，據漢書改。

〔二〕「凡八千戶」，山西書局本作「凡九千戶」，據漢書改。

〔三〕「二千六百戶」，山西書局本作「三千六百戶」，據漢書改。

卷一百七十二 西漢書姓名韻（九）

入聲

一屋

4847 呂祿 建成康侯釋之之子，高后元年封漢陽侯，八年爲趙王，追尊康侯曰趙昭王。反，誅。

4848 劉祿 元鼎三年，朝戴侯祿嗣。

4849 劉祿 景十三王傳，慶之子。

4850 劉祿 始元四年，六安夷王祿嗣。

4851 劉祿 蒲領煬侯祿，清河綱王子，始元六年封。〔二〕

4852 劉光祿 利昌節侯劉光祿嗣。無年。

4853 都尉祿 宣甘露二年，遣護軍都尉祿將兵擊珠崖。

4854 陳祿 堂邑侯嬰之子，高后五年嗣，諡共。

4855 蕭祿 酇侯何子，孝惠三年嗣，諡哀。

4856 華祿 終陵侯毋害之孫，文後四年嗣。景四年，坐出界，耐爲司寇。戶千五百。

4857 許祿 柏至侯盎之子，文元年嗣，諡簡。

〔二〕「始元六年」，山西書局本作「元始五年」，據漢書改。

4858 有祿　征和四年，光祿勳有祿。

4859 公孫祿　征和三年，臣聞秦時使監祿鑿渠通道，越人逃入深山林藪。

4860 建成祿　建平二年，五官中郎將公孫祿爲執金吾，〔二〕坐舍衞太子所幸女子，〔三〕又詛咒，要斬。

4861 監祿　嚴安傳，淮南王上書：開陵侯建成之子，嗣。

　武傳，武舉公孫祿可大司馬，而祿亦舉武。王嘉傳，左將軍公孫祿劾嘉迷國罔上不道。〔四〕何武傳，疏詆左將軍公孫祿與司隸鮑宣皆外有直相之名，内實駮不曉政事。兩襲傳，〔五〕息夫躬傳，廷尉逮召鄉里識知成方遂者張宗祿等。故左將軍公孫祿議宜誅太史令宗宣等，莽怒，然頗采其言。而龔勝書議加舉梁相，過微薄。莽傳，左將軍公孫祿等皆以丞相王嘉應迷國不道法。

4862 張宗祿　不疑傳，廷尉逮召鄉里識知成方遂者張宗祿等。

4863 大祿　烏孫傳，昆莫太子大祿彊，善將，將衆萬餘騎別居。後怒，攻太子之子岑陬。

4864 田叔　趙陘城人，爲王張敖郎中，與孟舒隨王至長安。景帝時，案梁孝王事，還報曰：「上無以梁事問我也」云云。

4865 樂叔

〔二〕「征和」，山西書局本作「綏和」，據漢書改。

〔三〕「女子」，山西書局本作「太子」，據漢書改。

〔三〕「二」，山西書局本作「三」，據漢書改。

〔四〕「三」，山西書局本作「一」，據漢書改。

〔五〕「兩襲傳」，山西書局本作「丙襲傳」，據漢書改。

4866 周叔 韓信傳，信問酈生：「魏用周叔爲大將呼？」曰：「柏直也。」

4867 張長叔 食貨志，洛陽富賈張長叔。貨殖傳，成、哀、王莽時，張長叔訾亦十千萬。[二]莽以爲納言士。

4868 魚翁叔 張湯傳，始爲小吏，乾没，與長安富賈田甲、魚翁叔之屬交私。

4869 爰叔 東方朔傳，盎兄子，教董偃白主獻長門園。主使偃以黃金百斤爲叔壽。叔因爲偃求見上之策。

4870 張叔 文翁傳，選郡縣小吏開敏有材者張叔等十餘人，遣詣京師，受業博士，或學律令。

4871 曲叔 貨殖傳，掘塚搏掩，犯姦成富，有曲叔。

4872 漕中叔 聞名州郡者，有西河漕中叔。

4873 傅中叔 傅太后父同產弟四人，次中叔。互見孫建下。

4874 史淑 樂陵侯高之孫，元延二年，以史崇之弟紹封，亡後。

4875 衛尉足 文紀，從高帝衛尉足等。百官公卿表，孝文二年，衛尉足。無姓。

4876 楊僕 樓船將軍，元鼎五年出豫章。以樓船將軍擊南粵，椎鋒卻敵，侯。元鼎六年封。元封四年，坐爲將軍擊朝鮮畏懦，入竹二萬個，贖完爲城旦。酷吏傳，宜陽人也。爲樓船將軍伐南粵，封將梁侯。河南守舉爲御史，治放尹齊，以敢擊行。又見南粵、朝鮮、閩粵傳，初以千夫爲吏。

〔二〕「十千萬」，山西書局本作「十萬」，據漢書改。

4877 韓福 昭帝元鳳元年，賜郡國所選有行義者涿郡韓福等五人帛，人五十疋。[二]《兩龔傳》，[三]昭帝時，涿郡韓福以德行徵至京師，賜策書束帛遣歸。

4878 劉福 河間辟彊之子，孝文十五年嗣，諡哀。

4879 劉福 始元元年，中山憲王福嗣。又見景十三王傳。

4880 劉福 容陵侯，長沙定王子。後坐酎金免。

4881 劉福 太始三年，平的節侯福嗣。

4882 劉福 元鼎元年，宜城侯福嗣。

4883 劉福 海常侯福，城陽共王子，元朔二年封，坐殺弟棄市。閩粵傳，城陽王子，故海常侯，坐法失爵，從軍亡功，以宗室故侯。繚嫈侯，以校尉從橫海將軍擊南粵侯。元封元年，有罪免。

4884 劉福 元康四年，定敷憲侯福嗣。

4885 劉福 夫夷懷侯福嗣。無年。

4886 劉福 安檀侯福，趙敬肅王子。不得封年，坐為常山守咀，訊未竟病死。

4887 劉福 修故侯福，清河綱王子，本始四年封。元康元年，坐首匿羣盜棄市。

4888 劉福 景成節侯福嗣，免。

〔二〕 「人」，山西書局本脫，據漢書補。

〔三〕 「兩龔傳」，山西書局本作「丙龔傳」，據漢書改。

4889 劉福 高廣質侯福嗣。
4890 劉福 益昌侯福嗣,免。
4891 劉福 襄鄉侯福,趙共王子,綏和二年封。[一]
4892 劉受福 榆丘侯受福,趙敬肅王子,元朔元年封。
4893 劉福 肥如侯寅之曾孫,元康四年,肥如大夫詔復家。
4894 蔡福 卽祿之曾孫,元狩三年嗣,後坐爲姦,爲鬼薪。
4895 許福 杜衍侯翥之子,高后六年嗣,謚共。
4896 王福 王衍侯翥之子,高后六年嗣,謚共。
4897 王福 莽傳,命懷羌子王福曰:「女作五威關將軍。」
4898 溫福 撐侯疥之玄孫,元康四年,長安公士詔復家。
4899 趙福 須昌侯衍之子,文十六年嗣,謚戴。
4900 吳福 沅陵頃侯陽之子,文後二年嗣,亦謚頃。
4901 昭涉福 平州侯掉尾之玄孫,[二]元康四年,涪不更詔復家。[三]
4902 廷尉福 復陸福 杜侯支之玄孫,嗣。河平四年,坐非子免。
景中元年,廷尉福。無姓。

[一] 「二」,山西書局本作「元」,據《漢書》改。
[二] 「侯」,山西書局本作「孫」,據《漢書》改。
[三] 「涪」,山西書局本作「浩」,據《漢書》改。

水衡都尉

4903 水衡都尉福 永光四年，水衡都尉福。無姓。

侍謁者福

4904 侍謁者福 韓延壽傳，侍謁者福爲望之道延壽在東郡時放散官錢千餘萬。丙吉以爲更大赦，不宜問。望之因御史問事東郡，並問之。

籍　福

4905 樊　福 始元六年，守京兆尹樊福。

4906 籍　福 季布傳，季心弟畜灌夫、籍福之屬。胡建傳，蓋主私夫丁外人，射殺故京兆尹樊福。田蚡傳，太尉、相尊等而有讓賢名。籍福賀魏其，因弔曰：「君侯資性喜善疾惡，方今善人譽君侯，故至丞相；然惡人衆，亦且毀君侯。能兼容，則幸久；不能，以毀去矣。」後蚡使籍福請嬰城南田，嬰不許。灌夫聞怒罵籍福。籍福讒好謝蚡云云。贊曰：籍福區區其間，惡能救斯敗哉！

解　福

4907 解　福 樊噲傳，擊豨，虞大僕解福等。

徐　福

4908 徐　福 伍被傳，秦使徐福入海求仙藥，童男女三千人，五種百工而行。徐福得平原大澤，止王不來。

4909 徐　福 霍光傳，茂陵徐福上書言霍氏且有變。上書訟王章之寃，再上書譏切王氏。王莽顓政，一朝棄妻子，去九江，至今人傳以爲仙。其後，人有見福於會稽者，變名姓，爲吳市門卒云云。

梅　福

4910 梅　福 字子眞，壽春人。

〔二〕「相」，山西書局本作「魏相」，據漢書改。

4911 張福敞傳，父福事武帝，至光祿大夫。

4912 孔福霸長子，嗣關內侯。

4913 髦福儒林傳，侍長孫順，授東海髦福，皆至大官。

4914 楊玉神爵二年，羌虞降，斬其首惡大豪楊玉首。趙充國傳，歸義羌侯楊玉，劫略小種，背叛犯塞，攻城邑，殺長吏。又充國曰：「楊玉，羌之首帥名王。」[二]又曰：「秋，羌若零、離留、且種、兒庫共斬先零大豪猶非、楊玉首。」[三]

4915 宋玉賦十六篇。

4916 劉育陽朔二年，六安王育嗣。莽篡貶爲公，廢。

4917 劉育景十三王傳，光之子。

4918 劉育平堤鼇侯育嗣。

4919 韋育扶陽侯賢之曾孫，元延元年嗣，謚釐。杜鄴傳，扶陽侯韋育舉鄴方正。玄成傳，寬之子，育嗣，謚僖。

4920 廷尉育百官公卿表，高帝十二年，廷尉育。不著姓。

4921 蕭育元延二年，太山太守蕭育爲大鴻臚，數月徙。有傳。望之子，字次君，所謂杜陵男子也，[三]少與陳咸、朱博爲友，著聞當世。育與博後有隙，不能終。馮野王傳，育書薦

[一]「王」，山西書局本作「曰」，據漢書改。

[二]「豪」，山西書局本作「號」，據漢書改。

[三]「杜陵」，山西書局本作「陵」，據漢書改。

4922 梧育 野王。王章傳，章妻還故郡，采珠致產數百萬，時蕭育爲守令，贖還故宅。翟方進傳，方進奏罷蕭育之屬。互見庚韻「閎」、震韻「信」下。

4923 耿育 陳湯傳，議郎耿育言便宜[二]因訟湯冤。趙后傳，哀帝免新成侯趙欽、欽兄子成陽侯律曆志，安陵梧育治終始云云，不與張壽王合。師古曰：姓梧名育。

4924 李育 莽傳，成紀隗崔兄弟，共劫大尹李育。訢皆爲庶人，徙遼西。時議郎耿育上疏言：「不當暴露私燕」云云。哀帝遂不竟其事。

4925 史育 王嘉傳，孝成皇帝時，寵臣史育數貶退，家訾不滿千萬。

4926 劉犢 元狩元年，尉文侯犢嗣，坐酎金免。

4927 劉鉅鹿 猇侯鉅鹿嗣。無年。

4928 雍鉅鹿 汁防侯齗之子，惠三年嗣，謚荒。

4929 毛鹿 張節侯釋之之子，文十一年嗣。

4930 劉昱 安定侯昱嗣，免。

4931 劉服 平節侯服，菑川孝王子，竟寧元年封。[三]

4932 楚服 陳皇后傳，女子楚服等，坐爲皇后巫蠱，大逆，梟首於市。

4933 丁復 陽都敬侯，以越將從起薛，至霸上，以樓煩將入漢，定三秦，屬周呂侯，破龍且彭城，爲大司馬，破羽兼爲將軍，忠臣，侯，七千八百戶。

[二]「便宜」，山西書局本作「便」，據漢書改。

[三]「元」，山西書局本作「二」，據漢書改。

4934 留章復 彊圉侯朌之子，嗣，謚戴。

4935 留復 即章復子，文三年嗣，有罪免。無父名章復，子即名復之理，上當訛。

4936 閻續 敬市侯澤赤之孫，文後四年嗣，謚戴。

4937 閻穀 即續子，景五年嗣，後坐酎金免。

4938 陳遫 猗氏敬侯，以舍人從起豐，入漢，以都尉擊臧荼功侯，千戶。匈奴傳，文帝拜甯侯魏遫為

4939 魏遫 甯嚴侯，以舍人從碭，入漢，以都尉擊羽，侯，千一百戶。位次曰長陵侯。[二]

4940 周遫 北地將軍，擊胡。

4941 孫遫 博陽侯聚之子，魏王豹反，[三]參以假左丞相別與韓信東攻魏將孫遫軍東張，大破之。東張屬河東。

4942 駒督 騏侯幾之子。

4943 駒牧 周勃傳，擊豨將雲中守遫。

4944 趙牧 爰戚侯長年之孫，永始四年嗣。建武四年，以先降梁王免。

4945 韓牧 溝洫志，御史臨淮韓牧以爲可略於禹貢九河處穿之，[三]縱不能九，但爲四五，宜有益。師古曰：新論云牧字子台，善水事。

[一]「長陵侯」，山西書局本作「長陵公」，據漢書改。
[二]「魏王豹」，山西書局本作「魏人豹」，據漢書改。
[三]「穿」，山西書局本無，據漢書補。

卷一百七十二 西漢書姓名韻（九） 入聲 一屋

一四九

4946 牧儒林，易，孟喜授翟牧子兄，爲博士。

4947 翟牧藝文志，道家力牧二十二篇。注：「六國時可求託之黃帝相。」又兵陰陽家力牧十五篇。皆依託也。

4948 力牧藝文志，江夏羊牧、王匡等起雲杜綠林，號曰下江兵，衆皆萬餘人。

4949 羊牧莽傳，平林陳牧等皆聚衆云云。又世祖招之。

4950 陳牧莽傳，匈奴傳，趙將李牧。

4951 李牧匈奴傳，趙將李牧。

4952 馮促〔二〕藝文志，陰陽家馮促伊奴毒十三篇。〔三〕鄭人。

4953 伊奴毒陳湯傳，又捕得閏貴人伊奴毒。

4954 榮畜趙廣漢傳，蘇賢父上書，告廣漢疑其邑子榮畜教令，以他法論殺畜。

4955 王睦莽傳，王邑見其子侍中睦解衣冠欲逃之，邑叱之令還，父子共守莽。

4956 稽粥匈奴傳，冒頓死，子稽粥立，號曰老上單于。

4957 趨逯匈奴傳，卑援疐恐，遣子趨逯爲質匈奴。互見「疐」下。

軍宿車師後城傳，車師復于漢，匈奴恐，召其太子軍宿，欲以爲質。軍宿，疐者外孫，不欲質匈奴，亡走焉耆。後，漢召之，立爲王。

〔二〕「馮」，山西書局本作「馬」，據漢書改。

二質

4958 昭帝弗 弗字，諱作不。

4959 曹窋 參子，孝惠六年嗣，諡靖。參傳，惠帝使問乃父不憂天下，參答窋二百，曰：「天下事非乃所當言。」又鼂錯傳，舉錯。

4960 周勃 絳武侯，以中涓從起沛，至霸上，侯。定三秦，食邑，為將軍入漢，定隴西，擊項羽，守嶢關，定泗水、東海，侯，八千一百戶。有傳。張釋之傳，釋之問上曰：「周勃何如人也？」上曰：「長者。」

4961 周勃 成陰夷侯信之子，文十二年嗣，十五年有罪，免。與絳武同名。

4962 劉勃 淮南厲王子，安陽侯，為衡山王，徙濟北。詳厲王傳。

4963 劉勃 常山憲王子，元鼎三年嗣。坐憲王喪姦，廢徙房陵。名同濟北。

4964 劉勃 終陵侯毋害之子，文四年嗣，諡共。

4965 酈勃 高梁侯疥之子，元光三年嗣。

4966 徐勃 泰山盜也，天漢二年，阻山攻城。咸宣傳，時盜賊滋起，齊有徐勃。

4967 魏勃 齊王與其中尉魏勃等，謀發兵。勃給其相召平將兵，齊王以勃為將軍。

4968 張勃 高五王傳，齊王與其中尉魏勃等。張安世傳，延壽子勃嗣，為散騎諫大夫。元帝初舉陳湯茂材，湯有罪，坐削戶二百，薨，諡繆。後，湯立功西域，世乃以為知人。

4969 劉吉 宣紀，廣川王劉吉有罪，廢徙上庸，自殺。

傅山全書　第十四冊

4970 劉吉　劇質侯吉嗣。無年。

4971 劉吉　東莞侯吉，城陽共王子，元朔二年封，〔一〕痼病不任朝，免。

4972 劉吉　新市康侯吉，廣川繆王子，元鳳五年封。

4973 劉吉　安國侯吉，趙共王子，綏和元年封，十六年免。

4974 王吉　字子陽，瑯邪皋虞人也。禮樂志，宣帝時，瑯邪王吉爲諫大夫，〔二〕請述舊禮，明王制，上不納。昌邑廢，羣臣皆下獄誅，吉以數諫正，得減死。藝文志，傳齊論者，昌邑中尉王吉，名家。儒林，詩，蔡誼授王吉，爲昌邑中尉。司馬相如傳，相如與臨卭令王吉相善，謂相如曰：「長卿久宦游，不遂而困，來過我。」於是相如往舍都亭。吉繆爲恭敬。卓王孫、程鄭爲具召，長卿謝病不能臨。吉不嘗食，身自迎長卿，酒酣，吉奏琴也。

4975 王吉　儒林，書，許商以門人重泉王吉字少音爲政事，莽時，吉爲九卿。

4976 王吉　莽傳，建國元年，封字子吉爲功成公。

4977 王吉　有傳。博陽定侯，以御史大夫關內侯有舊恩功德茂侯，千三百三十戶。元康三年封畫麟閣，魏相傳，相與吉善，予相書，願少愼事自重，藏器於身。相心善其言。韓延壽傳，謂更大赦，不須考東郡時放散官錢事。〔三〕

4978 丙吉　有傳。

〔一〕　山西書局本作「元」，據漢書改。
〔二〕　「琅」，山西書局本作「郎」，據漢書改。
〔三〕　「不須考」，山西書局本作「不宜須考」，據漢書改。

4979 鄭　吉　神爵二年，鄭吉迎日逐王降，又破車師，侯，詳見車師傳。有傳，會稽人。安遠侯以校尉光祿大夫將兵迎日逐王降，又破車師。侯，詳見車師傳，坐法削戶三百，定七百九十戶。神爵三年封。馮奉世傳，都護鄭吉，在北道諸國間。西域傳，都護之起，自吉置。烏孫傳，細沈瘦圍和意等。鄭吉發請諸國兵救，[二] 又使馮夫人說烏就屠。

4980 谷　吉　永之父，元帝初元五年，衛司馬谷吉使匈奴，不還。陳湯傳，遣司馬谷吉送郅支單于侍子，貢禹、匡衡議送至塞，吉願送至庭。匈奴傳，郅支殺吉。

4981 孔　吉　成綏和元年，封孔吉殷紹嘉侯。

4982 謁者吉　景十三王，江都王建使謁者吉請問魯共太后，太后泣謂吉：「歸以吾言謂而王，當自謹。」吉歸，致語。建怒，擊吉，斥之。

4983 郭　吉　蘇武傳，匈奴留漢使謁者郭吉等。匈奴傳，漢使郭吉風告單于。單于留吉不歸。

4984 光祿大夫吉　霍光傳。

4985 吉　　　霍光傳，臣吉。師古曰：景吉。

4986 張　吉　杜鄴傳，鄴母張敞女。鄴從敞子吉學問，得其家書。

4987 劉去疾　神爵二年，鄴母張敞女。鄴從敞子吉學問，得其家書。神爵二年，蘭旗節侯去疾嗣。

4988 楊去疾　吳房侯武之子，文十四年嗣，景後三年耐為司寇。

[一]「諸國兵」，山西書局本作「國兵」，據漢書改。

4989 陽城去疾 梧齊侯延之子，嗣，諡敬。

4990 許去疾 樂成侯延壽之曾孫，建昭元年嗣，亡後。

4991 王去疾 董賢傳，平阿侯譚之子去疾，哀帝爲太子時爲庶子，得幸，及即位，爲侍中騎都尉，用舊恩親近。

4992 馮去疾 奉世傳，亭之後馮去疾皆爲秦將相云。

4993 劉棄疾 汲黯傳，及宗正棄疾，亦以數直諫，不得久居位。

4994 中大夫疾 景十三王，江都王建，中大夫疾有材力，善騎射，號曰靈武君。

4995 丁疾 陳勝傳，勝初立時，徐人丁疾等皆特起，圍東海守。[二]

4996 董詘 成侯濞玄孫，元康四年，平陵公乘詔復家

4997 朱詘 都昌侯率之子，文八年嗣，諡夷。

4998 季必 戚圉侯，以騎都尉漢二年從起櫟陽，攻破廢丘，因擊羽，屬韓信，破齊，攻臧荼，爲將軍，擊韓信，侯，千五百戶。

4999 李必 灌嬰傳，漢王擇軍中可爲騎將者，皆推故秦騎士重泉人李必、駱甲習騎兵，可爲騎將。必與甲曰：「臣故秦民，恐軍不信臣，願得大王左右善騎者傅之。」[三]

5000 史術 樂陵侯高之子，永光二年嗣，諡嚴。

[二]「圍」，山西書局本作「爲」，據漢書改。
[三]「傅」，山西書局本作「傳」，據漢書改。

5001 王術 平阿侯譚之孫，元始四年嗣，建武二年絕。元后傳，平阿侯仁死，子術嗣。

5002 田終術 翟方進傳，星曆則爲長安令田終術師也。莽傳，居攝之萌，出於田終術。

5003 廙養卒

5004 韓延壽門卒 韓延壽傳，延壽爲東郡太守，嘗出，臨上車，騎吏一人後至，敕功曹議罰白。還至府門，門卒當車，願有所言。延壽止車問之，卒曰：孝經云云，「今旦明府早駕，久駐未出，騎吏父來至府門，不敢入。延壽聞之，趨走出謁，適會明府登車。以敬父而見罰，得毋虧大化乎？」延壽舉手輿中曰：「微子，太守不自知過。」歸舍，召見門卒。卒本諸生，聞延壽賢，無因自達，故代卒，延壽遂待用之。

5005 劉齮 韓安國傳，鴈門馬邑豪聶壹因大行王恢言：「匈奴和親，親信邊，可誘以利致之，伏兵襲擊，必破之道也。」匈奴傳作聶翁壹。

5006 劉齮 元康元年，牟平孝侯齮嗣。名同德康。

5007 聶壹 孝景六年，德康侯齮嗣。

5008 班壹 王子侯表，班壹避地於樓煩，致牛馬羊數千羣。當孝惠、高后時，以財雄邊，出入弋獵，旍旗鼓吹，年百餘歲，以壽終。

5009 劉敫 常山王舜之子，元鼎三年嗣，坐有罪徙房陵。[二]景十三王傳，爲孼兄稅告廢也。詳謁韻「稅」下。

〔二〕「坐」，山西書局本作「立」，據漢書改。

卷一百七十二　西漢書姓名韻（九）　入聲　二質

一五五

5010 劉骨　衆陵侯骨嗣，莽篡，絕。

5011 劉畢　溧陽侯畢嗣，免。

5012 朱率　都昌侯軫子，高后元年嗣，諡剛。

5013 陳夫乞　高胡侯，以卒從起杠里，入漢，以都尉擊羽，將軍定燕，千戶。

5014 呂成實　涅陽侯騰薨，以子成實非子，[二]不得代。

5015 留盼　彊圉侯，以客吏初起，從入漢，以都尉擊羽、代，侯，侯比彭侯，千戶。

5016 伊佚　藝文志，墨家伊佚二篇。

5017 天乙　小說家，天乙三篇。注：「天乙謂湯，皆依託也。」

5018 衛律　李陵傳，匈奴立衛律爲丁靈王。衛律者，父本長水胡人。律生長漢，善協律都尉李延年，延年薦之使匈奴。使還，會延年家收，衛律懼並誅，亡還降匈奴。匈奴愛之，嘗在左右。又詳見蘇武傳。匈奴使左右都尉，衛律將五千騎要漢軍于夫羊句山夾。

5019 王忽　霍光傳，時衛尉王莽子忽侍中，揚言曰：「帝崩常在左右，[三]安得遺詔封三子事！羣兒自相貴耳。」光聞之，切讓莽，莽酖殺忽。三子，謂金日磾、上官傑並光也。

5020 安日　段會宗傳，小昆彌安日前爲會宗所立，德之。烏孫傳，日貳殺小昆彌拊離，漢遣使者

[二]「成實」，山西書局本作「實」，據漢書改。
[三]「左右」，山西書局本作「左」，據漢書改。

三曷

5021 增秩 莽傳，爲侯就國時，幸侍者增秩生男匡。

5022 冒頓 匈奴傳，頭曼單于太子冒頓，射殺頭曼，自立爲單于。

5023 烏厲屈 匈奴傳，呼韓邪單于左大將烏厲屈，見匈奴亂，率衆數萬降漢。封爲新城侯。

立拊離子安日爲小昆彌。使姑莫匿刺殺日貳。後安日爲降民所殺。

5024 鍾離昧 羽將。高紀，圍鍾離昧於滎陽東。韓信傳，鍾離昧亡歸信。信與計事云云。

5025 劉閼 景十三王傳，景帝子，臨江王，諡哀，亡後。

5026 劉拔 東安侯拔嗣，免。

5027 張說 音悅。〔二〕安丘懿侯，詳屑韻下。

5028 劉梲 景十三王傳，常山憲王舜，有不愛姬生長男梲，梲以母無寵故，亦不得幸於王，不以爲子數。及王薨，太子不分財物，梲怨王后及太子。漢使者視憲王喪，梲自言憲王病時，王后、太子不侍，及薨，六日出舍，太子勃私姦，飲酒、博戲、擊筑、與女子載馳，環城過市云云。與屑韻通用。

5029 昧蔡 大宛傳，貳師既斬宛王，更立貴人素遇漢善者名昧蔡爲宛王。後歲餘，宛貴人相與共殺昧蔡。師古曰：蔡，千曷反。

〔二〕「悅」，山西書局本作「侻」，據漢書改。

四轄

5030 劉發　景帝子，長沙王，諡定。景十三王傳，以其母唐姬微故，王卑溼國。

5031 劉發嗣　山侯發嗣。無年。

5032 劉發嗣　鉅合侯發，城陽頃王子，元鼎元年封，酎金免。

5033 劉發嗣　挏裴侯發嗣。無年。

5034 劉發嗣　高郭侯發六世發嗣。

5035 劉發嗣　陽鄉思侯發，廣陽頃王子，初元五年封。

5036 劉發嗣　高柴節侯發，梁敬王子，建昭元年封。同名七。

5037 劉發嗣　元鼎六年，雲侯茂發嗣。

5038 公孫發　藝文志，陰陽家，公孫發二十二篇。六國時。

5039 稽發　貨殖傳，掘塚搏掩，犯姦成富，有稽發。史記作桓發也。

5040 崔發　莽傳，涿郡崔發，以才能幸於莽。莽奏符命，騎都尉崔發等視說。師古曰：「視其文而說其意也。」又命說符侯崔發曰：「虞帝闢四門」云云。於是令羣臣皆賀，所舉四行從朱鳥門鳴，崔發等曰：「女作五威中城將軍。」〔一〕又曰，朱鳥門鳴，崔發等曰：「女作五威中城將軍。」又爲講樂。又爲將作。互見張邯下。又公孫祿曰：「說符侯崔發阿諛取容」云云。又莽大臣策。

〔一〕「五威」，山西書局本作「威」，據漢書改。

5041 蟲

達 內畔，左右亡所信，不能復遠念郡國，欲譖邑與計議。崔發曰：「邑素小心，今失衆而懲，恐引決，宜有以大尉其意。」於是遣崔發馳傳諭邑……「我年老無適子，欲傳以天下」云云。邑到，崔發爲大司空。又言周禮、左氏春秋，國有大災，則哭以厭之。莽因告天大哭，請生小民旦夕哭，甚悲哀者，除爲郎。後降申屠建，申屠建斬之，詳

5042 僕

黜 易侯，以匈奴王降，侯，千一百十戶。景中三年封，亡後。

五屑

5043 劉

達 曲成圉侯，以西城戶將三十七人從起碭，[一]至霸上，爲執金吾，五年，爲二隊將，屬周呂侯，入漢，定三秦，以都尉擊羽陳下，侯，四千戶。以將軍擊燕、代。位次作夜侯恆。

5044 彭

越 字仲，昌邑人，爲盜鉅野澤中。田榮賜越將軍印，使擊楚，越敗楚將蕭公角，越歸漢，拜越魏相國，後立爲梁王。太僕告越反，呂雉夷之。

5045 劉

越 景帝子，廣川王，諡惠。又景十三王傳。

5046 劉

越 藝文志，賦五篇。

5047 劉

越 定敷侯越，齊孝王子，元朔二年封。

[一]「碭」，山西書局本作「煬」，據漢書改。

5048 張　越　任侯，以騎都尉漢五年從起東垣，擊燕、代，屬雍齒，有功，爲車騎將軍。高后三年，坐匿死罪，免。戶七百五十。

5049 醴陵侯越　以卒從，漢二年起櫟陽，以卒吏擊羽，爲河內都尉，用長沙相侯，八百戶。不著姓。

5050 甯　越　文四年，有罪免。

5051 郇　越　藝文志，甯越一篇。中牟人，爲周威王師。

鮑宣傳，清名之士，太原則郇越臣仲。能散其先人訾千餘萬，以九施九族州里，志節尤高。

5052 劉　揭　陽信夷侯，高祖十三年爲郎，〔一〕以典客奪呂祿印，閉殿門止產等，共立皇帝，侯，二千戶。又文紀，景三年詔曰：「恢說不孝，謀反，欲殺嘉。論恢說及妻子如法。」

5053 呼　揭　單于號，見「王」下。

5054 烏　揭　匈奴傳，郅支北擊烏揭。烏揭，國名也。

5055 紀　恢說　紀嘉子，景三年詔曰：「恢說不孝」云云。

5056 韓　說　元鼎六年，橫海將軍韓說出會稽。太初三年，爲遊擊將軍，屯五原塞外。天漢四年，出五原。又見匈奴傳，征和二年，按道侯韓說掘蠱太子宮。弓高侯隤當之孫，元封元年，〔二〕以横海將軍擊東越，封按道侯。十九年，爲衛太子所殺，謚愍。閩粵傳，横海

〔一〕「十三」，山西書局本作「十二」，據漢書改。

〔二〕「元封」，山西書局本作「元朔」，據漢書改。

5057 劉說 將軍韓說出句章。衞青傳，詔曰：「都尉韓說從大將軍出寘渾，[二]至匈奴右賢王庭，為戲下博戰獲王，封說為龍頟侯。[三]

5058 劉說 樂陽繆侯說，趙頃王子，地節二年封。[三]

5059 張說 城陽鼇侯說嗣。

5060 樂說 安丘懿侯，以卒從起方與，屬魏豹，一歲五月，以執盾入漢，以司馬擊羽，以將軍定代，侯，二千戶。師古曰：說，音悅。

5061 臣說 愼陽侯，淮陰侯舍人，告信反，侯，三千戶。[三]

5062 鄧說 藝文志，雜家，臣說三篇。無姓。外，武帝時作賦。史記作欒說。又臣說賦九篇。

5063 夏說 陳勝傳，城陽人鄧說將兵居郯，章邯別將擊破之，鄧說走陳。陳餘使張同、夏說說齊王榮，曰：「項王為天下宰不平。」韓信傳，信擊趙、代，破之，擒夏說、閼與。曹參傳，從韓信擊趙相國夏說軍於鄔東，大破之，斬夏說。

5064 邢說 靳歙傳，別西擊邢說軍菑南，[四]破之，身得說都尉二人，司馬、候十二人。

5065 中行說 匈奴傳，使宦者燕人中行說傳翁主。說不欲行，漢強使之。說曰：「必我也，為漢患者。」

5066 趙歇 故趙王。羽分趙，為代王，都代。張降漢，歇還王趙，漢滅之，屬漢為太原郡。

〔二〕「寘渾」，山西書局本作「眞渾」，據漢書改。
〔二〕「龍頟侯」，山西書局本作「龍雒侯」，據漢書改。
〔三〕「悅」，山西書局本作「悅」，據漢書改。
〔四〕「菑南」，山西書局本作「昔南」，據漢書改。

卷二百七十二 西漢書姓名韻（九） 入聲 五屑

一六一

5067 上官傑 安陽侯，以騎都尉捕反者莽何羅侯，二千三百戶。女孫爲皇后。元鳳元年，反，誅。李廣利傳，上官傑追郁成王至康居，詔上官傑敢深入，爲少府。上官后傳，父傑，上邽人，後謀反，誅滅。

5068 東平王后 息夫躬及東平王傳。

5069 謁 平安夫人 孝成許皇后傳，后姊平安剛侯夫人謁等爲媚道祝詛云云。

5070 謁 劉渫 牟平共侯渫，齊孝王子，元朔二年封。又葉韻。

5071 劉渫 董渫 成敬侯，初起以舍人從擊秦，爲都尉，入漢，定三秦，出關，以將軍定諸侯，比厭次侯，二千八百戶。陳勝傳，勝初立時，銍人董渫等皆特起，圍東海守於郯。

5072 周緤 沛人，以舍人從起沛，[三]至霸上，入漢，定三秦，食邑池陽，擊羽滎陽，絕甬道，從度平陰，遇韓信軍襄國。楚、漢分鴻溝，以緤爲信，戰不利，不敢離上，緤成制侯，[三]

5073 劉子泄 永始二年，信都太守、長安宗正子泄爲京兆尹，二年貶爲河南太守。

5074 劉曡 莽封劉歆子劉曡爲伊休侯，奉堯後。歆與王涉死，曡以素謹，歆訖不告，但免侍中

〔二〕「緤」，山西書局本作「鯯」，據漢書改。

〔三〕「二千二百戶」，山西書局本作「三千三百戶」，據漢書改。

郎將，更爲中散大夫。

六藥

5075 蕭公角　項籍傳，令蕭公角等擊彭越，越敗蕭公角等。

5076 戎角　柳丘侯賜之曾孫，後元年嗣。有罪，兔。戶三千。

5077 田角　項籍傳，田榮逐田假。假亡走楚。有罪，兔。相田角亡走趙。

5078 蘇角　項籍傳，殺於鉅鹿。

5079 匈奴角　匈奴傳，孝單于咸子角數爲寇，陳欽、王巡兩將以聞。

5080 劉長樂　昭帝始元二年，舉宗室茂才劉長樂爲光祿大夫。

5081 劉長樂　衛皇后傳，詔遣宗正劉長樂，收后璽綬。

5082 吳長樂　便頃侯淺之玄孫，元康四年，長陵上造詔復家。

5083 戴長樂　神爵元年，太僕戴長樂，五年免。楊惲傳，惲與諸吏光祿勳與太僕戴長樂相失。長樂者，宣帝在民間時與相知，擢拔親近，常使行事肆宗廟。還謂掾史曰：「我親面受詔，副帝肆秺侯御。」有上書告變長樂非所宜言，事下廷尉。長樂疑楊惲教人告之，[二] 惲又謂長樂，正月以來，天陰不雨，行必不至河東云云。又見蕭望之傳。

5084 趙昌樂　隨桃頃侯光之子，嗣，本始元年，其嗣不得代。霍光傳，隨桃侯臣昌樂。師古曰：姓

[二]「楊惲」，山西書局本作「孫惲」，據漢書改。

5085 顏安樂 杜衍侯鬍之曾孫，元康四年，長安大夫詔復家。

5086 王安樂 儒林傳，顏安樂與嚴彭祖俱事眭孟，爲公羊春秋，字公孫，魯國薛人，卽眭孟姊子，爲學精力，官至齊郡太守丞，〔一〕爲仇家所殺。

5087 劉安樂 安陽侯樂，濟北貞王子，元朔三年封。〔二〕

5088 劉安樂 元鳳五年，利昌戴侯樂嗣。

5089 劉安樂 皋虞侯六世樂嗣。莽篡，絕。

5090 劉安樂 栗節侯樂，趙敬肅王子，征和元年封。同名四。

5091 徐安樂 藝文志，縱橫家，徐樂一篇。

5092 徐安樂 燕郡無終人，上書論土崩瓦解。

5093 安安樂 昌邑王傳，王使大奴善以衣車載女子，使者以讓相安樂。龔遂傳，〔三〕昌邑王相安樂遷長樂衞尉，遂見安樂流涕云云。

5094 安安樂 傅介子傳，詔曰樓蘭殺略衛司馬安樂等三輩。〔四〕

5095 摎安樂 龍侯廣德之父，〔五〕死事，封其子。

〔一〕「太守丞」，山西書局本作「太守」，據漢書改。

〔二〕「三」，山西書局本作「二」，據漢書改。

〔三〕「龔」，山西書局本作「襲」，據漢書改。

〔四〕「司馬」，山西書局本作「司光」，據漢書改。

〔五〕「龍侯廣德」，山西書局本作「龍德侯廣」，據漢書改。

5096 蘇樂　南粵傳，遣韓千秋與王太后弟摎樂將二千人往，入粵境。
5097 摎樂　郊祀志，莽篡，興神仙事，以方士蘇樂言，起八風臺於宮中。作樂其上，順風作液湯，又種五梁禾於殿中，各順色置其方面，先煑鶴髓、毒冒、犀玉二十餘物漬種，計粟斛成一金，言此黃帝穀仙之術也。以樂爲黃門郎，令主之。
5098 呼韓子樂　匈奴傳，大閼氏少子咸、樂，皆小於囊知牙斯。後囊知牙斯立爲單于，以第二閼氏子樂爲左賢王。[二]師古曰：即上大閼氏子。
5099 特轅侯樂　以匈奴都尉降侯，六百五十戶。元朔元年封，亡後。
5100 大樂　烏孫傳，翁歸靡復尚楚主，生三子，又次大樂，爲左大將。互見「靡」、「年」下。
5101 張博　淮陽王舅張博，元帝建昭二年，坐窺道諸王以邪意，泄省中語，腰斬。淮陽王舅，京房之妻父，與光坐勸淮陽不義斬。[三]京房傳，淮陽王舅張博從房受學，以女妻房。後與房同棄市。詳淮陽憲王傳。大無賴人也。
5102 朱博　烏誕岡，自殺。字子元，杜陵人。忼俠好交，從士大夫，不避風雨。官自丞相，封侯，[三]坐楊鄉侯，以丞相，二千五十戶，上書以故事不過千戶，還千五十戶。以附傅太后敗。可惜！翟方進傳，奏罷朱博之屬。莽傳，以婢奉朱子元。又奏莽不廣尊尊之義。

［一］「第二」，山西書局本作「第一」，據漢書改。
［二］「義」，山西書局本作「意」，據漢書改。
［三］「三」，山西書局本作「元」，據漢書改。

卷二百七十二　西漢書姓名韻（九）　入聲　六藥

一六五

5103 申屠博　建平四年，光祿大夫茂陵申屠博次孫爲京兆尹，一年遷。元壽元年，爲執金吾。

5104 徐博　侍中徐博賦四篇。

5105 將軍博　周勃傳，擊陳豨、趙利軍於樓煩，得將軍博。

5106 龔博　兩龔傳，〔二〕以勝子博爲侍郎。

5107 區博　趙博傳，中郎區博諫莽，不可行井田。

5108 趙博　趙博等以敢擊大臣，信任。互見孔仁下。後莽敗死漸台上。

5109 韓博　莽傳，夙夜連率韓博上言：「有奇士巨毋霸」云云，欲以諷莽。莽惡聞之，徵下獄，棄市。

5110 劉獲　博石侯獲嗣，免。

5111 劉獲　建始二年，廣陵哀王獲嗣。傳作護，當是護。

5112 劉獲　樂陽侯獲，膠東頃王子，建始二年封。

5113 王獲　平昌侯無故之曾孫，鴻嘉元年嗣。建武五年，詔書復獲。

5114 王獲　何七世孫，莽中子獲殺奴，莽切責獲，令自殺。

5115 王獲　平陽侯丹之孫，元壽二年嗣。更始元年，爲兵殺。

5116 史獲　武陽侯獲嗣。永始元年，坐奴殺人，減死，完爲城旦。

5117 劉不惡　平帝初，宗正不惡與建策迎中山王，賜爵關内侯。

〔二〕「兩龔傳」，山西書局本作「丙龔傳」，據漢書改。

5118 劉不惡 建平四年，陳留太守勃海劉不惡子麗爲宗正，更名容。

5119 少府惡 本始三年，少府惡。無姓。

5120 吳若 嗣回，爲長沙王，謚共。芮傳作右。

5121 妻若 河間王元之妻，元筦擊，令自髡。

5122 淳于長母 長傳，母若歸故郡。

5123 劉莫 曲逆侯平之六世孫，元康四年，長安簪褭詔復家。

5124 劉閣 廣望侯閣嗣。無年。

5125 陳莫 虖葭頃侯閣嗣。無年。

5126 王莫 陽平侯禁之玄孫，建國三年侯。更始元年，爲兵所殺。

5127 昆莫 張騫傳，烏孫王昆莫新生，傅父布就翎侯抱亡置草中，見狼乳之，又烏銜肉翔其旁，[二]以爲神。漢遣張騫齎金帛往，昆莫見騫如單于禮，名獵驕靡，即「昆彌」也。烏孫傳，昆莫擊破大月氏，大月氏西徙臣大夏，而昆莫居之。

5128 兜莫 匈奴傳，單于復以車師王昆弟兜莫爲車師王，[三]收其餘民東徙。

5129 李朔 軹侯，以校尉三從大將軍擊匈奴，至右王庭，得虜闕氏，功侯。元朔六年，有罪免。

〔一〕「銜」，山西書局本作「舍」，據漢書改。
〔二〕「復」，山西書局本作「後」，據漢書改。

卷二百七十二　西漢書姓名韻（九）　入聲　六藥

一六七

5130 王朔　衛青傳，三從大將軍獲王，封爲陟軹侯。〔一〕郊祀志，望氣王朔言：「候獨見填星出如瓜，〔二〕食頃，復入。」語曰：「自漢擊匈奴，吾未嘗不在其中，終無尺寸功得封邑」云云。李廣傳，廣與望氣王朔語曰：「禍莫大於殺已降。」

5131 東方朔　藝文志，雜家，東方朔二十篇。

5132 張朔　霍光傳，復出光姊壻給事中光祿大夫張朔爲蜀太守。

5133 鄧離侯　九年四月戊寅封。〔三〕楚漢春秋亦闕。成帝時，光祿大夫滑湛日旁占驗曰：「鄧弱以長沙將兵侯。」〔四〕

5134 太尉弱　周勃傳，天漢四年，得盧綰太尉弱。〔五〕無姓。

5135 劉髆　天漢四年，立皇子髆爲昌邑王，諡哀。

5136 敞屠洛湘成侯　以匈奴符離王降侯，千八百戶。元鼎五年，酎金免。

5137 劉爵地節元年，虛水息侯爵嗣。

5138 張陷幾侯　以朝鮮王子漢兵圍朝鮮降侯。元封三年封。六年使朝鮮，謀反，格死。陷又音格。

〔一〕「軹」，山西書局本作「枳」，據漢書改。

〔二〕「瓜」，山西書局本作「爪」，據漢書改。

〔三〕「九」，山西書局本作「六」，據漢書改。

〔四〕「侯」，山西書局本作「矣」，據漢書改。

〔五〕「盧綰」，山西書局本作「靈綰」，據漢書改。

5139 公孫獲〉鄒陽傳,詳養韻。

5140 司馬錯〉遷傳,司馬氏,在秦者錯與張儀爭論。

5141 扁鵲〉藝文志,內外經二十一卷。

5142 烏禪幕〉匈奴傳,虛閭權渠子狦既不得立,亡歸妻父烏禪幕。烏禪幕者,本烏孫、康居間小國。

5143 莊蹻〉西南夷傳,始楚威王時,使將軍莊蹻將兵循江上,略巴、黔中以西。莊蹻者,楚莊之苗裔也,王滇。

卷一百七十三 西漢書姓名韻（十）

入聲

七陌

5144 劉奭 元帝名。

5145 劉得 沛公司馬，名得，殺泗水壯者。

5146 司馬得 安陽哀侯得嗣，亡後。

5147 劉得 宜禾節侯得，河間孝王子，元壽元年封。

5148 劉妾得 棗原侯得嗣，亡後。

5149 劉常得 方鄉侯常得，廣陽惠王子，綏和元年封，十六年免。敊：廣陽無惠王，當是思。

5150 丙得 高宛侯猜之子，惠元年嗣，諡簡。

5151 呂得 甯陵侯臣之玄孫，元康四年，南陵公大夫詔復家。

5152 侯得 龔遂傳曰：「膠西王有諛臣侯得，王所爲儗於桀、紂也，得以爲堯。」

5153 王更得 史皇孫王夫人傳，王媼言，年十四嫁爲同鄉王更得妻。

5154 劉德[二] 景帝子，河間王，諡獻。

〔二〕「劉德」，山西書局本作「劉得」，據漢書改。

5155 劉德 禮樂志，德有雅才，獻所積雅樂，下太樂肄之。

5156 劉德 藝文志，賦九篇。

5157 劉德 宗正劉德，至曾孫尚冠里舍，奉迎曾孫。

5158 劉德 陽城繆侯，〔三〕以宗正關內侯行謹重爲宗室率，侯。子安民以戶五百贖弟更生罪，〔三〕減一等，定戶六百四十。地節四年封。蘇武傳，畫麟閣。

5159 劉德 元鳳元年，大中大夫劉德爲宗正。

5160 劉德 元鳳三年，青州刺史劉德爲宗正，廿二年薨。又見恩澤表，陽城侯。〔三〕楚元王傳，辟疆子德，字路叔少，修黃老術，召見甘泉宮，武帝謂之「千里駒」。爲宗正，雜案上官、蓋主事，常持老子知足之計。妻死，霍光欲以女妻之，德不敢取，畏盛滿也。侍御史以爲光望德不受女，承指劾德誹謗詔獄，免爲庶人，屏居山田。光聞而恨，復白守青州刺史。歲餘，爲宗正，與定策，爲陽城侯。霍光傳，宗正臣德。

5161 劉德 元封四年，劇魁康侯德嗣。

5162 劉德 元鼎四年，定敷思侯德嗣。

5163 劉德 元鼎四年，乘丘戴侯德嗣。

〔三〕「陽城」，山西書局本作「城陽」，據漢書改。下同。

〔三〕「罪」，山西書局本無，據漢書補。

〔三〕「陽城」，山西書局本作「城陽」，據漢書改。

5164 劉德 易安侯德嗣，始元元年，〔二〕坐殺人免。

5165 劉德 廣平節侯德，廣陵孝王子，建昭四年封。

5166 劉德 廣平侯德嗣，免。即上節侯德子。傅山曰：無父子同名之理，誤。

5167 劉德 廣陵侯德嗣，鴻嘉三年，坐弟與後母亂，共殺兄，德知不舉，不道，下獄瘦死。〔三〕

5168 劉德 成鄉侯德嗣，免。

5169 劉德 成鄉侯德嗣。

5170 建德 灈傳，膠西王卬太子德曰：「漢兵還，臣觀之已罷，可襲也，願收餘兵擊之。」趙相，諫其王無反，被殺。景中二年，封其子爲列侯。不著姓。趙相，不聽王遂反。

5171 江德 史失其姓，子遽侯橫。

5172 江德 始元六年，江德爲太常，四年坐廟廊夜飲失火免。田廣明傳，園殿嗇夫江德收捕公孫勇，封轑陽侯。百官公卿表，江德免爲庶人。

5173 周德 宣紀，賜右扶風德，爵關內侯。師古曰：「周德。」元鳳六年，右扶風周德。霍光傳，

5174 單德 右扶風臣德。師古曰：姓周。

5175 呂德 昌武侯究之曾孫，元光五年嗣。元朔三年，坐傷人二旬内死，棄市。戶六百。

5176 孫德 中水侯馬童之曾孫，建元六年嗣，諡靖。堂陽侯赤之子，高后元年嗣，景中六年，有罪免。

〔一〕「始元」上，山西書局本衍一「無」字，刪。

〔二〕「瘦」，山西書局本作「瘦」，據漢書改。

5177 石德 德侯景建，殺如侯，得少府石德。劉屈氂傳，太子命少府石德及賓客張光等分將。

5178 石德 武五子傳，勸戾子矯捕江充。

5179 石德 牧丘侯慶之子，太初三年嗣。天漢元年，坐爲太常失法罔上，祠不如令，完爲城旦。

5180 戴德 藝文志，高堂生弟子。

5181 戴德 儒林傳，后蒼授梁戴德字延君，號大戴，爲信都太傅。

5182 龍德 藝文志，雅琴龍氏九十九篇。註：「名德，梁人。」別錄亦魏相所奏，與趙定召見待詔，爲侍郎。

5183 龔德 王褒傳，魏相奏，知音鼓琴者有梁國龔德，皆待詔。

5184 甘德 雜占家，甘德長柳占夢二十卷。

5185 臣德 霍光傳，大中大夫臣德。不著姓。

5186 臣德 霍光傳，博士臣德。不知姓。

5187 張德 咸宣傳，使諸部都尉及故九卿張德等衣繡衣持節擊盜。[二]

5188 趙德 闞賓傳，後軍侯趙德使闞賓，與王陰末赴相失，陰末赴鎖琅當德，殺副以下七十餘人。

5189 丞德 渠犁傳，龜茲王絳賓死，子丞德立，自謂漢外孫，往來尤數。

5190 路博德 元鼎五年，伏波將軍出桂陽，太初三年築居延。又見衛青傳末。又南粵傳，將兵屯桂

[二] 「持節」，山西書局本作「持斧」，據漢書改。

5191 劉建德

陽。邠離侯，以右北平太守從驃騎擊左王，得重，會期，虜首萬二千七百人，侯，千六百戶。太初元年，坐見知子犯逆不道罪免。又匈奴興城，不失期，從至檮余山。李陵傳，詔彊弩將軍博德迎陵。博德故伏波將軍，亦羞為陵後距，奏言：「方秋未可戰，願留陵至春，俱將擊東西浚稽。」書奏，上怒，疑陵悔不欲出而教博德上書，詔陵以九月發。後陵敗降，上悔陵無救，曰：「陵當發出塞，乃詔彊弩都尉令迎軍，得令老將生姦詐。」傳山曰：李陵之敗，竟博德一書陷之。

5192 劉建德

始元四年，長沙剌王建德嗣。

5193 劉建德

景十三王傳，宣帝時坐獵縱火燔民九十六家，殺二人，又教人誣告內史，削八縣，罷中尉官。

5194 術陽侯趙

勃孫，元朔五年嗣，為平曲侯。元鼎五年，酎金免。

5195 建德

呂嘉立明王長男越妻術陽侯建德為王。後伏波司馬蘇弘得之。以南粵王兄越高昌侯，三千戶。元鼎五年封，四年坐使南海逆不道，誅。南粵傳，

5196 劉報德

元狩四年，驪丘原侯報德嗣。

5197 劉文德

良城頃侯文德，魯安王子，元始五年封。

5198 公上廣德

朝陽思侯廣德嗣。

5199 摎廣德

汲紹侯不害之曾孫，建元二年嗣，元光五年坐妻大逆棄市。龍侯，父以校尉擊南越死事，子侯，六百七十戶。元鼎五年封，酎金免。又南粵傳，

5200 薛廣德 字長卿，沛郡相人也。以魯詩教授楚國，龔勝、舍師事之。爲御史大夫，諫獵。又免冠請從橋。儒林傳，亦事王式，以博士論石渠。初元五年，長信少府薛廣德爲御史大夫。一年，以病賜安車免。

5201 殷廣德 車師傳，車師王恐匈奴兵復至，乃輕騎奔烏孫，漢使侍郎殷廣德責烏孫，求車師王。

5202 齊安德 平安侯受之玄孫，元康四年，安平大夫詔復家。

5203 少府德 元封六年，少府德有罪自殺。無姓。

5204 水衡都尉德 元封四年，水衡都尉德。無姓。

5205 韓安國 武紀，大司農韓安國出會稽，救南粵。閩粵傳，大司農韓安國出會稽。本傳，字長孺，梁成安人也。濞傳，梁以韓安國爲將軍，敗吳兵。匈奴傳，御史大夫韓安國爲護軍將軍。又漢使將軍韓安國屯漁陽。

5206 韓安國 自別一韓安國，非武帝時人也。馮奉世傳，復發募士萬人，拜定襄太守韓安國爲將軍，未進，聞羌破，還。師古曰：

5207 劉安國 溫水侯安國，膠東哀王子，元始五年封。後坐上書爲妖言，赦免。

5208 劉安國 朝陽侯安國嗣，免。思侯廣德之子也。

5209 劉安國 百官公卿表，元鼎四年，宗正劉安國之子也。同名三。

5210 戎安國 柳丘侯賜之子，高后五年封。

5211 其安國 河陽齊侯石之子，嗣。

5212 張安國 平侯瞻師之曾孫，嗣。不得年。元狩元年，爲人所殺。

5213 張安國 東陽侯相如之曾孫，嗣，諡戴。同名二

5214 祕安國 戴侯彭祖之孫，文八年嗣，諡夷。

5215 單安國 長安單安國治終始云云，不與張壽王合。

5216 董安國 藝文志，農家董安國十六篇。

5217 趙安國 破奴子，破奴沒虜十年，與子安國亡入漢。後坐巫蠱，族。

5218 孔安國 律曆志，光傳，忠生武及安國。安國以治尚書爲武帝博士。儒林傳，孔氏有古文尚書，安國以今讀之，逸書得十餘篇。爲諫大夫，司馬遷亦從安國問之。又申公詩弟子曰孔安國，安國至臨淮太守。

5219 義渠安國 趙充國傳，光祿大夫義渠安國使行諸羌，先零豪言願時復湟水北，逐民所不田處畜牧。安國以聞，充國劾奉使不敬。後復行視諸羌，斬先零豪三十餘人，羌楊玉等背畔，安國引還，至令居，[三]以聞。

5220 騎都尉安國 趙充國傳，臣竊見騎都尉安國前幸賜書，擇羌人可使使罕云云。

5221 趙充國 營平壯侯，[三]以後將軍與大將軍定策功侯，千二百七十九戶。本始元年封，畫麟閣。元

[一]「令」，山西書局本作「今」，據漢書改。
[二]「壯」，山西書局本作「北」，據漢書改。

5222 趙充國 鳳元年中郎將趙充國爲水衡都尉，六年遷。字公孫，隴上邽人，少好將帥之學，學兵法，通知四夷事。成帝時，西羌數有驚，上思將帥之臣，追美充國，詔楊雄頌其圖像。又本始二年，蒲類將軍趙充國三萬餘騎，出酒泉，問護軍都尉趙充國，曰：「非計。」匈奴傳，匈奴伐烏桓，霍光欲發兵邀擊之，與烏孫失期，出塞千八百餘里，西去侯山，斬首捕虜，得單于使者蒲陰，王以下三百餘級，馬牛羊七千餘。

5223 劉充國 昌武侯安稽之子，太初元年嗣，亡後。同名二。

5224 劉充國 神爵四年，南城釐侯充國嗣。

5225 劉充國 始元六年，猇夷侯充國嗣。

5226 劉充國 廣鄉侯充國嗣，免。

5227 單充國 昌邑王傳，賀死，上當爲後者充國，充國死。同名四。

5228 衛尉充國 中牟侯右車之六世孫，元康四年，陽陵不更詔復家。百官公卿表，元狩五年，衛尉充國。無姓。

5229 少府充國 太始元年，少府充國。無姓。三坐齋不謹，棄市。

5230 壺充國 太初元年，大鴻臚壺充國副使如通印、莋、冉、龍。[二] 李廣利傳，校尉王申生、故鴻臚壺充國等別至郁成，郁成攻殺申生等。

5231 路充國 蘇武傳，匈奴留漢使者郭吉、路充國等十餘輩。匈奴傳，漢使路充國佩二千石印，送

[二]「使」，山西書局本作「相」，據漢書改。

5232 奚充國 匈奴貴人喪，單于留充國不歸。馮奉世傳，莎車共殺漢使者奚充國。莎車傳，遣使者奚充國送烏孫公主小子萬年。

5233 劉定國 孝景六年，燕王定國嗣，坐禽獸行，自殺。

5234 劉定國 梁王，諡敬，始元二年嗣。

5235 劉定國 淮陵侯定國，江都易王子，元朔元年封，景十三王傳，江都王建異母弟定國，易王最少子也。其母幸立之，具知建事，坐酎金免。

5236 王定國 杜衍侯翥之孫，元光四年嗣，元狩五年有罪，免。

5237 華定國 朝陽侯寄之玄孫，元康四年，奉明大夫詔復家。

5238 于定國 西平安侯，以丞相侯，六百六十戶。甘露三年封。丙吉傳，薦定國詳平。刑法志，宣帝選定國爲廷尉。賈捐之傳，丞相于定國是捐之罷珠崖之議。尹翁歸傳，定國不敢見其邑子。字曼倩，東海郯人。食酒至數石不亂，冬月治請讞，飲酒益精明。

5239 夏侯定國 勝傳，内史賞子定國，爲豫章太守。

5240 劉甯國 齊悼惠子，封氏丘侯，諡共。

5241 劉建國 石鄉侯建國嗣，免。

5242 竇廣國 章武景侯，以皇太后弟侯，萬一千戶，文後七年封。周亞夫傳，竇太后勸景帝封王信爲侯，帝曰：「南皮、章武先帝不侯。」章武，太后母弟廣國也。外戚傳，廣國字少君，年四五歲，爲人掠賣作炭云云，後封爲章武侯。

5243 張廣國 百官公卿表，元鼎四年，睢陵侯張廣國爲太常。表，睢陵是廣孫，非廣國也。

5244 史柱國　陽朔二年，史柱國爲太僕。師古曰：姓史，名柱國，字衛公。

5245 李柱國　藝文志，侍醫李柱國校方技。

5246 蘇通國　蘇武傳，武因平恩侯許伯自白：「前發匈奴時，胡婦適產一子通國，有聲問來，願因使者致金帛贖之。」上許焉，至以爲郎。

5247 劉國　元平元年，瑕丘思侯國嗣。

5248 劉國　山原侯國，齊孝王子，元朔二年封。

5249 劉國　廣饒康侯國，菑川靖王子，元鼎元年封。

5250 劉國　利鄉侯國嗣，免。同名四。

5251 夏國　元鳳三年，廷尉夏國。

5252 鄭國　溝洫志，韓使水工鄭國說秦。非漢人，見樊噲傳。

5253 項伯　功臣表。

5254 武哀侯伯　高后七年詔曰，武哀侯，高皇帝兄，謚號不稱，其議尊號。丞相平等請尊武哀侯曰武哀王。張晏曰：高帝伯兄也。

5255 劉伯　州鄉侯伯嗣，亡後。

5256 杜伯　郊祀志，引雍、菅廟祠亦有杜主，故周之右將軍，即杜伯。非漢人，以郊祀志引鬼神之事收之。

5257 王伯　五行志，元帝初元四年，皇后曾祖父濟南東平陵王伯墓門梓柱卒生枝業，上出屋。

5258 王伯 王尊傳，尊子伯亦爲京兆尹，坐弱不勝任免。同名二。

5259 徐伯 溝洫志，令齊人水工徐伯，表發卒數萬人，穿漕渠。

5260 周伯 藝文志，陰陽家周伯十一篇。

5261 徐伯 疏廣傳，太子外祖父許伯以爲太子少，白使其弟舜監護太子家。魏相諫伐匈奴，願陛下與平恩侯詳議。又見蓋寬饒傳。

5262 田祿伯 濞傳，田祿伯爲大將軍，曰：「兵屯聚而西，無他奇道，難以立功，願得五萬人，別循江淮而上，取淮南、長沙入武關，與大王會。」

5263 陳伯 楚元王傳，浮丘伯者，孫卿門人也。儒林傳，申公與楚元王俱事浮丘伯，受詩。

5264 浮丘伯 陳平傳，陳平居，伯常耕田，縱平使遊學。

5265 傅伯 汲黯傳，慕傅伯、爰盎之為人。應劭曰：梁人，事孝王，素抗直也。

5266 陳伯 衛子伯 慶忌傳，辛次兒，與帝舅衛子伯相器，而甄豐言殺之。

5267 辛伯 辛慶忌傳，莽按通父子兄弟及南郡太守辛伯等，皆殺之。

5268 魯伯 儒林，易，施讎授琅邪魯伯。[二]

5269 翁伯 貨殖傳，翁伯以販脂而傾縣邑。

5270 祁太伯 原涉傳，涉與新豐富人祁太伯為友，祁太伯同母弟王游公嫉涉。[三]

[一]「琅」，山西書局本作「郎」，據漢書改。
[二]「嫉」，山西書局本作「疾」，據漢書改。

5271 班 伯

敍傳，況生三子，長伯，少受學於師丹。大將軍王鳳薦伯宜勸學，召見宴妮殿，容貌甚麗，誦說有法，時鄭寬中、張禹朝夕說尚書、論語於金華殿中，詔伯受焉。又講異同於許商。數求使匈奴，後爲定襄太守，稱神明，徵還，以侍中光祿勳養病，上出過臨伯，時作長夜之飲，指屏畫絅妲已問伯，伯對之云云，上歎曰：「久不見班生，今日復聞讜言！」淳于長、張放等不懌。又太后曰：「班，侍中大將軍所舉，宜寵異之。」上遷伯爲水衡都尉，與師丹、許商並侍中，卒。

5272 嚴延年傳，涿郡比得不能太守，涿人畢野白由是廢亂。

5273 代諸白游俠傳，有代諸白。師古曰：代郡白姓，非一家也。

5274 劉少柏元始元年，陽興侯少柏以東平思王孫封，八年薨。

5275 代諸白

5276 南武侯織孔帛光傳，伋生子上帛。

高帝紀，十二年，詔曰：「南武侯織，亦粵之世也，立以爲南海王。」文穎曰：「高祖五年，以象郡、桂林、南海、長沙，立吳芮爲長沙王。後佗降，十一年，更立佗爲南越王，自此王三郡。芮唯得長沙、桂林、零陵耳。今復封織爲南海王，復遙奪佗一郡，織未得王之。」灌夫傳，夫罵灌賢曰：「平生毀程不識不直一錢。」云云。

5277 程 不 識

李廣傳，程不識正部曲行伍營陣，擊刁斗，吏治軍簿至明，軍不得自便。不識曰：「李將軍極簡易，然虜卒犯之，無以禁。」孝景時，以數直諫爲大中大夫，爲人廉，謹於文法。

5278 劉不識 濟陰王，景中六年，以梁孝王子立，亡後。

5279 劉不識 元延三年，蒲領節侯不識紹封。

5280 召不識 廣嚴侯歐玄孫，安陵大夫，元康四年詔復家。

5281 高不識 宜冠侯，以校尉從驃騎再擊匈奴，侯，一千一百戶。故匈奴歸義，元狩元年封，四年坐擊匈奴增首不以實，當斬，贖罪，免。去病傳，校尉高不識捕呼于者王王子以下十一人，捕虜千七百六十六人，封爲宜冠侯。同名二。

5282 劉澤 營陵侯，漢三年爲郎中擊羽，以將軍擊豨，得王黃，侯，萬一千戶。高后七年，爲琅邪王。[二] 文紀，徙燕，高帝從祖父昆弟也。

5283 劉澤 虖葭康侯澤，城陽頃王子，元鼎元年封。

5284 劉澤 昭帝始元元年，言少帝非武帝子，宜共伐之，[三] 景中三年，有罪，免。五年，復封，諡節。百官公卿表，元光四年五月，平棘侯薛澤爲丞相，即廣平侯歐之孫，改封平棘。申屠嘉傳，自嘉死後，薛澤等爲丞相，備員而已。

5285 薛澤 廣平侯歐之孫，孝文後三年嗣，[三] 景中三年，有罪，免。五年，復封，諡節。百官公卿表，元光四年五月，平棘侯薛澤爲丞相，即廣平侯歐之孫，改封平棘。申屠嘉傳，自嘉死後，薛澤等爲丞相，備員而已。

5286 弟澤 趙充國傳，封若零、弟澤二人爲帥衆王，以斬楊玉等來降功也。

5287 張澤 匈奴傳，高后令大謁者張澤報書云云。書甚可笑。

〔二〕「琅」，山西書局本作「郎」，據漢書改。
〔三〕「後」，山西書局本作「侯」，據漢書改。

卷二百七十三　西漢書姓名韻（十）　入聲　七陌

一八三

5288 呂澤〈恩澤表，周呂令武侯，以客從入漢，定三秦，將兵下碭，漢王敗彭城，往從之，漢六年封。高后追尊曰「悼武王」也。

5289 馮無擇 博成敬侯，以悼武王郎中從高祖起豐，攻雍，共擊項羽，力戰，奉悼武王出滎陽，侯。悼武王即呂澤也。

5290 馮無擇 樂平簡侯，以隊卒從起沛，屬皇訢，以郎擊陳餘，用衛尉侯。

5291 衛毋擇 奉世傳，亭之後，為秦將相云。

5292 柏直 魏豹將，高祖曰「乳臭」者。

5293 費直 儒林，易，費直，字長翁，東萊人也。治易為郎，至單父令。長於卦筮，亡章句，徒以彖、象、繫辭十篇、文言解上下經。

5294 中黃直 孝文二年，嗣齊王，諡文。哀王襄之子也。莽傳，哀章曰：「皇祖考皇帝時，中黃直為將，破殺蚩尤。」

5295 劉則 陪繆侯則，濟北貞王子，元朔二年封。

5296 劉則 攸輿侯則，長沙定王子，元朔二年封。太初元年，坐篡囚，棄市。

5297 劉則 參卿侯則，廣川惠王子。不得封年。坐酎金免。

5298 劉則 元延元年，鍾武節侯則紹封。同名五。

5299 蕭則 何孫，孝文五年紹封為武陽侯，二萬六千戶，有罪免。

5300 許則 嚴敬侯猜之孫，建元二年嗣，諡煬。

5302 郭則 河陵侯亭之曾孫，元光六年嗣，爲南侯，坐酎金免。

5303 韓則 弓高侯頹當之孫，元朔五年嗣，亡後。

5304 陸則 廼侯彊之子嗣，孝武後元年，坐咒詛，亡後。

5305 呂則 建成侯釋之之子，惠二年嗣。七年，有罪免。

5306 女弟則 梁孝王傳，清河王年爲太子時，與女弟則私通。及年立爲王後，則懷年子，其壻使勿舉。則曰：「自來殺之。」壻怒曰：「爲王生子，自令王家養之。」則送兒頃太后所。

5307 宮婢則 丙吉傳，掖庭宮婢則令民夫上書，自陳嘗有阿保之功。吉曰：「汝嘗坐養皇曾孫不謹督笞，汝安得有功？」詔免則爲庶人，賜錢十萬。

5308 項籍 有傳。藝文志，兵形勢家，有項王一篇。

5309 劉戚 元狩四年，葛魁侯戚嗣。元鼎二年，坐縛家吏恐猲受賕，[二]棄市。

5310 劉戚 五鳳元年，安陽安侯戚嗣。

5311 劉戚 始元五年，挾夷侯戚嗣。同名三。

5312 王狄 藝文志，有王狄一篇。

5313 司馬毋懌 遷傳，司馬昌生毋懌，爲漢市長。

5314 董赫 元紀，十四年，建成侯董赫爲將軍擊匈奴。匈奴傳作成侯董赤。

[一]「吏」，山西書局本作「奴」，據漢書改。

5315 賁赫 期思康侯，淮南王英布中大夫，告布反，侯，二千戶。賈捐之傳，謂楊興曰，前言期思侯可爲諸曹。師古曰：「當是赫之後，而表不載。」

5316 枚赫 衡山王賜傳，王使少男客枚赫、陳喜作輣車鍛矢，刻天子璽，將、相、軍吏印。

5317 莊青翟 景紀，元年，遣御史大夫莊青翟至代下，與匈奴和親。瓚曰：「此陶青也，紀誤。」元鼎二年，丞相莊青翟有罪下獄死。功臣表，武彊侯嚴不職之孫，文後二年嗣。四十七年，元鼎二年，坐爲丞相建御史大夫陽不直，與匈奴和親。師古曰：「以獄建之意，而不直也。」公卿表，元狩五年四月，太子少傅莊青翟爲丞相。元鼎二年三月，丞相青翟有罪，自殺。鼂錯傳，丞相莊青翟等奏錯罪，當要斬。

5318 李息 衛青傳，將軍李息皆有功，賜爵關内侯，詳青傳後。

5319 李息 給事黃門侍郎李息賦九篇。

5320 李息 汲黯爲淮陽太守，過大行李息，曰：「御史大夫湯專阿主意，好興事，舞文法，公爲九卿不早言之，公與之俱受其戮矣。」息畏湯終不敢言，湯敗上聞黯與息言抵息罪。衡山王賜傳，遣中尉安、大行息即問王。

5321 劉息 瓠節侯息，城陽頃王子，元鼎元年封。師古曰：瓠，即瓠字，又音孤。

5322 劉息 臨都侯息嗣，免。同名二。

5323 壯息 僭稱王，陳嬰討平之，見「嬰」下。

5324 蘇息 江陽康侯，以將軍擊吳、楚，用趙相侯。

5325 嚴不職 武彊嚴侯，以舍人從起沛公，至霸上，以騎將入漢，還擊羽，屬丞相甯，功侯。用將

5326 劉雲客　軍擊黥布,〔二〕侯。

5327 劉雲客　成鴻嘉二年,立中山憲王孫雲客爲廣德王。表作雲容。景十三王傳曰:「憲王弟孫,嗣元王爲楚王,諡夷,先封上邳侯。元王傳,浮丘伯在長安,元王使子郢客與申公俱卒業。

5328 劉郢客　嗣元王爲楚王,諡夷,是爲夷王。」

5329 郭勝客　土軍侯郢客,代共王子,元朔二年封,更爲鉅乘侯,酎金免。同名二。

5330 郭勝客　河陵侯亭之孫,景二年嗣,有罪免。本作「勝侯客」,疑倒。

5331 丙勝客　博陽侯吉之玄孫,嗣,莽敗,絕。

5332 丁吾客　樂成侯禮之孫,文後七年嗣,諡式。

5333 大農令客　元鼎四年,大農令客。無姓。

5334 蔡客　樊侯兼之子,文十五年嗣,諡康。

5335 田客　元后傳,曹宮乳掖庭牛官令舍,中黃門田客持詔記,盛綠綈方底云云。又見景十三王傳。

5336 劉赤　居攝元年,廣德王赤嗣,莽篡,貶爲公,廢。

5337 董赤　成侯漯之子,惠元年嗣,有罪免,戶五千六百。景中五年,復封節氏侯。

5338 董赤　百官公卿表,文十四年,內史董赤。同名二。

〔二〕「黥」,山西書局本作「黯」,據漢書改。

5339 孫赤堂陽哀侯，以中涓從起沛，以郎入漢，以將軍擊羽，爲惠侯。坐守滎陽降楚，免。復來，以郎擊羽，爲上黨守擊陳豨，侯，八百戶。

5340 合傅赤貫齊侯胡害之孫，文元年嗣，謚煬。

5341 閻澤赤敬市侯，以執盾初起從入漢，爲河上守，遷爲殷相，擊羽，侯，千戶，功比平定侯。

5342 矼跊芒侯，以門尉前元年初起碭，至灞上，爲定武君，入漢，還定三秦，爲都尉擊羽，功侯。

5343 劉黑歷簡侯，以趙衛將軍漢王三年從起盧奴，擊羽敖倉下，爲將軍攻臧荼有功，封千戶。

5344 劉黑劇魁夷侯，菑川懿王子，元朔元年封。

5345 劉益當陽侯益，廣陽思王王子，元朔元年封，八年免。

5346 其石陽河齊侯，以中謁者從入漢，以郎中騎從定諸侯，侯，五百戶。

5347 蘄石百官公卿表，太始四年，江都侯蘄石爲太常，坐爲謁問因故太僕敬聲亂尊卑，[二]免。功臣表無江都侯，亦無蘄姓者。汾陽侯靳彊曾孫有江鄒侯，元鼎五年，侯石封嗣，[三]太始四年，坐爲太常行幸離宮道橋苦惡，太僕敬聲繫以謁聞，赦免。按史記功臣表，元鼎五年，侯石坐爲太常，行太僕事，治蘠夫可年，益縱年，國除。以三條考之，當是江鄒，非江都，公卿表誤。而所坐之罪，表

〔二〕「囚」，山西書局本作「因」，據漢書改。

〔三〕「石」，山西書局本作「九」，據史記中華書局本改。

5348 朱雞石　陳勝傳，勝初立時，符離人朱雞石等特起，圍東海守于郯。項羽傳，梁使別將朱雞石與章邯戰於栗，朱雞石敗，亡走胡陵。梁引兵入薛，誅朱雞石。各異辭，疑以傳疑可也。

5349 鄧析　藝文志，名家，有鄧析二篇。師古曰：列子及孫卿並云子產殺鄧析。左氏定九年，駟歂殺鄧析。

5350 唐勒　藝文志，唐勒賦四篇。

5351 李克　藝文志，李克七篇，子夏弟子。

5352 世子碩　藝文志，世子碩二十一篇，[一]陳人，七十子之弟子。

5353 趙將夕　深澤齊侯，以趙將漢王三年降，屬淮陰侯，定趙、齊、楚，以擊平城，功侯，七百戶。

5354 公孫昔　禾成孝侯，以卒漢王五年初從，[二]以郎中擊代陳豨侯，千九百戶。

5355 田無嗇　五行志，哀建平四年，山陽方與女子田無嗇生子。先未生二月，兒啼腹中。及生，不舉，葬之陌上。三日，人過，聲嗁聞，母掘收養。

5356 革式　賁棗端侯之子，文二年紹封，諡康。

5357 卜式　食貨志，卜式數求入財助縣官。河南人，以田畜為事，上書輸家財半助邊，公孫弘以為不軌。後以錢二十萬與河南太守，助貧民，拜為中郎，賜爵左庶長。以郎牧羊上林，歲餘羊肥息。試治民，為緱氏令，緱氏便之。拜齊太傅，為相。呂嘉反，上書請行死

―――――

〔一〕「二十一篇」，山西書局本作「二十篇」，據漢書改。
〔二〕「從」，山西書局本作「起」，據漢書改。

5358 王式之，詔褒，賜爵關內侯，黃金四十斤，田十頃。既代石慶爲御史大夫。言罷鹽鐵船算，上不說，貶秩爲太子太傅，以壽終。

儒林傳，字翁思，東平新桃人，爲昌邑王師，繫獄當死，曰：「臣以三百篇諫，是以亡諫書云。」免死，歸家。後復徵至爲博士，江公辱，謝病歸。又薛廣德亦事式。

5359 司馬君力
5360 杜式
義縱部吏捕楊可使者，天子聞之，使杜式治，以縱爲廢格沮事，縱坐棄市。
杜欽傳，皇太后女弟司馬君力與欽兄子私通事上聞，欽戁懼乞去。蘇林曰：字君力，爲司馬氏婦。

5361 君力
5362 張釋
孝元王皇后傳，禁四女，又次君力，後莽白尊爲廣惠君。
寺人建陵侯，以大謁者勸王諸呂侯，八年四月封，九月免。周勃傳，喻少帝左右執戟者令去。

5363 陳釋
張耳使陳釋讓陳餘，餘使五千人令陳釋等先嘗秦軍，〔二〕皆沒。

5364 侯毋辟
天文志，河平三年，東郡莊平男子侯毋辟兄弟五人舉黨爲盜。

5365 韓毋辟
游俠傳，有梁人韓毋辟。又寘韻。劇孟傳。

5366 灌匿
潁陰侯嬰曾孫，元康四年，長安官首詔復家。

5367 保蘇匿
段會宗傳，康居太子保蘇匿率衆萬餘人欲降，衛司馬欲令皆自縛，保蘇匿怨望，舉衆亡去。

〔二〕「秦」，山西書局本作「奉」，據漢書改。

5368 姑莫匿 烏孫傳，安日使貴人姑莫匿等詐亡從日貳，刺殺之。都護廉褒賜姑莫匿等金、繒。〔二〕

5369 屠墨 陳湯傳，入康居界，令軍不得爲寇。間呼其貴人屠墨，諭以威信，與飲盟遣去。

5370 姑翼 常惠傳，惠責龜茲以前殺漢使狀。〔三〕王謝曰：「乃我先人時爲貴人姑翼所誤耳。」惠曰：「即縛姑翼來，吾置王。」王即殺姑翼諸惠，斬之。

5371 狂女碧 賴丹本臣屬吾」云云。王莽傳，建國元年，長安狂女碧呼道中曰：「高皇帝大怒，趣歸我國。不者，九月必殺汝！」莽收殺之。

5372 原碧 莽妻旁侍者原碧，莽幸之，子臨亦通焉，恐事泄，謀共殺莽。後莽得臨予莽妻書，收原碧考問，具服，使賜臨藥云云。

八緝

5373 王吸 清河定侯，高帝二年，遣將軍王吸出武關迎太公、呂后於沛。表，以中涓從起豐，至霸上，爲騎郎將，入漢，以將軍擊籍，侯，二千二百戶。

5374 田吸 田儋傳，灌嬰殺齊將田吸於千乘，遂平齊地。又見灌嬰傳。

5375 劉揖 文帝少子，爲梁王，墮馬死，諡懷，亡後。梁孝王武徙王梁也。

〔二〕「繒」，山西書局本作「贈」，據漢書改。
〔三〕「殺漢使狀」，山西書局本作「殺漢死壯」，據漢書改。

5376 王揖莽傳，莽自前殿南下椒除，西出白虎門，和新公王揖奉車待門外。[一]後衆兵上臺，揖死於漸臺上。

5377 王立成帝舅，五侯。紅陽荒侯，河平二年，以皇太后弟關內侯，三千一百戶。孫寶傳，立使客請南郡太守李尚云云。朱博傳，與王立善，立就國，博坐立黨友免。翟方進傳，立舉陳咸方正直言，方進奏咸依託云云，又因淳于長劾立狡猾不道云。淳于長傳，紅陽侯立獨不得爲大司馬，疑爲長毀譖，常怨長。及長賂遺立子融，融因爲長言，於是天子立次當輔政，有罪過，迫守之令自殺，諡曰荒侯。又曰：「初，紅陽侯就國南陽，與諸臣以罪過奏立就國，互見東韻王融下。元后傳，禁八男，六立，字子叔，封紅陽侯。王商死，立疑焉，就國。後莽顓威福，立妻子融，立因爲長言，紅陽侯立結恩，少子丹爲中山太守。」

5378 王立薛宣傳，池陽令舉廉吏獄掾王立，立妻獨受繫者錢萬六千，立實不知，慚恐自殺。宣移書池陽：「立誠廉士，其以府決曹掾書立之柩，以顯其魂，府掾史與立相知者，皆予送葬。」傳太傅輔奏：「立一日至十一犯法」云云。梁孝王八世孫，陽朔元年嗣王。元始三年，有罪，廢徙漢中，自殺。又見文三王傳，[三]皆迫使自殺。

5379 劉立成帝舅，五侯。紅陽荒侯，河平二年，以皇太后弟關內侯，三千一百戶。莽傳，窮治呂寬之獄，連及梁王立，皆迫使自殺。

[一]「待」，山西書局本作「侍」，據漢書改。
[二]「文三王傳」，山西書局本作「趙飛燕傳」，據漢書改。

5380 劉立 桃鄉侯立嗣，免。

5381 劉立 翟義傳，南陽都尉，宛令劉立，曲陽侯婚也。又著名，輕義年少，[二]義行縣至宛，[三]丞相史在傳舍。立持酒肴謁史，對飲未訖，義亦往，吏白，立語言自若，遂收立送鄧獄。立馳白曲陽侯，帝問方進，進敕義出宛令。後義舉兵，立上書願備軍吏為國討賊，內報私怨。莽擢立為陳留太守。同名三。

5382 韓立 陽朔三年，護西域騎都尉韓立子淵為執金吾，坐選舉不實，免。

5383 牂柯太守立 天文志，河平二年，牂柯太守立捕殺夜郎王歆。無姓。

5384 徐立 京房傳，房與張博計以鉤盾令徐立代中書令石顯。

5385 鄭立 鄭崇傳，弟立與高武侯傅喜善。

5386 任立 馮奉世傳，遣奉世將二千人騎，以將屯為名，典屬國任立為偏裨，屯白石。

5387 馮立 字聖卿，野王弟，通書，以父任為郎，遷五原太守，徙西河、上郡，與野代為太守，民歌之曰「大馮君小馮君」云云。

5388 史立 毋將隆傳，隆治中山太后獄，本謁者史立云云。立時為中太僕，徙合浦。互見去韻。

立 馮昭儀傳，更使中謁者令史立與丞相長史大鴻臚雜治馮太后獄，[三]立受傅太后指，幾

[一]「義」，山西書局本作「立」，據漢書改。
[二]「義」，山西書局本作「立」，據漢書改。
[三]「更使」，山西書局本作「更始」，據漢書改。

卷一百七十三　西漢書姓名韻（十）　入聲　八緝

一九三

5389 尹立 得封云云。互見「習」之下。後遷中太僕，哀帝崩，孔光奏立陷人大辟，徙合浦。

5390 陳立 尹賞長子，爲京兆尹，尚威嚴有治辦名。

西南夷傳，王鳳薦金城司馬陳立爲牂柯太守。立者，臨邛人。前爲連然長，不韋令，蠻夷畏之。至郎諭夜郎王興，不從命，後行縣召興，[三]興將數千人至亭，立數責，因斷頭。曉衆，皆釋兵降，後復擊平翁指等，爲巴郡太守。

5391 驪立 閩粵傳，餘善號將軍驪立等爲「吞漢將軍」，入白沙、武林、梅嶺，殺漢三校尉。

5392 劉邑 元鼎二年，陪侯邑嗣，酎金免。

5393 劉邑 平城釐侯邑，膠東頃王子，建始二年封。同名二。

5394 劉會邑 海昏侯劉會邑嗣，建武後封。

5395 王邑 成都侯商之子，況之弟，建平元年紹封。莽篡，爲隆信公，與莽俱死。樓護傳，邑父事護云云。翟義傳，莽以邑爲虎牙將軍。元后傳，上感楊宣之言，復封商中子邑爲成都侯。莽傳，以王邑爲腹心，二年十二月，王邑破翟義於圉。三年，又與王級等合擊趙明等。建國元年，步兵將軍成都侯王邑爲大司空，隆新公。又遣大司空王邑與平晏之雒陽相宅兆。[三]長平館西岸崩，遣王邑行視，還奏云云，匈奴滅亡之祥也。又見營築事中。世祖別攻潁川，下昆陽。莽愈恐，遣大司空邑與司徒尋發衆兵百萬，號曰「虎牙五威兵」。後使崔發諭邑，邑到，爲大司馬、大長秋。更始兵入城，王邑、王林、

[二]「後」，傅山全書初版本誤作「從」，據山西書局本改。
[三]「宅兆」，山西書局本作「兆宅」，據漢書改。

5396 高邑〔三〕 王巡，諡懝，分兵距擊北闕下，〔三〕父子戰死。

5397 朱邑 祝阿孝侯，以客從起蘄桑，以上隊將入漢，以將軍擊魏太原、井陘，屬淮陰侯，嚮度軍破羽，豨，侯，千八百戶。

循吏傳，字仲卿，廬江舒人也。少為桐鄉嗇夫，〔三〕遷補太守卒史，舉賢良為大司農丞，北海太守，人為大司農。神爵元年卒，元朔二年封。元鼎二年，坐使行人奉璧皮薦，賀元年不會，

5398 劉拾 建成侯拾，長沙定王子，死屬其子葬桐鄉。
免。

5399 陳拾 復陽侯胥之孫，景六年嗣，諡康。

5400 張拾 安丘侯說之玄孫，元狩元年嗣。元鼎四年，坐入上林謀盜鹿，又搏拾，〔四〕完為城旦。

師古曰：搏拾，謂搏擊掩襲人而奪其財物也。搏，或作博。拾，意錢之屬也。皆謂戲取人財物也。

5401 劉習 安平釐侯習，長沙孝王子，初元元年封。

5402 史習 平臺侯玄之孫，鴻嘉二年嗣。

5403 馮習 馮昭儀傳，史立治馮太后女弟習及寡弟婦君之等，死者數十人。習夫及子當相坐者或

〔三〕「闕」，山西書局本作「關」，據漢書改。
〔三〕「邑」，中華書局本作「色」。
〔三〕「桐鄉」，山西書局本作「相鄉」，據漢書改。下同。
〔四〕「搏」，山西書局本作「摶」，據漢書改。

5404 良人習　自殺云云。互見徐遂成下。

趙充國傳，欽尚敬武公主，無子。主教欽良人習詐有身，名它人子，是爲趙岑，嗣侯。習爲太夫人。岑父母求錢財無已，忿恨相告。岑坐非子，免。表曰：「長安女子王君俠子也。」

5405 公孫習　趙后傳，解光奏，有故成都、平阿侯家婢公孫習等。互見王業、羊子下。

5406 劉歆　上鄉侯歆，膠東頃王子，永光三年封。

5407 劉歆　信武肅侯，以中涓從起宛朐，入漢，以騎都尉[三]。

5408 王歆　莽傳，遣和親侯王歆誘須卜當至塞下，脅詣長安。又曰：「和親侯王歆者，王昭君兄子也。」

5409 王歆　匈奴傳，遣長水校尉王歆告匈奴不得受西域降。

5410 常翕　長羅侯惠之曾孫，河平四年嗣，亡後。

5411 李翕　邑鄉侯，以水衡都尉與王惲同功，侯，元始五年。

5412 劉級　新陽侯級嗣，免。

5413 成級　開陵侯娩之玄孫，元延元年紹封，千二百户，諡釐。

5414 燕級　宜城侯倉之玄孫，嗣。無年。

5415 王級　翟義傳，莽復拜衛尉王級爲虎賁將軍。莽傳，遣級將兵距翟義。又命明威侯王級曰：

〔二〕山西書局本以下缺。

〔三〕「和親侯」，山西書局本作「利親侯」，據漢書改。下同。

5416 陳級 陳遵傳，遵弟級爲荊州牧，俱過長安富人淮陽王外家左氏飮食作樂，司直陳崇劾之。「汝作五威前關將軍。」

5417 戴級 匈奴傳，莽遣副校尉戴級招誘呼韓邪諸子。又見莽傳。互見繭包下。

5418 劉伋 向傳，向之子，皆好學，長子伋以易教授，官至郡守。

5419 趙伋 充國傳，元始中，修功臣後，復封充國曾孫伋爲營平侯。

5420 苟伋 陳湯傳，皇后同母弟苟參之子，詳見前覃韻「參」下。

5421 蕭伋 望之傳，天子方倚爲丞相，會子散騎中郎伋上書訟望之前事，事下有司，有司復奏失大臣體，不敬云云。

5422 孔伋 鯉生伋。

5423 孫伋 光傳，莽傳，董忠以司中大贅起武侯孫伋亦主兵，復與伋謀。伋歸家，顏色變，不能食。妻怪問之，語其狀。妻以告弟雲陽陳邯，遂與邯俱告之。

5424 工師執 平悼侯喜之孫，文十六年嗣，景中五年坐匿死罪赦免，戶三千三百。

5425 秦執 彭侯同之子，文三年嗣，謚戴。

5426 張執 安丘侯說之孫，景三年嗣，謚敬。

5427 劉颯 城陽侯德之曾孫，居攝元年嗣。莽敗，絕。陳遵傳，又曰，遵與歸德侯劉颯俱使匈奴也。

5428 王颯 匈奴傳，莽篹，遣王颯等六人重遺單于。又曰，莽遣歙弟颯使匈奴，賀單于初立。又

為更始歸德侯使匈奴。[一]

九合

5429 甲　下瀨將軍，越人歸漢者也，元鼎五年下蒼梧。

5430 辛甲　藝文志，道家，[三]有辛甲二十九篇，紂臣，七十五諫而誅。

5431 孔甲　藝文志，雜家，孔甲盤盂二十六篇。

5432 蔡甲　藝文志，蔡甲賦一篇。

5433 徐甲　高五王傳，齊王次昌與紀翁主姦，齊有宦者徐甲入事漢皇太后，請使齊，必令王上書請修成君之女娥。

5434 駱甲　灌嬰傳，漢西攸將軍於滎陽，楚騎來衆，乃擇可爲騎將者，皆推故秦騎士重泉人李必、駱甲。

5435 田甲　韓安國傳，安國坐法抵罪，蒙獄吏田甲辱之，安國曰：「死灰獨不復然乎？」甲曰：「然卽溺之。」後拜安國爲梁內史，起徒中爲二千石。安國曰：[三]「甲不就官，我滅而宗」云云。

5436 田甲　張湯傳，始爲小吏，乾沒，與長安富賈田甲、魚翁叔之屬私交。又曰，田甲雖賈人，

[一]「更」，傅山全書初版本誤作「歸」，「歸」誤作「展」，據山西書局本改。
[二]「道家」，山西書局本作「通家」，據漢書改。
[三]「安國」，山西書局本作「甲」，據漢書改。

甲

5437 閩越王弟

有賢操。始湯爲小吏，與錢通，及爲大吏，淮南王安上書，臣聞閩越王弟弒而殺之，甲以誅死。廣韻，迎字，註：「漢書嚴助傳，閩越王弟甲所以責湯行義，有烈士之風。」[二]而甲所以責湯行義，有烈士之風。

十葉

5438 陳　涉
5439 劉　涉
5440 王　涉
5441 武　涉
5442 趙　涉
5443 金　涉

陳涉　高紀，秦二世元年秋七月，陳涉起蘄。有傳。

劉涉　樂陰侯涉嗣，免。

王涉　曲陽侯根之子，建平元年嗣。莽簒位，爲直道公，爲莽殺。又見莽傳。衞將軍王涉素養道士西門君惠，爲涉言：「星孛掃宮室，劉氏當復興」云云，互見惠韻。涉與大司馬董忠俱至國師殿中廬道語星宿，謀共劫持莽東降南陽天子云云，後爲孫伋、陳邯告之，與歆皆自殺。

武涉　項王使盱台人武涉往說信以三分之計，韓信傳。

趙涉　周亞夫傳，亞夫擊吳、楚，至霸上，趙涉遮說亞夫從此右去，走藍田，出武關，抵洛陽，間不過差三日，直入武庫，諸侯以爲從天而下也。使侍幸綠車，拜爲侍中，又曰涉明經儉節，諸儒稱之。

金涉　莽傳，侍中金涉金敞子，拜爲侍中，使侍幸綠車，又曰涉明經儉節，諸儒稱之。世名士，皆爲莽言。

[二]「吏」，山西書局本作「夫」，據漢書改。

5444 原涉　字巨先。游俠傳，爲申屠建殺之。〔一〕互見尹公、申屠建下。

5445 王接　元帝永光三年，大司馬車騎將軍王接薨。平昌侯無故之子，五鳳元年嗣，謚考。又見皇孫王夫人傳，孝元初元年爲衛尉，五年遷。永光三年爲大司馬車騎將軍，三年薨。馮奉世傳，夕姐反，王接議漠然，莫有應者。

5446 孔接〔二〕　霸次子，與弟列校尉諸曹。

5447 鄭業　哀建平三年，封太后同母弟鄭業爲陽信侯。表作陽新侯，千戶。元壽二年，坐非正，免。又見杜鄴傳，上書曰，陽信侯業，皆緣私君國，非功議所止。

5448 杜業　建平侯延年之孫，竟寧元年嗣，謚荒。鴻嘉元年爲太常，七年免。建平侯杜業爲太常，二年貶爲上黨都尉。去前鴻嘉元年，十七年矣。杜欽傳，子業嗣，有才能，不事權貴，與丞相翟方進、衛尉淳于長不平。後業坐法免，復爲函關都尉。王立與業書曰：「誠哀老姊垂白，隨無狀子出關，勿復用前事相侵。」淳于長既出關，伏罪復發，丞相史搜得立書，奏業聽請，不敬。

5449 師業　高樂侯丹之子，嗣。莽敗，絕。丹之子嗣。〔三〕丹，義陽侯。莽敗，絕。

5450 彭業　長平侯宣之孫，天鳳五年嗣。莽敗，絕。

5451 署長業　五行志，狂易男子王褒上前殿，招前殿署長業等。

〔一〕「建」，傅山全書初版本誤作「非」，據山西書局本改。
〔二〕「孔接」，中華書局本作「孔捷」。
〔三〕「之」，山西書局本作「乏」，據文意改。

5452 從事掾業	孝成趙后傳，解光奏：「臣遣從事掾業驗問知狀者。」
5453 王業	孝成趙后傳，解光奏及故成都平阿侯家婢王業等屬昭儀為私婢。成帝崩，昭儀自知罪惡大，知業故許氏、王氏婢，恐事泄云云。
5454 王業	趙后傳，解光奏及故成都平阿侯家婢王業等屬昭儀為私婢。
5455 張業	元后傳，解光劾奏王根推親近吏主簿張業以為尚書，蔽上壅下云云。
5456 丁業	匈奴傳，莽篡，後遣丁業等六人，重遣單于。
5457 蟲捷	「皆流民也。」乃市所賣梁肉，入視莽，曰：「居民食咸如此。」[二] 莽信之。
	曲成侯達之子，文元年嗣，戶九千三百。再免，再封。又見淮南厲王傳，吳、楚反時，將兵救淮南。
5458 女捷	莽侍者開明生女捷，封為睦逮任。
5459 王君俠	長安女子，見趙岑下。
5460 君俠	孝元王皇后傳，王禁長女君俠，後莽白尊太后姊妹，君俠，廣惠君。
5461 陳俠	儒林，詩，徐敖授九江陳俠，為莽講學大夫。
5462 宋晷	禮樂志，王禹弟子宋晷等上書言之，下大夫博士平當考試
5463 李晷	莽傳，郭興與庸部牧李晷擊蠻夷若豆等。

[二] 「居民」，山西書局本作「民居」，據漢書改。

5464 女曅 莽侍者增秩生女曅。〔三〕互見秩韻。封爲睦脩任。

5465 鄧曅 莽傳，析人鄧曅，于匡起兵南鄉百餘人，謂析宰曰：「劉帝已立，不知命也！」宰降，盡得其衆。曅自稱輔漢將軍。九虎至華陰回谿，距隘，鄧曅將二萬人從閺鄉南出棗街、作姑，破其一部，北出九虎後擊之。六虎敗走。互見于匡下。後與李松入長安，收王憲斬之。總詳王憲下。

5466 劉縒 松滋頃侯縒嗣。

5467 王攝 平州侯，以朝鮮將，漢兵至降，侯，千四百八十戶。元封元年封，亡後。又見朝鮮傳。

5468 王鄔 安陽侯音之孫，建國三年嗣。〔三〕更號和新公，與莽俱死。

5469 杜鄴 五行志，載杜鄴對行籌及祠西王母事。杜欽傳，茂陵杜鄴亦字子夏，欽爲小冠，遂謂鄴爲大冠杜子夏云。字子夏，本魏郡繁陽人，徙茂陵，母張敞女也。鄴與車騎將軍王音善，書遺音勸與商親密，由是兩人皆重鄴。又見元后傳。後因日食，上對，論外家昆弟寵勢之過。

5470 扈輒 彭越傳，帝讓梁王，梁王恐，欲自往謝，其將扈輒曰：「見讓而往，往即爲擒，不如遂發兵反。」梁王不聽，稱病。

5471 馮劫 奉世傳，亭之後馮劫等皆爲秦將相云。

〔二〕「侍者」，山西書局本作「使者」，據漢書改。
〔三〕「三」，山西書局本作「二」，據漢書改。

孺 1142_7	繒 2896_8	饒 8471_2
翼 1780_1		籍 8896_1
繆 2792_2	**十九畫**	鰓 2633_0
矯 8242_7	靡 0021_1	
	龐 0021_1	**二十一畫**
十八畫	離 0021_5	
	譚 0164_6	灌 3411_5
顏 0128_6	寵 3021_1	霸 1052_7
謹 0164_9	醯 1061_7	蘭 4422_7
謬 0762_2	麗 1121_2	囂 6666_8
醫 7760_1	藩 4416_9	屬 7722_7
聶 1014_1	難 4081_5	鐸 8614_1
豐 2210_8	懷 9003_2	續 2498_6
鼕 4480_1	羅 6091_5	
藉 4496_1	邊 3630_2	**二十二畫**
鵒 4782_7	關 7777_2	
鞠 4752_0	繡 2592_7	龔 0180_1
騎 7432_1		酇 1722_7
顓 2128_6	**二十畫**	囊 5073_2
蟲 5013_6		穰 2093_2
蟜 5212_7	議 0865_3	鬻 1722_7
蟬 5615_6	護 0464_7	
黿 6071_7	寶 3080_6	**二十三畫**
題 6180_8	驥 7732_7	
儲 2426_0	醴 1561_8	欒 2290_4
魏 2641_3	藺 4422_7	齮 2472_1
歸 2712_7	蘇 4439_4	顯 6138_6
獵 4221_2	蘄 4252_1	
闔 7710_8	攘 5003_2	**二十四畫**
闕 7748_2	嚴 6624_8	讓 0063_2
織 2395_0	鶿 6772_7	鬭 7712_1
		靈 1010_8
		鑪 8111_7

附：西漢書姓名韻索引

張靜 編

編者案：本索引以四角號碼檢字法排列，以人名第一字為準。人名前面的兩位數字是人名第二字四角號的前兩位。人名後面的數字是西漢書姓名韻的卷數/人名編號。最後附有筆畫索引。

00104 主

20	主爵都尉不疑	1/375
	主爵都尉奴	1/723
80	主父偃	6/3472

00108 立

	立（牂柯太守立）	
		10/5383

00127 病

17	病已	5/2882

00184 疾

	疾（中大夫疾）	
		9/4994

00211 龐

40	龐眞	2/1166
92	龐恬	4/2861
	龐煖	5/3411

麛

00	麛忘	3/2156
90	麛當兒	1/451

00213 充

	充（內史充）	1/159
34	充漢	7/4387
37	充郎	3/2154
60	充國（衛尉充國）	
		10/5228
	充國（少府充國）	
		10/5229

00215 產

	產（少府產）	5/3427
	產（籍若侯產）	
		5/3428

雍

00	雍章	3/1767
21	雍齒	5/2993
22	雍樂成	4/2331
41	雍桓	2/1241
67	雍野	6/3540
81	雍鉅鹿	9/4928

離

77	離留	4/2662

00217 嬴

80	嬴公	1/32

00221 廝

80	廝養卒	9/5003

00222 廖

	廖（豫章太守廖）	
		3/1518

00223 齊

00	齊市人	2/965
	齊應	8/4780
10	齊王將閭	1/605

1

12 齊延居	1/584	47 高起	5/3006	0023_2	康	
齊孫子	5/2903	53 高成	4/2289			
齊孫氏	5/3128	60 高昌	3/1742	康（奴康）	3/1965	
20 齊受	6/3736	高邑	10/5396	0023_7	廉	
30 齊安德	10/5202	67 高暉	2/851			
60 齊昌	3/1716	74 高陵君顯	6/3445	00 廉褒	3/1565	
72 齊后氏	5/3127	80 高公子	5/2934	77 廉丹	2/1266	
		90 高堂生	4/2368			
0022_7 方		高尚	8/4567	0024_0	廚	
方（右大且方）				60 廚唯姑夕王富	8/4818	
	3/2030	商		0024_1	庭	
07 方望	8/4631	17 商子	5/2972			
77 方與公（趙人方與		66 商瞿	1/667	44 庭林表（長信庭林		
公）	1/53	72 商丘城	4/2466	表）	6/3499	
90 方賞	6/3606	商丘成	4/2317	0024_2	底	
高		育		底（奚涓母底）		
高（中尉高）	3/1542	育（廷尉育）	9/4920		5/3161	
00 高康	3/1966	旁		0024_7	夜	
10 高不識	10/5281					
12 高弘	4/2402	22 旁種（彡姐旁種）		37 夜郎王歆	4/2728	
13 高武侯鰓	2/786		5/2879	夜郎王興	4/2512	
25 高肆	7/3998	庸		慶		
27 高句驪侯騶	4/2677					
30 高家	3/1674	25 庸生（膠東庸生）		53 慶咸	4/2835	
34 高袪	1/650		4/2392	80 慶普（高堂生弟子）		
37 高祖邦	3/1687				5/3338	
高祖呂后	6/3755	0023_1 應		80 慶普（東平太傅）		
38 高遂	7/4197	00 應疕	5/3072		5/3339	
46 高相	8/4624	應高	3/1535			

0026₇ 唐

00 唐廣意	7/3852
22 唐山夫人	2/938
25 唐生	4/2358
41 唐姬	1/467
44 唐蒙	1/283
唐勒	10/5351
唐林	4/2735
47 唐朝	3/1493
唐都	1/677
60 唐昌	3/1747
71 唐厲	7/4021
唐長賓	2/1175
77 唐兜（去胡來王唐兜）	4/2672
唐賢	3/1336
80 唐尊（斥丘侯厲之曾孫）	2/1001
唐尊（太傅）	2/1002

0028₆ 廣

廣（右扶風廣）	6/3558
00 廣意（執金吾廣意）	7/3855
廣意（中尉廣意）	7/3857
08 廣施君	2/893
13 廣武君	2/900
22 廣川相疆	3/1901
34 廣漢鉗子	5/2937
50 廣惠君	2/892
60 廣恩君	2/891

0029₄ 麻

53 麻戊	8/4809
90 麻光	3/1846

0033₆ 意

意（廷尉意）	7/3860
意（中大夫意）	7/3864

0040₀ 文

00 文帝恆	4/2158
17 文君	2/883
文子	5/2961
20 文信	7/4263
27 文解	5/3368
50 文忠	1/109
80 文翁	1/181

0040₁ 辛

00 辛慶忌	7/3943
13 辛武賢	3/1344
26 辛伯	10/5267
36 辛湯	3/1959
37 辛次兄	4/2562
辛通	1/78
38 辛尊	2/1150
41 辛垣平	4/2165
44 辛茂	8/4813
60 辛甲	10/5430
77 辛興	4/2503
78 辛臨衆	7/3828
90 辛當	3/1990

0040₄ 妄

80 妄人（王嫗妄人）	2/979

0040₆ 章

章（侍郎章）	3/1774
章（大謁者章）	3/1776
07 章贛	7/3836
10 章平	4/2166
31 章渠	1/596
47 章邯	4/2762
77 章尼	1/504

0061₅ 誰

46 誰如	1/566

0063₂ 讓

讓（左馮翊讓）	8/4605
讓（右扶風讓）	8/4606

3

讓（侍中水衡都尉讓） 8/4607	京房（大中大夫） 3/2058	38 龔遂 7/4198
讓（列侯讓） 8/4610	32 京兆尹建 8/4439	40 龔奮 7/4351
	京兆尹彭祖 5/3291	龔奢 3/1684
0071_0 亡	京兆尹成 4/2324	43 龔博 9/5106
34 亡波 3/1615		79 龔勝 8/4674
	0121_1 龍	80 龔舍 8/4552
0073_2 褒	24 龍德 10/5182	0292_1 新
褒（光祿大夫） 3/1556	77 龍且 1/578	43 新城三老 6/3520
褒（大司馬護軍褒） 3/1567	0128_6 顏	0391_4 就
	30 顏安樂 9/5086	77 就屠 1/773
哀	60 顏異 7/3994	
00 哀帝名欣 2/859	72 顏氏 5/3111	0460_0 謝
00 哀章 3/1780	0164_6 譚	17 謝君男 4/2842
		27 謝多 3/1605
襄	譚（太僕譚） 4/2798	謝殷 2/930
襄（棘丘侯襄） 3/2015	譚（太守譚） 4/2799	38 謝游 4/2584
襄（執盾襄） 3/2016	譚（蓋主孫譚） 4/2801	40 謝堯 3/1471
11 襄彊 3/1917	譚（尚書令譚） 4/2802	66 謝囂 3/1500
		0464_7 護
0090_4 棄	0164_9 諄	10 護於 1/645
棄（涉都侯父棄） 7/4031	50 諄毒冠支 1/410	0466_0 諸
	諄毒尼 1/502	44 諸葛豐 1/203
0090_6 京	0180_1 龔	60 諸邑公主 5/3164
30 京房（魏郡太守） 3/2057	龔（議郎龔） 1/298	0569_6 諫
	24 龔德 10/5183	40 諫大夫理 5/3150

諫大夫林	4/2729	40 郭吉	9/4983	0762_0 調	
0662_7 謁		44 郭蒙	1/281		
		郭萌	4/2533	調（令史調）	3/1482
謁（東平王后謁）		50 郭忠	1/94	60 調雖	2/850
	9/5068	53 郭成	4/2297	0762_2 謬	
謁（平安夫人謁）		60 郭昌（將軍）	3/1706		
	9/5069	郭昌（長安令）		17 謬忌	7/3948
44 謁者千秋	4/2601		3/1707	0768_2 歆	
謁者吉	9/4982	62 郭則	10/5302		
謁者令宣	3/1421	66 郭賜	7/3961	歆（夜郎王歆）	
謁者令肩	3/1467	67 郭昭君	2/904		4/2728
71 謁臣	2/866	71 郭長	3/1863	0821_2 施	
0742_7 郭		77 郭同	1/245		
		郭居	1/587	施（公主施）	1/490
00 郭亭	4/2544	郭歐	4/2606	20 施讎	4/2666
郭廣意（執金吾）		郭興	4/2507	77 施屠渾都	1/691
	7/3853	郭賢	3/1335	0823_2 旅	
郭廣意（燕王旦傳）		79 郭勝客	10/5330		
	7/3854	80 郭翁中	7/3804	00 旅高	3/1533
郭廣漢	7/4370	郭每	5/3374	20 旅信	7/4268
12 郭延	3/1398	郭舍人	2/977	37 旅通	1/70
郭延居	1/582	87 郭欽（丞相司直）		60 旅罷師	1/405
20 郭舜（都獲）	7/4301		4/2696	66 旅賜	7/3964
郭舜（漆令）	7/4302	郭欽（校尉）	4/2697	77 旅卿	4/2239
郭穰	3/2041	郭欽（三虎之一）		90 旅光	3/1835
27 郭解	5/3370		4/2698	旅黨	6/3613
28 郭徵卿	4/2224	90 郭賞（成安侯）		0823_3 於	
郭縱	1/267		6/3595		
30 郭它	3/1594	郭賞（郭賜之兄）		66 於單	2/1234
31 郭遷	3/1378		6/3596	74 於陵欽	4/2695

0824_0 放

放（安成恭侯夫人放） 8/4590
放（夫人放） 8/4591
放（假佐放） 8/4600

0861_6 說

說（臣說） 9/5061

0864_0 許

00 許瘛 7/3992
許商（長安人） 3/1882
許商（光祿勳） 3/1883
許商（大司農） 3/1884
許廣 6/3565
許廣宗 1/120
許廣漢 7/4363
許章（侍中） 3/1762
許章（齊守相） 3/1763
許章（諸葛豐傳） 3/1764
12 許延壽 6/3696
15 許建 8/4434
20 許舜 7/4305
22 許任壽 6/3711

24 許紺 8/4846
25 許生（魯許生） 4/2376
許仲 7/3795
許仲孫 2/1051
26 許皇后（孝宣許皇后） 6/3765
許皇后（孝成許皇后） 6/3770
27 許修 4/2621
許負 6/3677
30 許安如 1/560
31 許福 9/4894
許逜 5/3372
36 許況 8/4581
許湯 3/1955
37 許祿 9/4857
40 許九 6/3742
許嬿 1/489
許嘉 3/1623
許去疾 9/4990
44 許恭 1/190
45 許猜 2/792
47 許報子 5/2890
48 許敬 8/4649
50 許貴人 2/976
60 許旦 7/4403
許晏 7/4413
許昌 3/1713
許則 10/5301

72 許縣聾丞 4/2462
77 許周 4/2611
許留 4/2660
80 許並 8/4747
許益 8/4616
許美人 2/971
90 許常 3/2097
許黨 6/3615
94 許恢 2/813
98 許敞 6/3583

0865_3 議

37 議郎龔 1/298

1000_0 一

00 一主簿 7/4120

1010_1 正

24 正先 3/1433
26 正伯僑 3/1511
50 正夫 1/726
77 正閎 4/2425

1010_2 工

21 工師喜 5/3057
工師執 10/5424
工師奴 1/716

1010_4 王

00 王立（紅陽荒侯） 10/5377

王立（池陽令） 10/5378	王襄（太僕） 3/2005	王孫大卿 4/2236
王充 1/158	王襄（魏將） 3/2006	13 王武（樂昌共侯） 5/3274
王競 8/4766	王襄（益州刺史） 3/2007	王武（反於外黃者） 5/3275
王商（樂昌侯王武之子） 3/1877	王亥 7/4176	王強 3/1921
王商（成紀） 3/1878	王棄之 1/354	14 王璜 3/1999
王商（大司馬衛將軍） 3/1879	01 王譚（宜春侯訢之子） 4/2785	15 王融 1/279
王商（黃門書者假史） 3/1880	王譚（平阿安） 4/2786	王建 8/4440
王市臣 2/871	王龔 1/296	17 王孟（符離人） 8/4803
王廣 6/3559	02 王訢 2/1030	王孟（籃田人） 8/4804
王廣漢 7/4371	05 王諫 7/4418	王忌 7/3947
王章（京兆尹） 3/1759	07 王望（掾） 8/4629	王尋 4/2756
王章（宜春侯） 3/1760	王望（侍中） 8/4630	王子方 3/2028
王章（安平侯舜之子） 3/1761	王颯 10/5428	王子帶 7/4170
王章女 5/3236	08 王訢 4/2580	王飛君 2/908
王章妻 1/536	10 王不害 7/4143	王君房 3/2061
王離 1/521	王平 4/2168	王君俠 10/5459
王音 4/2719	王弄弓 1/254	20 王伉 3/2085
王玄 3/1369	王更得 10/5153	王舜（安平夷侯） 7/4293
王褒（諫大夫） 3/1563	11 王彊 3/1911	王舜（侍中） 7/4294
王褒（鄭通里男子） 3/1564	王孺 7/4070	王舜（中郎將） 7/4295
王襄（陵玄孫） 3/2004	12 王弘 4/2412	王舜（安陽侯） 7/4296
	王延 3/1401	王舜（太僕） 7/4297
	王延世 7/3911	王舜（車騎將軍） 7/4298
	王孫 2/1049	
	王孫慶 8/4703	
	王孫子 5/2900	
	王孫皓星公 1/33	

7

王舜（太僕） 7/4299	王臧（太常） 3/2037	王觸龍 1/214
王舜（中黃門） 7/4300	王臧（光祿大夫） 3/2038	王吳 1/755
王信 7/4273	王然于 1/633	27 王烏 1/777
王千 3/1437	24 王先生 4/2381	王忽 9/5019
王受 6/3737	王偉 5/3375	王旬 2/1183
王禹（大司農） 5/3202	王墻 3/1924	王級 10/5415
王禹（常山人） 5/3204	王勳（邛成侯之孫） 2/1114	30 王永 6/3645
	王勳（水衡都尉） 2/1115	王憲 8/4466
21 王仁 2/1023	25 王生（張釋之傅） 4/2353	王宇 5/3222
王能 4/2553	王生（太子庶子） 4/2354	王安（濟北王） 2/1192
王行 4/2520	王生（水衡丞） 4/2355	王安（襃新侯） 2/1193
王術 9/5001	王仲 7/3798	王安（樂昌侯王武之孫） 2/1194
王衛尉 7/4202	王仲翁 1/182	王安（光祿勳） 2/1195
王虞人 2/970	26 王皇后（孝景王皇后） 6/3761	王安樂 9/5085
22 王岑 4/2746	王皇后（孝宣王皇后） 6/3767	王定（安國侯陵之玄孫） 8/4730
王山壽 6/3712	王皇后（孝元王皇后） 6/3768	王定（信成侯） 8/4731
王崇（安成侯） 1/130	王皇后（孝平王皇后） 6/3773	王定（河間王內史丞） 8/4732
王崇（新甫侯） 1/131	王伯（元帝皇后曾祖父） 10/5257	王定國 10/5236
王崇（扶平侯） 1/132	王伯（京兆尹） 10/5258	王宗 1/129
王利 7/4020		31 王涉 10/5440
23 王參（中常侍珍） 4/2783		王福（杜衍侯賣之子） 9/4895
王偏 3/1466		王福（懷羌子） 9/4896
王俊 7/4342		
王臧（郎中令） 3/2036		

王遷 3/1380	王吉（字子陽） 9/4974	王萌（平狄將軍） 4/2540
王迺始 5/3017	王吉（臨邛令） 9/4975	王萌（中朗將） 4/2541
32 王淵 3/1439	王吉（重泉人） 9/4976	王世 7/3927
王弘 4/2419	王吉（功成公） 9/4977	王黃 3/1995
王巡 2/1184	王喜 5/3050	王禁 8/4838
王業（平阿侯家婢） 10/5453	王奇 1/395	王橫 4/2213
王業（中黃門） 10/5454	王壽（丞相少史） 6/3679	王林 4/2736
34 王漢 7/4389	王壽（功明公） 6/3680	王林卿 4/2235
36 王況（成都侯） 8/4574	王去疾 9/4991	46 王媼（高帝紀） 6/3502
王況（震威將軍） 8/4575	王眞粘 4/2863	王媼（博平君） 6/3503
王況（莽傳） 8/4576	王柱 7/4053	王賀（護軍射師） 8/4509
王況（卜者） 8/4577	41 王嫗妄人 2/979	王賀（翁孺） 8/4510
王温舒 1/567	43 王式 10/5358	王楊 3/1944
37 王逢時 1/366	王始昌 3/1726	47 王朝 3/1495
38 王游公 1/57	44 王地餘 1/551	王嬽 8/4769
王遂 7/4195	王翕 7/4058	王邯 4/2766
王遵 2/1149	王獲（平昌侯） 9/5113	王超 3/1523
40 王大 7/4136	王獲（莽中子） 9/5114	王根 2/1082
王妨 3/2034	王莫 9/5126	王狄 10/5312
王嘉（新甫侯） 3/1619	王莽（稚叔） 6/3618	49 王狄子 5/2906
王嘉（公仲） 3/1620	王莽（新都侯） 6/3619	50 王夫子（劉越之母） 2/947
王嘉（尉睦侯） 3/1621		王夫人（衛青傳） 2/948
王嘉（京兆尹） 3/1622		王夫人（劉閎之母） 2/949

王夫人（趙王夫人） 2/950	王扶（蓋屋人） 1/761	王匡（襃新侯） 3/2075
王接 10/5445	56 王揖 10/5376	王匡（開東方諸食者） 3/2076
王忠（御史中丞） 1/109	60 王置 7/3982	王匡（太師） 3/2077
王忠（副光祿大夫） 1/108	王罷軍 2/1124	王匡（下江兵首領） 3/2078
王奉世 7/3909	王思 1/424	
王奉光 3/1840	王晏 7/4412	王匡（功建公） 3/2079
王中 7/3803	王曼 2/1236	72 王后（代王王后） 6/3759
王中黃 3/1994	王曼 7/4390	
王申生 4/2374	王圍 2/838	王氏（衛尉珎） 5/3080
王史氏 5/3129	王昌（景嚴侯王競之玄孫） 3/1709	王氏 5/3123
51 王攝 10/5468	王昌（雁門太守） 3/1712	73 王駿（司隷校尉） 7/4333
52 王援訾 1/437	王昌（右扶風） 3/1711	王駿（關內侯） 7/4334
53 王輔 5/3320	王昌（中堅將軍） 3/1712	王駿（執金吾） 7/4335
王盛 8/4807	王邑 10/5395	王駿（明義侯） 7/4336
王成 4/2276	王黽 3/1522	
王咸（宜春侯之子） 4/2818	王買 5/3364	王駿（奮武將軍） 7/4337
王咸（右將軍） 4/2819	王買之 1/348	74 王陵（安國武侯） 4/2160
王咸（博士弟子） 4/2820	61 王旰 1/649	
王咸（五威將） 4/2821	64 王睦 9/4954	王陵（襄侯） 4/2161
王咸（護軍） 4/2822	王唊 10/5467	76 王陽（王吉） 3/1934
54 王持弓 1/255	67 王吸 10/5373	王防（琅邪人） 3/1935
55 王扶（琅邪人） 1/760	王昭平 4/2201	
	王郢人 2/969	
	70 王辟方 3/2026	
	71 王阿 3/1613	

77	王堅固	7/4107	王尊（杜欽傳）		1010_7	五
	王醫	7/3902		2/1003		
	王隆	1/227	王尊（子貢）	2/1004	00 五鹿充宗	1/122
	王鳳（陽平侯）		王美人	2/974		1010_8 靈
		7/3805	王舍	8/4548		
	王鳳（薛宣傳）		王公壽	6/3713	44 靈橫	4/2211
		7/3806	王公明	4/2495	46 靈賀	8/4506
	王同	1/242	87 王欽	4/2703	79 靈勝	8/4662
	王閎	4/2430	王歙（和親侯）		90 靈常	3/2094
	王閎（常侍王閎）			10/5408		巫
		4/2431	王歙（長水校尉）			
	王丹（中山大守）			10/5409	23 巫傳恭	1/191
		2/1263	王朔	9/5130	72 巫劉吾	1/743
	王丹（輔國侯）		90 王光	3/1857	86 巫錦	6/3780
		2/1264	王常	3/2106		豆
	王卿（御史大夫）		王黨	6/3617		
		4/2237	王當	3/1985	46 豆如意	7/3850
	王卿（朱博傳）		王賞（右扶風）			1011_3 疏
		4/2238		6/3597		
	王興（衛將軍）		王賞（少府）	6/3598	00 疏廣	6/3563
		4/2508	92 王恬	4/2859	20 疏受	6/3738
	王興（功修公）		王恬啓	5/3141		1014_1 聶
		4/2509	94 王恢（大行）	2/799		
78	王臨（平昌侯）		王恢（漢使）	2/800	40 聶壹	9/5007
		4/2712	96 王悍	7/4393		1020_0 丁
	王臨（太常）	4/2713	97 王惲（太僕）	5/3384		
	王臨（賞都侯）		王惲（長樂衛尉）		00 丁疾	9/4995
		4/2714		5/3385	丁廣世	7/3921
80	王翁須	1/622	王輝	2/852	丁玄	3/1370
	王無故	7/4113	98 王敞	6/3582	07 丁望	8/4625

11

10 丁吾客	10/5332	丁義（樂成侯禮之曾孫）	7/3885	丙禹	5/3203
17 丁子	5/2987			丙禹	5/3207
20 丁孚	1/784	丁公（齊人）	1/28	24 丙齮	5/2997
丁禹	5/3205	丁公（羽將）	1/29	26 丙得	10/5150
23 丁外人	2/956			40 丙內	7/4239
26 丁吳	1/753	## 1021₁ 元		丙吉	9/4978
28 丁復	9/4933	43 元城建公	1/30	丙吉馭吏	7/4050
30 丁宣	3/1423	50 元貴靡	1/480	45 丙猜	2/791
丁寧	8/4767	90 元尚	8/4565	60 丙昌	3/1717
丁寬	2/1222			61 丙顯	6/3443
丁安成	4/2312	## 1021₅ 霍		72 丙氏	5/3099
丁憲	8/4462	10 霍雲	2/1067	79 丙勝客	10/5331
32 丁業	10/5456	20 霍禹	5/3189	80 丙並	8/4748
34 丁滿	5/3408	22 霍山	2/1256		
35 丁禮	5/3145	25 霍仲孺	7/4061	## 鬲	
37 丁通	1/68	28 霍徵史	5/3028	17 鬲子	5/2949
41 丁姬	1/470	37 霍鴻	1/322		
45 丁姓	8/4797	40 霍嬗	8/4454	## 1024₇ 夏	
50 丁夫人	2/942	霍去病	8/4704	08 夏說	9/5063
丁忠	1/87	61 霍顯	6/3438	27 夏侯建	8/4445
60 丁固	7/4108	72 霍后（孝宣霍后）		夏侯信	7/4264
66 丁賜	7/3956		6/3766	夏侯千秋	4/2600
67 丁明	4/2477	76 霍陽	3/1937	夏侯寬	2/1220
丁野林	4/2738	90 霍光	3/1817	夏侯竈	8/4482
71 丁馬從	1/317			夏侯定國	10/5239
77 丁隆	1/226	## 1022₇ 丙		夏侯堯	3/1475
80 丁令	4/2566	00 丙高	3/1536	夏侯頗	6/3528
丁年	3/1314	11 丙彊	3/1916	夏侯始昌	3/1727
丁義（宣曲齊侯）		13 丙武	5/3263	夏侯藩	2/1269
	7/3884	20 丙信	7/4267	夏侯藩	2/1271

1030_2—1060_2　零焉惡于平弄更霸西吾雷石

夏侯都尉	7/4206	
夏侯敬	8/4651	
夏侯嬰	4/2274	
夏侯賜	7/3966	
夏侯勝	8/4676	
夏侯兼	4/2848	
夏侯常	3/2101	
夏侯賞	6/3610	
30 夏寬	2/1224	
44 夏蘭	2/1228	
46 夏賀良	3/1811	
60 夏國	10/5251	
94 夏恢	2/817	

1030_2　零

74 零陵令信　7/4281

1032_7　焉

焉（字聿焉）　3/1442

1033_1　惡

惡（少府惡）　9/5119

1040_0　于

17 于己衍	6/3480
30 于永	6/3638
于客子	5/2896
于定國	10/5238
37 于軍	2/1129
71 于匡	3/2081

于長	3/1868
80 于公	1/51
92 于恬	4/2857

1040_9　平

平（執金吾平）	4/2190
平（博士平）	4/2191
平（燕相平）	4/2200
平（南粵御史平）	4/2203
17 平君	2/882
30 平憲	8/4463
平安夫人謁	9/5069
47 平都令光	3/1848
平都公主	5/3183
60 平晏	7/4411
71 平原君	2/901
平原君臧兒	1/447
74 平陵如氏	5/3093
76 平陽隆盧公主	5/3176
平陽公主（子豪之女）	5/3171
平陽公主（景帝之女）	5/3172

1044_1　弄

77 弄兒（太後旁弄兒）　1/445

1050_6　更

43 更始　5/3027

1052_7　霸

霸（中尉霸）	8/4534
霸（廷尉霸）	8/4535
霸（博士臣霸）	8/4537
74 霸陵尉	7/4203

1060_4　西

00 西高	3/1540
37 西祁王	3/2127
38 西道諸杜	5/3359
77 西門君惠	7/4217
西門豹	8/4477

1060_1　吾

72 吾丘遵	2/1154
吾丘壽王	3/2112

雷

34 雷被　7/3999

1060_2　石

00 石慶（丞相）	8/4692
石慶（內史）	8/4693
07 石翖	5/3226
10 石夏	8/4542

13

15 石建 8/4442		
20 石季 7/4039	## 云	## 貢
23 石偏 8/4457	98 云敞 6/3584	20 貢禹（魏相傳） 5/3190
24 石德（少府） 10/5177	1080₄ 天	貢禹（御史大夫） 5/3191
石德（武五子傳） 10/5178	17 天乙 9/5017	
石德（太常） 10/5179	44 天老 6/3519	1090₀ 不
30 石良 3/1805	1080₆ 賈	27 不疑（主爵都尉不疑） 1/375
40 石奮（萬石君） 7/4353	00 賈充 1/160	30 不害（守衛尉不害） 7/4148
石奮（大中大夫） 7/4354	賈讓 8/4609	
	03 賈誼 7/3988	1090₄ 栗
50 石申夫 1/732	04 賈護 7/4093	15 栗融 1/278
61 石顯 6/3442	12 賈延 3/1399	22 栗豐 1/206
	17 賈子光 3/1856	41 栗姬 1/469
## 百	22 賈山 2/1255	72 栗氏（韋家栗氏） 5/3091
	34 賈祛 1/653	77 栗卿 4/2242
18 百政 8/4788	40 賈嘉 3/1661	
1061₇ 醓	賈壽 6/3678	1111₁ 非
01 醓諸屠奴侯 4/2657	41 賈姬 1/464	07 非調 3/1481
44 醓檀王 3/2146	44 賈萬 5/3245	
	賈萌 4/2539	1111₄ 班
1062₀ 可	50 賈夫人 2/946	08 班斿 4/2582
可（司馬可） 6/3530	賈惠 7/4213	11 班孺 7/4073
	56 賈捐之 1/350	22 班彪 4/2644
1073₁ 雲	71 賈長兒 1/446	26 班伯 10/5271
雲（衛尉雲） 2/1078	72 賈氏 5/3098	27 班穉 7/4016
50 雲中守遫 9/4942	79 賈勝胡 1/705	

36	班況	8/4587		1121_2 酈		05 張竦	5/2881
40	班壹	9/5008				08 張放	8/4596
45	班婕妤（孝成班婕妤）	1/615	00	酈疥	7/4166	張說	9/5027
				1121_6 彊		張說	9/5059
60	班回	2/832		彊（大中大夫彊）		10 張耳	5/2999
	班固	7/4109			3/1898	張不疑	1/373
67	班嗣	7/3984		彊（左馮翊彊）		張平（鹵嚴侯）	
71	班長	3/1869			3/1899		4/2185
	1111_7 甄			彊（右扶風彊）		張平（張良之父）	
					3/1900		4/2186
17	甄尋	4/2757		彊（廣川相彊）		張霸（散騎中郎將）	
20	甄舜	7/4307			3/1901		8/4530
22	甄豐	1/198				張霸（東萊人）	
27	甄阜	6/3750		1123_2 張			8/4531
47	甄邯	4/2765		張（水衡都尉張）		張霸（南郡人）	
71	甄匡	3/2080			3/2083		8/4532
80	甄尊	2/1000	00	張充	1/162	11 張彊	3/1914
	1118_6 項			張慶忌	7/3936	張孺（李尋傳）	
25	項生	4/2360		張廣孫	2/1042		7/4071
26	項伯	10/5253		張廣國	10/5243	張孺（上谷太守）	
30	項它	3/1599		張廣昌	3/1724		7/4072
33	項梁	3/1789		張章	3/1769	12 張延壽（陽都侯）	
37	項冠	2/1240		張棄	7/4030		6/3700
44	項莊	3/2019	01	張譚（京兆尹）		張延壽（太僕）	
	項燕	3/1462			4/2794		6/3701
88	項籍	10/5308		張譚（御史大夫）		張延年	3/1279
96	項悍	7/4394			4/2795	13 張武（將軍）	5/3258
	頭		02	張新	2/1145	張武（梁相）	5/3259
						14 張璜	3/1998
60	頭曼	2/1237	03	張就	8/4827	15 張建	8/4436

15

17 張孟	8/4801	張仲（張釋之傳）		36 張湯	3/1956
張羽	5/3234		7/3793	張澤	10/5287
張魚	1/671	張純	2/1103	37 張次公	1/16
張子	5/2981	26 張釋	10/5362	38 張游卿	4/2232
張子僑（作賦三篇）		張釋之	1/345	張遂	7/4190
	3/1512	張釋卿	4/2222	張遵	2/1156
張子僑（大中大夫）		27 張修	4/2623	40 張嘉	3/1652
	3/1513	張佟	5/3064	張吉	9/4986
20 張壬	4/2751	張殷	2/929	張壽王	3/2109
張舜	7/4303	張負	6/3676	42 張彭祖	5/3284
張千秋（留侯六世孫）		張叔	9/4870	43 張博	9/5101
	4/2591	張紹	3/1527	張越	9/5048
張千秋（中郎將）		30 張宣	3/1411	張越人	2/967
	4/2592	張永	6/3644	44 張蓋宗	1/119
張受	6/3735	張騫	3/1434	張蒼	3/1973
張禹（安昌節侯）		張安	2/1204	張蒼（北平文侯）	
	5/3200	張安世	7/3903		3/1976
張禹（字長子）		張安國（平侯）		張勃	9/4968
	5/3201		10/5212	張摯	7/3991
21 張偃（宣平侯敖之子）		張安國（東陽侯）		張禁	8/4841
	6/3466		10/5212	45 張婕妤	1/608
張偃（作賦二篇）		張宏	4/2444	46 張相如	1/554
	6/3467	張富昌	3/1731	張賀（掖庭令）	
22 張豐	1/202	張寄	7/3933		8/4496
張山拊	1/747	張良	3/1799	張賀（陳勝傳）	
24 張德	10/5187	張宗	1/123		8/4497
25 張生（南宮侯賈之子）		張宗祿	9/4862	47 張猛	6/3664
	4/2364	31 張福	9/4911	張執	10/5426
張生（博士）	4/2344	32 張業	10/5455	張奴	1/713
張仲（張負之子）		35 張連城	4/2465	張邯	4/2767
	7/3792				

48 張赦	8/4553	
50 張忠	1/86	
張奉	7/3829	
張由	4/2578	
張春	2/983	
53 張輔	5/3321	
張成（大農令令）	4/2292	
張成（大司農）	4/2293	
張戎	1/301	
55 張扶	1/759	
58 張拾	10/5400	
張敖	3/1544	
60 張里	5/3155	
張回	2/831	
張昌	3/1714	
張買	5/3363	
67 張瞻師	1/406	
70 張辟彊	3/1896	
71 張驚	6/3790	
張匡	3/2074	
張長叔	9/4867	
張長安	2/1212	
張歐	1/665	
72 張后（孝惠張后）	6/3757	
張后（定陶王張后）	6/3769	
張氏（貨殖傳）	5/3103	
張氏	5/3104	
張氏（頌張氏）	5/3134	
77 張同	1/243	
張陷	9/5138	
張開地	7/3996	
張歐（宣平侯敖之孫）	4/2607	
張歐（安丘侯）	4/2608	
張卬	3/1785	
78 張臨	4/2715	
79 張勝（鹵嚴侯）	8/4663	
張勝（盧綰臣）	8/4664	
張勝（副中郎將）	8/4665	
80 張翁	1/187	
張無故	7/4114	
87 張朔	9/5132	
張美人	2/975	
90 張光（淮陽王）	3/1849	
張光（太子賓客）	3/1850	
張常	3/2093	
張尚	8/4560	
張當居	1/585	
91 張類	7/4227	
94 張恢	2/815	
張恢生	4/2373	
97 張惲	4/2547	
98 張敞（富平侯）	6/3575	
張敞（河東平陽人）	6/3576	

1128_6 頂

47 頂聲　　　　　4/2451

1142_7 孺

17 孺子妾冰　　　4/2529

1180_1 冀

32 冀州刺史林　　4/2733
　 冀州刺史敞　　6/3587

1210_8 登

　 登（樂成侯登）　4/2516
　 登（犁汙王子登）　4/2517

1211_0 北

30 北宮伯子　　　5/2939
38 北道姚氏　　　5/3086
44 北地太守（泉鳩里北地太守）　6/3732

1220_0 列

17 列子　　　　　5/2966
27 列侯讓　　　　8/4612

1222_2 耏

50 耏申　　　　　2/1106
61 耏跖　　　　　10/5342
67 耏昭　　　　　3/1506

1223_0 水

21 水衡都尉張　　3/2083
　 水衡都尉禹　　5/3214
　 水衡都尉順　　7/4327
　 水衡都尉德　　10/5204
　 水衡都尉豹　　8/4475
　 水衡都尉守　　6/3731
　 水衡都尉福　　9/4903

弘

　 弘（衛尉弘）　4/2417
　 弘（軍侯弘）　4/2418
01 弘譚　　　　　4/2796
44 弘恭　　　　　1/188

1240_0 刑

50 刑未央（郝宿王刑未央）　3/2055

1240_1 廷

74 廷尉育　　　　9/4920

廷尉意　　　　　7/3860
廷尉霸　　　　　8/4535
廷尉武　　　　　5/3276
廷尉建　　　　　8/4438
廷尉瑕　　　　　3/1672
廷尉信（景元年）
　　　　　　　　7/4244
廷尉信（征和元年）
　　　　　　　　7/4245
廷尉信（文後元年）
　　　　　　　　7/4246
廷尉禹　　　　　5/3211
廷尉殷　　　　　2/933
廷尉宜昌　　　　3/1738
廷尉安　　　　　2/1207
廷尉福　　　　　9/4902
廷尉遷　　　　　3/1383
廷尉嘉　　　　　3/1658
廷尉圍　　　　　2/837
廷尉歐　　　　　4/2609
廷尉勝　　　　　8/4678
廷尉常　　　　　3/2098
廷尉賞　　　　　6/3608

延

延（大司農延）　3/1395
延（守左馮翊延）　3/1396
延（少府延）　　3/1397

00 延廣　　　　　6/3557
40 延壽　　　　　6/3687
　 延壽　　　　　6/3705
80 延年（東矙令延年）
　　　　　　　　3/1300
　 延年（齊人）　3/1301
　 延年（執金吾）
　　　　　　　　3/1302

1241_0 孔

00 孔襄　　　　　3/2017
08 孔放　　　　　8/4597
10 孔霸　　　　　8/4538
12 孔弘　　　　　4/2413
　 孔延年　　　　3/1297
13 孔武　　　　　5/3282
20 孔秉　　　　　6/3669
21 孔順　　　　　7/4330
　 孔仁　　　　　2/1029
　 孔仁妻　　　　1/537
　 孔何齊　　　　1/513
23 孔臧　　　　　3/2039
24 孔僅　　　　　7/4359
　 孔休　　　　　4/2639
　 孔鮒　　　　　7/4116
26 孔帛　　　　　10/5275
　 孔鯉　　　　　5/3153
27 孔伋　　　　　10/5422
30 孔宣　　　　　3/1409
　 孔房　　　　　3/2060

孔永（中郎將）		孫襄	3/2009	76 孫陽	3/1941
	6/3631	10 孫王	3/2113	77 孫閎	4/2426
孔永（寧鄉侯）		孫雲（子叔）	2/1075	孫印	3/1781
	6/3632	孫雲（少府）	2/1076	孫卿	4/2240
孔穿	3/1465	15 孫建	8/4447	孫賢	3/1343
孔安國	10/5218	孫建世子	5/2941	80 孫會宗	1/126
31 孔福	9/4912	17 孫子	5/2967	孫公主	5/3186
孔吉	9/4981	20 孫伉	3/2088		
40 孔喜	5/3052	孫信	7/4220	**1314₀ 武**	
孔壽	6/3692	21 孫虞	1/632		
43 孔求	4/2667	24 孫德	10/5176	武（廷尉武）	5/3276
44 孔襃	1/319	27 孫伋	10/5423	武（左馮翊武）	
孔莽	6/3621	28 孫縱之	1/331		5/3278
47 孔均	2/1095	30 孫寵	5/2871	00 武充竟	8/4763
50 孔車	1/628	孫宏	4/2447	武讓	8/4611
孔接	10/5446	孫賓	6/3511	武襄	3/2012
孔忠	1/105	31 孫遷	3/1381	武哀侯伯	10/5254
60 孔甲	10/5431	33 孫心	4/2681	10 武平君畔	7/4396
72 孔氏（南陽孔氏）		37 孫通	1/75	21 武虎	5/3308
	5/3082	38 孫遬	9/4941	22 武山柎	1/745
孔氏（藝文志）		40 孫赤	10/5339	25 武仲	7/3799
	5/3112	孫奮	7/4352	27 武負	6/3675
孔氏（宛孔氏）		孫喜	5/3054	31 武涉	10/5441
	5/3131	44 孫萬世	7/3915	43 武滿	5/3407
		孫禁	8/4839	44 武禁	8/4840
87 孔鈞	2/1007	47 孫都	1/676	60 武最	7/4229
88 孔箕	1/330	58 孫軫	5/3403	66 武嬰齊	1/511
90 孔光	3/1834	66 孫單	2/1233	71 武臣	2/863
		67 孫明	4/2480		
1249₃ 孫		72 孫氏（齊孫氏）		**1412₇ 功**	
			5/3128		
00 孫意	7/3872			61 功顯君	2/916

1540_0—1721_5　建醴理碧丞孟刁羽聊鄧郅弱瑕翟

1540_0 建		孟己	5/2886	37 鄧通	1/74
		26 孟但	7/4408	42 鄧彭祖	5/3295
建（廷尉建）	8/4438	31 孟遷	3/1388	鄧析	10/5352
建（京兆尹建）		37 孟通	1/79	47 鄧都尉	7/4205
	8/4439	40 孟喜	5/3053	60 鄧暈	10/5465
24 建德	10/5170	孟貢	2/1158	80 鄧義	7/3892
53 建成（開陵侯建成）		47 孟柳	6/3745	鄧公	1/46
	4/2333	72 孟氏	5/3107	90 鄧光	3/1853
建成祿	9/4860	77 孟卿	4/2245		
80 建公（元城建公）		87 孟舒	1/572	郅	
	1/30			10 郅元	3/1356
1561_8 醴		1712_0 刁		40 郅支	1/416
74 醴陵侯越	9/5049	04 刁護	7/4096	郅支骨都侯單于	
		77 刁間	2/1275		1/636
1611_4 理				47 郅都（中尉）	1/679
理（諫大夫理）		羽		郅都（雁門太守）	
	5/3150	66 羽嬰	4/2271		1/680
1660_1 碧		聊		弱	
碧（狂女碧）		44 聊蒼	3/1972	弱（太尉弱）	9/5134
	10/5371	1712_7 鄧		1714_7 瑕	
1710_3 丞		00 鄧廣漢	7/4365	瑕（廷尉瑕）	3/1672
24/丞德	10/5189	鄧章	3/1771	72 瑕丘申陽	3/1925
46 丞相偃	6/3474	08 鄧說	9/5062	瑕丘江公	1/36
丞相宣	3/1422	10 鄧平	4/2192	1721_5 翟	
丞相屬賓	6/3512	17 鄧弱	9/5133	00 翟方進	7/4349
1710_7 孟		24 鄧先	3/1432	10 翟不疑	1/377
17 孟子	5/2988	30 鄧宗	1/125	22 翟山	2/1252
		31 鄧馮	1/287		

28 翟牧	9/4946	酈世宗	1/118	\multicolumn{2}{l}{1740_0 子}	
30 翟宣	3/1413	酈共	1/308		
40 翟嘉	3/1632	47 酈猛友	6/3717	00 子文（令尹子文）	
44 翟萌	4/2535	66 酈賜	7/3959		2/1061
61 翟旴	1/648	67 酈明友	6/3716	10 子貢	7/3839
77 翟母	5/3358	77 酈堅	3/1427	22 子喬	3/1515
翟母練	8/4458	80 酈食其	1/325	44 子帶（王子帶）	
80 翟義（方進子）		\multicolumn{2}{l}{邴}		7/4170
	7/3890			47 子韋	2/849
翟義（東郡太守）		34 邴漢	7/4386	66 子嬰	4/2254
	7/3891	60 邴曼容	1/238	68 子噲（中山靖王子噲）	
翟公（廷尉）	1/44	77 邴丹	2/1262		7/4126
翟公（翟方進父）		\multicolumn{2}{l}{務}	80 子合王	3/2148
	1/45				
90 翟光	3/1836	53 務成子（小說家）		\multicolumn{2}{l}{1742_7 邢}	
\multicolumn{2}{l}{1722_7 酈}		5/2909	08 邢說	9/5064
		務成子（作災異應十四卷）		10 邢元	3/1355
00 酈商（曲周景侯）			5/2912	\multicolumn{2}{l}{勇}	
	3/1871	務成子（作陰道三十六卷）			
酈商（食其弟）			5/2912	勇（越巫勇）	5/2867
	3/1872			30 勇之（粵人勇之）	
10 酈平（高梁侯疥之孫）	4/2183	\multicolumn{2}{l}{鬻}		1/355
酈平（武陽侯三世）		17 鬻子	5/2959	\multicolumn{2}{l}{1750_7 尹}	
	4/2184	\multicolumn{2}{l}{1723_2 豫}	00 尹立	10/5389
27 酈終根	2/1087	00 豫章太守廖	3/1518	尹齊	1/514
30 酈寄	7/3928	\multicolumn{2}{l}{承}	尹文子	5/2922
38 酈遂	7/4193			10 尹霸	8/4536
酈遂成	4/2309	35 承禮君	2/897	尹更始	5/3011
44 酈勃	9/4965			22 尹岑	4/2747

1752_7—1948_0 弔召習君司翼政耿

27 尹殷	2/928	20 召信臣	2/875	司馬良姊	5/3076
32 尹潘	2/1244	35 召潰	7/4233	司馬良娣	7/4026
37 尹逢	1/306	40 召嘉	3/1627	司馬遷	3/1384
41 尹姬	1/463	47 召奴	1/714	司馬憙	7/4015

45 尹婕妤　　　1/616　　77 召騷　　　3/1574　　司馬喜（中山相）
47 尹都尉　　　7/4204　　　召歐　　　4/2605　　　　　　　5/3058
50 尹忠　　　　1/85　　　79 召勝　　　8/4660　　司馬憙（五大夫）
53 尹咸（大司農）　　　　　　　　　　　　　　　　　　　5/3059
　　　　　　　4/2829　　　　　習　　　　　　司馬蘄　　　1/329
　尹咸（太史令）　　　習（良人習）　　　　　司馬相如　　1/558
　　　　　　　4/2830　　　　　　　10/5404　　司馬昌　　　3/1740
77 尹開方　　　3/2025　　　　　　　　　　　司馬尼（章邯司馬
80 尹翁歸　　　2/825　　　　　1760_7　君　　　　尼）　　　　1/500
　尹公（茂陵守令尹　　11 君孺　　　7/4069　　司馬尼（章邯司馬
　　公）　　　1/56　　　24 君俠　　　10/5460　　　尼）　　　1/501
90 尹賞　　　　6/3599　　30 君寧　　　4/2565　　司馬欣　　　2/861
94 尹恢　　　　2/811　　　　君之　　　1/358　　司馬毋懌　10/5313
　　　　　　　　　　　　　40 君力　　　10/5361　　司馬卬　　　3/1782
　　　　1752_7　弔　　　　47 君姁　　　1/656　　司馬錯　　　9/5125
01 弔龔老父　　　　　　　77 君卿　　　4/2243　　司馬當時　　1/365
　　　　　　　　　　　　　80 君弟　　　5/3158
　　　　1760_2　召　　　　　　　　　　　　　　　　1780_1　翼
　　　　　　　　　　　　　　　　　1762_0　司
10 召不識　　　10/5280　　　　　　　　　　　　50 翼奉　　　7/3831
　召平（廣陵人）　　　　60 司國憲　　　8/4465　　翼氏　　　5/3114
　　　　　　　4/2193　　71 司馬意　　　7/3862
　召平（齊王相）　　　　　司馬談　　　4/2812　　　　1814_0　政
　　　　　　　4/2194　　　司馬可　　　6/3530　　17 政君　　　2/881
　召平（東陵侯）　　　　　司馬君力　10/5360
　　　　　　　4/2195　　　司馬得　　10/5145　　　　1948_0　耿
12 召延　　　　3/1391　　司馬安　　　2/1206　　00 耿育　　　9/4908

22

22 耿豐	1/201	2026₁ 信		季必	9/4998
30 耿定	8/4740			40 季布	7/4079
40 耿壽昌	3/1743	信（韓王信）	7/4243	47 季都	1/683
60 耿昌	3/1737	信（廷尉信，景元年）	7/4244	60 季買之	1/347
				71 季長	3/1862

2010₅ 重

重（南正重） 7/3817

2011₅ 雌

10 雌栗靡 1/486

2020₂ 彡

47 彡姐 5/3139
　彡姐旁種 5/2879

2022₇ 雋

10 雋不疑 1/372
80 雋舍 8/4550

2022₇ 禹

禹（廷尉禹） 5/3211
禹（梁相禹） 5/3212
禹（尉史禹） 5/3213
禹（水衡都尉禹） 5/3214
禹（大鴻臚禹） 5/3215
禹（鉤釘王禹） 5/3216

信（廷尉信，征和元年） 7/4245
信（廷尉信，文後元年） 7/4246
信（奉常信） 7/4247
信（大理信） 7/4274
信（守左馮翊信） 7/4276
信（零陵令信） 7/4281
信（中謁者信） 7/4283

2033₁ 焦

12 焦延壽 6/3704
73 焦氏 5/3097

2040₀ 千

29 千秋（謁者千秋） 4/2601

2040₇ 季

17 季瑕 3/1671
20 季信成 4/2314
33 季心 4/2682

2044₇ 爰

00 爰意 7/3871
20 爰信 7/4269
22 爰種 5/2877
27 爰叔 9/4869
44 爰萬 7/4414
　爰世 7/3923
50 爰盎從史 5/3031
68 爰喻 7/4125
91 爰類 7/4228

2060₉ 番

22 番係 7/4033
72 番丘 4/2635

2071₄ 毛

00 毛鹿 9/4929
20 毛舜 7/4304
26 毛釋之 1/343
44 毛莫如 1/564
60 毛景 6/3656
80 毛公 1/31

2080₄ 奚

00 奚充國 10/5232

36 奚涓	3/1447	31 偃渠	1/598	2122_0	何	
奚涓母底	5/3161	2121_7	虛	13 何武	5/3261	
37 奚通	1/73			36 何況	8/4582	
80 奚慈	1/441	77 虛閭權渠	1/589	40 何壽	6/3688	
2090_1	乘	盧		44 何封	1/272	
12 乘弘	4/2414	22 盧種	5/2875	61 何顯	6/3446	
61 乘距	7/4074	23 盧綰	5/3417	80 何並	8/4750	
71 乘馬延年	3/1299	盧綰大將抵	5/3163	94 何恢	2/816	
乘馬降	8/4636	27 盧侯王	3/2118	2122_1	行	
72 乘丘子	5/2914	30 盧它之	1/356	行（單于父行）		
87 乘舒	1/573	盧它人	2/962		8/4638	
2093_2	穰	37 盧漏	8/4831	衛		
72 穰氏	5/3096	46 盧賀	8/4507	00 衛慶	8/4699	
2108_6	順	77 盧屠王	3/2137	衛廣	6/3554	
順（衛尉順）	7/4325	盧卿	4/2247	衛玄（爵關內侯）		
順（水衡都尉順）		97 盧惲	5/3390		3/1367	
	7/4327	伍		衛玄（長平侯青之曾		
2110_0	上	17 伍子	5/2991	孫）	3/1368	
30 上官傑	9/5067	30 伍宏	4/2445	10 衛不疑	1/376	
上官皇后（孝昭上官		34 伍被	7/4000	衛不害	7/4144	
皇后）	6/3764	37 伍逢	1/305	12 衛登	4/2514	
上官安	2/1205	80 伍尊	2/998	17 衛子豪	3/1576	
上官安妻	1/535	虎		衛子伯	10/5266	
2121_4	偃	虎（騎都尉虎）		衛子夫	1/733	
			5/3307	20 衛伉	3/2087	
偃（丞相偃）	6/3474	60 虎圈嗇夫	1/737	衛信	7/4272	
				21 衛步廣	6/3561	

22 衛山（義陽侯）		衛尉弘	4/2417	2128_4 虞	
	2/1253	衛尉順	7/4325		
衛山（朝鮮傳）		衛尉潰	7/4234	37 虞初	1/768
	2/1254	衛尉忠	1/102	72 虞丘	4/2633
23 衛綰（武紀）	5/3418	衛尉足	9/4875	虞氏	5/3105
衛綰（建陵哀侯）		衛胅	1/661	80 虞美人	2/972
	5/3419	77 衛毋擇	10/5291	虞舍（臣虞舍）	
衛綰（刑法志）		79 衛勝	8/4666		8/4551
	5/3420	90 衛少兒	1/450	90 虞常	3/2103
24 衛先生	4/2382	衛賞	6/3601		
25 衛律	9/5018	衍		2128_6 須	
26 衛皇后（孝武衛皇				00 須慶忌	7/3942
后）	6/3763	14 衍功侯喜	5/3062	16 須聖	8/4712
27 衛伉	5/3065	衡		23 須卜單于	1/643
衛侯官	2/1239			須卜氏	5/3137
30 衛寄	7/3932	47 衡胡	1/701	須卜居次	7/4012
衛寶	6/3508	53 衡咸	4/2834	須卜居次云	2/1185
40 衛堯	3/1468	術		須卜當	3/1992
41 衛姬（中山衛姬）				50 須冉	6/3789
	1/471	76 術陽侯趙建德		60 須置離	1/523
45 衛婕妤（楚孝王之			10/5194	77 須桑	3/2153
母）	1/611	2124_1 處		80 須無	1/779
衛婕妤（元帝婕妤）		17 處子	5/2974	穎	
	1/610				
46 衛媪	6/3504	2124_6 便		22 穎川守尊	2/987
50 衛青	4/2218			60 穎邑公主	5/3181
71 衛長君	2/907	22 便樂成	4/2315	顓	
74 衛尉充國	10/5228	53 便輔	5/3316		
衛尉雲	2/1078	77 便鳳	7/3811	31 顓渠閼氏（虛閭權渠	
衛尉王氏	5/3080	78 便臨	4/2716	之妻）	1/495

頡渠閼氏（呼衍王長女） 1/496	2191_2 紅	22 任岑（弋陽侯宮之曾孫） 4/2639
2140_6 卓	76 紅陽長 6/3623	任岑（執金吾） 4/2740
10 卓王孫 2/1044	紅陽長仲 7/3802	26 任但 7/4406
2160_1 訾	2210_8 豐	30 任宣（大中大夫） 3/1419
21 訾順 7/4324	豐（光祿勳豐） 1/204	任宣（長史） 3/1420
2172_7 師	80 豐公 1/11	任宏（步兵校尉） 4/2436
32 師業 10/5449	2213_6 蚩	任宏（大鴻臚） 4/2437
38 師遂 7/4196	43 蚩尤 4/2679	任宏（護軍都尉） 4/2438
50 師中 1/170	2220_0 制	任安 2/1202
師史 5/3033	72 制氏 5/3106	任宮 1/144
60 師曠 8/4615	劇	任良（蓍龜家） 3/1809
77 師丹 2/1258	17 劇孟 8/4798	任定 8/4734
78 師臨 4/2717	2220_7 岑	任良（郎中） 3/1812
2178_6 頃	71 岑陬 4/2676	任寶 6/3512
10 頃王后（陰安侯頃王后） 6/3774	2221_4 任	任孃 7/4047
2180_6 貞	00 任立 10/5386	43 任越人 2/966
貞（妻貞） 4/2523	任立政 8/4790	44 任萌 4/2526
17 貞君 2/887	任商 3/1891	任橫 4/2209
2190_4 柴	任文 2/1066	48 任敬 8/4648
13 柴武 5/3252	任章 3/1779	50 任貴 7/4222
40 柴奇 1/392	14 任破胡 1/704	58 任敖 3/1545
	20 任千秋 4/2590	60 任固 7/4106
		任昌 3/1749

66 任囂　　3/1503	2229_3 係	50 欒奉　　7/3832
72 任后（梁任后）	21 係虖淺　6/3487	53 欒成侯登　4/2516
6/3778	2277_0 山	60 欒買之　　1/346
任氏（宣曲任氏）	38 山遵　　2/1153	71 欒願　　　8/4455
5/3084	2279_3 繇	81 欒鉅公　　1/43
79 任勝（中郎將）	10 繇王閩侯　4/2648	欒
8/4659	17 繇君丑　6/3746	40 欒大（欒通侯）
80 任公　　1/52	81 繇敍　　5/3242	7/4132
90 任當千　3/1436	2280_1 眞	欒大（膠東宮人）
97 任恽　　5/3386	87 眞欽　　4/2706	7/4133
98 任敞　　6/3589	2290_0 利	欒布　　　7/4077
2221_5 崔	22 利幾　　1/400	欒賁　　　2/1157
10 崔不意　7/3866	30 利家　　3/1676	2294_7 緩
12 崔發　　9/5040	利家兄子閎　4/2434	緩　　　　5/3414
27 崔脩成　4/2329	34 利漢　　7/4388	稱
2222_7 俯	44 利苗男訢　2/1040	50 稱忠　　1/95
30 俯宗　　1/128	2290_4 樂	2300_0 卜
2224_7 後	樂（特轅侯樂）	21 卜偃　　6/3473
53 後成長　6/3624	9/5098	43 卜式　　10/5357
2228_5 僕	樂（呼韓子樂）	2320_2 參
10 僕雷　　2/854	9/5099	參（湺清侯參）
僕雷電　8/4453	08 樂說　　9/5060	4/2776
27 僕多　　3/1606	27 樂叔　　9/4865	2324_0 代
66 僕黠　　9/5042	37 樂通　　1/72	04 代諸白　10/5273
77 僕朋　　4/2550		

10 代王王后	6/3759	60 傅晏	7/4409	**2395₀ 織**	
代王劉喜	5/3037	傅昌	3/1718	織（南武侯織）	
17 代郡范	6/3786	傅景	6/3655		10/5276
		67 傅明	4/2478	**2396₁ 稽**	
2324₂ 傅		傅昭儀	1/455		
00 傅商	3/1881	71 傅長	3/1864	12 稽發	9/5039
14 傅勁	8/4795	72 傅剛	3/2152	17 稽粥	9/4955
17 傅子元	3/1360	傅氏	5/3118	27 稽侯狦（呼韓邪單	
傅子孟	8/4805	77 傅周	4/2616	于）	2/1276
21 傅偃	6/3463	80 傅介子	5/2889	稽侯狦（虛閭權渠之	
24 傅幼君	2/895	98 傅敞	6/3585	子）	2/1277
62 傅皇后（孝哀傅皇				77 稽且王	3/2122
后）	6/3772	**2325₀ 臧**		稽留昆	2/1180
傅伯	10/5250	21 臧衍	6/3482	80 稽谷姑	1/765
30 傅寬	2/1217	37 臧鴻	1/323		
31 傅遷	3/1387	44 臧荼	1/771	**2397₇ 綰**	
40 傅嘉（昌邑王侍中）		60 臧固	7/4112	綰（中郎將綰）	
	3/1664	77 臧兒（平原君臧兒）			5/3424
傅嘉（復免）	3/1663		1/447		
傅喜	5/3049	80 臧兼	4/2849	**2420₀ 射**	
42 傅幡	2/1272			射（臣射）	8/4557
44 傅恭（巫傅恭）		**2328₄ 伏**		45 射姓	8/4796
	1/191	16 伏理	5/3151		
傅世（合傅世）		25 伏生	4/2362	**2421₀ 壯**	
	7/3918	60 伏黯	6/3788	壯（泗守壯）	8/4558
47 傅胡害（合傅胡害）				26 壯息	10/5323
	7/4155	**2350₀ 牟**			
50 傅中叔	9/4858	77 牟卿	4/2246	**2421₁ 先**	
傅夫人	2/951	**2355₀ 我**			
傅青	4/2219	17 我子	6/2978	77 先賢襄	3/2011

先賢諷	7/3835	
先賢霸	8/4533	
先賢富昌	3/1732	
先賢撢	3/1460	

2421_2 佐

53 佐成　　　　4/2301

2421_7 仇

12 仇延　　　　3/1402
60 仇景　　　　6/3657

2422_1 倚

44 倚華　　　　3/1678

2423_1 德

德（臣德，大中大夫）
　　　　　　10/5185
德（臣德，博士）
　　　　　　10/5186
德（少府德）
　　　　　　10/5203
德（水衡都尉德）
　　　　　　10/5204

2424_1 侍

06 侍謁者福　　9/4904
37 侍郎章　　　3/1774
　　侍郎尊　　　2/988
50 侍中謁者良　3/1813

侍中水衡都尉讓
　　　　　　8/4607

待

07 待詔寵　　　5/2872
　　待詔臣安成　4/2325
　　待詔臣饒　　3/1487

2426_0 儲

10 儲夏　　　　8/4543

2429_0 休

27 休旬王　　　3/2142

2432_7 勳

勳（大鴻臚勳）
　　　　　　2/1119

2454_1 特

54 特轅侯樂　　9/5098

2466_1 皓

60 皓星公（王孫皓星公）　1/33

2472_1 齮

齮（南陽守齮）
　　　　　　5/2996

2492_1 綺

60 綺里季夏　　8/4541

2498_6 續

46 續相如　　　1/557

2500_0 牛

00 牛商　　　　3/1885
52 牛抵　　　　5/3162

2520_6 仲

仲（修成子仲）
　　　　　　7/3801

使

22 使樂成　　　4/2316

2529_4 傑

01 傑龍　　　　1/213

2590_0 朱

00 朱慶　　　　8/4694
　　朱率　　　　9/5012
　　朱言　　　　3/1459
02 朱詘　　　　9/4997
07 朱詡　　　　5/3230
10 朱雲　　　　2/1077
11 朱彊　　　　3/1918
15 朱建　　　　8/4441
20 朱雞石　　　10/5348
21 朱偃　　　　6/3465
22 朱山拊　　　1/746

24 朱先	3/1431	2592_7 繡		2621_0 但	
朱鮪	5/3382	17 繡君賓	2/1176	但（男子但）	7/4407
25 朱生（汝南朱生）		2600_0 白		87 但欽	4/2705
	4/2387	白（代諸白）		2622_7 帛	
30 朱家	3/1675		10/5273	98 帛敞	6/3590
朱進	7/4348	00 白嬴	4/2560	2623_2 泉	
朱宇	5/3225	25 白生	4/2349	47 泉鳩里主人	2/980
朱安世	7/3906	40 白圭	2/853	泉鳩里北地太守	
32 朱浮	4/2671	白奇	1/394		6/3732
36 朱濞	7/3842	71 白馬三老	6/3523	2629_4 保	
40 朱壽	6/3686	白馬將	8/4633	保（趙賁内史保）	
43 朱博	9/5102	72 白氏	5/3125		6/3525
44 朱英	4/2563	80 白公	1/27	44 保蘇匿	10/5367
朱萌	4/2537	90 白光少	8/4470	2633_0 鰓	
50 朱央	3/2056	2610_4 皇		鰓（高武侯鰓）	
53 朱輔	5/3319	77 皇欣	2/860		2/786
60 朱邑	10/5397	80 皇公	1/20	息	
朱買臣	2/874	2620_2 伯		50 息夫躬	1/252
68 朱畛	5/3401	伯（武哀侯伯）		息夫躬母聖	8/4718
70 朱防	3/2035		10/5254	2640_0 卑	
朱辟彊	3/1894	22 伯僑	3/1514	20 卑爰疐（息夫躬傳）	
72 朱驕如	1/565	27 伯象先生	4/2384		7/4005
76 朱陽	3/1938	2620_7 粵		卑爰疐（烏孫傳）	
80 朱弟	5/3159	58 粵敖	3/1549		7/4006
朱普	5/3340	80 粵人勇之	1/355		
91 朱悼	8/4490				
2590_4 桀					
00 桀病已	5/2884				

2640_8　皋

77 皋丹　2/1261

2641_3　魏

00 魏文侯　4/2646
魏章　3/1770
10 魏不害　7/4146
12 魏弘　4/2405
16 魏聖　8/4713
17 魏郡李氏　5/3088
26 魏和意　7/3865
27 魏向　8/4573
魏豹　8/4473
魏絳　8/4637
28 魏鮮　3/1430
魏咎　3/1528
35 魏連　3/1458
38 魏遬　9/4939
40 魏内史　5/3029
44 魏勃　9/4967
46 魏媪　6/3505
魏相（高平憲侯）　8/4619
魏相（灌嬰傳）　8/4620
魏楊　3/1942
47 魏都　1/675
51 魏指　5/3068
71 魏臣　2/878
72 魏氏　5/3124
76 魏駟　7/3993
77 魏堅居　1/586
80 魏無知　1/421
魏公子　5/2935
90 魏尚　8/4569

2680_4　吳

00 吳産　5/3426
吳廣　6/3560
吳廣志　7/3977
吳章　3/1772
12 吳孫子　5/2902
17 吳子　5/2985
20 吳重　7/3816
吳信　7/4270
吳千秋　4/2596
22 吳利　7/4019
31 吳福　9/4899
33 吳淺　6/3486
40 吳右　6/3747
44 吳芮　7/4178
吳恭　1/196
吳莫如　1/563
吳若　9/5120
47 吳起　5/3009
60 吳回　2/826
67 吳郢　6/3660
71 吳臣　2/864
吳長樂　9/5082
76 吳陽（沅陵頃侯）　3/1932
吳陽（外石侯）　3/1933
77 吳周　4/2612
80 吳羌　3/2069
吳尊　2/997
吳首　6/3743
吳公　1/14

2690_0　細

17 細君（東方朔傳）　2/889
細君（江都王建之女）　2/890
34 細沈瘦　8/4836

2691_4　程

10 程不識　10/5277
12 程弘　4/2401
21 程處　5/3243
26 程伯休甫　5/3330
28 程縱　1/266
30 程永　6/3646
程安　2/1196
程竈　8/4484
40 程嘉　3/1633
程姬　1/466
44 程横　4/2212
58 程鰲　1/540

60 程黑	10/5345	25 伊佚	9/5016	豹（少府豹）	8/4476
程回	2/829	伊秩靡	1/487	豹（大傅豹）	8/4479
77 程隆	1/225	26 伊細王	3/2112		
87 程鄭	8/4806	27 伊卽軒（下摩侯）		**角**	
			3/1448	60 角里先生	4/2385
2692₂ 穆		伊卽軒（袤利侯）			
25 穆生	4/2350		3/1449	**2722₂ 修**	
		伊穉斜	3/1686		
2698₁ 緹		40 伊嘉	3/1667	修（常山後修）	
99 緹縈	4/2557	47 伊奴毒	9/4952		4/2024
		50 伊推	2/843	修（御史修）	4/2627
2710₇ 盤		77 伊屠智牙師	1/407	30 修寧男遵	2/1155
00 盤庚	4/2569	80 伊酋若王勝之	1/341	53 修成子仲	7/3801
		90 伊當時	1/362	修成君	2/894
2712₇ 歸				80 修義君	2/896
80 歸義越侯嚴	4/2850	**多**			
		37 多軍	2/1130	**2722₇ 脩**	
2713₂ 黎		77 多同	1/246	53 脩成子中	1/173
黎（火正黎）	1/532	多卯	6/3517	72 脩氏（醫脩氏）	
14 黎豨	1/399				5/3130
25 黎朱蒼	3/1970	**2721₆ 免**			
34 黎漢	7/4385	50 免中徐公	1/37	**2724₂ 將**	
42 黎彭祖	5/3288			27 將軍博	9/5105
55 黎扶	1/758	**2722₀ 御**		80 將尊	2/1005
		50 御史修	4/2626	81 將鉅子	5/2917
2720₇ 伊		御史大夫介	7/4167		
00 伊玄	3/1371	御史成	4/2323	**2724₇ 殷**	
17 伊邪莫演	6/3493			殷（廷尉殷）	2/933
伊尹	5/3391	**豹**		殷（大農令殷）	
22 伊利目單于	1/637	豹（水衡都尉豹）			2/934
			8/4475	00 殷廣德	10/5201

22 殷崇	1/139		侯文	2/1065	20 烏維	1/493
30 殷容	1/236	10 侯霸	8/4539	27 烏黎	1/531
37 殷通	1/76	17 侯子	5/2957	烏黎靡	1/478
40 殷嘉	3/1660	26 侯得	10/5152	36 烏禪幕	9/5142
66 殷嚴	4/2853	40 侯嘉	3/1662	46 烏鞮牙斯	1/418
77 殷周	4/2614	44 侯封	1/270	50 烏夷泠	4/2567

假

		侯芭	3/1680	烏夷當	3/1991
24 假佐放	8/4600	50 侯史吳	1/757	烏貴	7/4223
80 假倉	3/1978	53 侯輔（明統侯）		56 烏揭	9/5054
			5/3318	60 烏日領	6/3674

2725₂ 解

		侯輔（大贅侯輔）		烏累若鞮單于	1/642
解（漁陽太守解）			5/3328	71 烏厲溫敦	2/1162
	5/3369	67 侯明	4/2488	烏厲屈	9/5023
10 解憂	4/2680	77 侯驦（高句驪侯驦）		72 烏氏嬴	3/1614
12 解延年（延尉）			4/2677	88 烏籍都尉（右奧鞮
	3/1293	侯毋辟	10/5364	王）	7/4207
解延年（阿武令）		80 侯公	1/10	烏籍都尉（烏籍單
	3/1294	98 侯敞	6/3566	于）	7/4208
17 解子	5/2984			烏籍單于	1/634
31 解福	9/4907	2731₂ 鮑		
44 解萬年	3/1303			2733₆ 魚
		17 鮑子	5/2990	
90 解光	3/1851	25 鮑生	4/2351	80 魚翁叔	9/4868
		30 鮑宣	3/1416	

2726₁ 儋

2742₇ 鄒

		2732₇ 烏			
儋（周太史儋）				17 鄒子	5/2964
	4/2771	03 烏就屠	1/774	21 鄒衍	6/3481
21 詹師盧	1/669	11 烏頭勞	3/1577	40 鄒奭子	5/2916
		12 烏孫昆彌	1/538	47 鄒起	5/3007

2728₄ 侯

		15 烏珠留若鞮單于		72 鄒氏	5/3108
00 侯應	8/4782		1/641	76 鄒陽	3/1939

33

2750_2 犁	2772_0 匈	2793_3 終
31 犁汙　　　1/778	47 匈奴角　　9/5079	37 終軍（藝文志）
犁汙王（單于使）	2780_4 奧	2/1131
3/2131	45 奧鞬王　　3/2140	終軍（字子雲）
犁汙王（射殺前犁汙	2790_1 祭	2/1132
王者）　3/2132	祭奈　　　5/3379	44 終帶　　　7/4171
犁汙王子登　4/2517	2791_7 紀	72 終氏（東平陵終氏）
犁汙王子助　7/4083	20 紀信　　　7/4242	5/3089
2760_3 魯	33 紀逡　　　2/1169	80 終公　　　　1/9
06 魯謁居　　1/588	37 紀通　　　　1/60	2794_0 叔
08 魯許生　　4/2376	40 紀太后　　6/3775	12 叔孫通　　　1/62
10 魯兩生　　4/2372	紀嘉　　　3/1617	2795_4 絳
25 魯仲連子　5/2942	43 紀城　　　4/2468	30 絳賓　　　2/1177
26 魯伯　　　10/5268	44 紀萬年　　3/1307	2798_4 緤
55 魯扶卿　　4/2227	46 紀相夫　　1/724	10 緤王　　　3/2114
60 魯國桓公　　1/41	50 紀夷吾　　1/741	2824_0 徵
66 魯賜　　　7/3963	53 紀成　　　4/2277	50 徵史　　　5/3032
71 魯匡　　　3/2073	80 紀翁主　　5/3185	徵事臣昌　3/1748
80 魯翁孺　　7/4062	94 紀恢說　　9/5055	71 徵臣　　　2/865
2762_0 句	2792_0 稠	2824_7 復
21 句梨胡　　1/707	00 稠廣漢　　7/4372	25 復朱䋈若鞮單于
44 句姑　　　4/2673	2792_2 繆	1/638
2762_7 郇	25 繆生（蘭陵繆生）	74 復陸偃　　6/3471
43 郇起　　　9/5051	4/2390	復陸宣平　4/2180
46 郇相　　　8/4623		

復陸福	9/4901	25 徐生	4/2363	徐公（范陽令）	1/38
復陸支	1/411	徐生（茂陵徐生）		90 徐少季	7/4041
復陸屠耆	1/474		4/2389	徐光	3/1837

2825₁ 牂

41 牂柯太守立	10/5383

2828₁ 從

50 從事掾業	10/5452

2829₄ 徐

00 徐立	10/5384
徐讓	8/4608
徐襄	3/2014
12 徐延	3/1400
徐聖	8/4716
17 徐子	5/2958
20 徐禹	5/3209
徐纏	3/1445
21 徐仁	2/1011
徐偃（祝茲侯厲之孫）	6/3460
徐偃（博士）	6/3461
徐偃（申公弟子）	6/3462
徐盧	1/762
徐樂（縱橫家）	9/5091
徐樂（燕郡無終人）	9/5092

26 徐自爲	2/819
徐伯（齊人）	10/5259
徐伯（疏廣傳）	10/5261
30 徐宮	1/150
徐良	3/1812
31 徐福（秦代人）	9/4908
徐福（茂陵人）	9/4909
38 徐遂成	4/2321
40 徐來	2/796
43 徐博	9/5099
44 徐勃	9/4964
徐萬且	1/579
58 徐敖	3/1548
60 徐甲	10/5433
67 徐明（河內太守）	4/2482
徐明（涿郡太守）	4/2483
71 徐厲	7/4022
72 徐氏	5/3119
80 徐普	5/3343
徐公（免中徐公）	1/37

91 徐悼	8/4491

2835₁ 鮮

10 鮮于妄人	2/978

2896₆ 繒

30 繒它	3/1595
46 繒賀	8/4493
47 繒胡	1/696
66 繒賜	7/3958

3010₂ 宜

17 宜君	2/884
60 宜昌（廷尉宜昌）	3/1738

3010₄ 室

13 室武	5/3265
16 室聖	8/4711
24 室鮒	7/4115
25 室生	4/2342
40 室古	5/3306
50 室中同	1/239

3010₆ 宣

宣（謁者令宣）	3/1421

宣（丞相宣）	3/1422	
00 宣帝名詢	2/858	
04 宣護	7/4091	
10 宣平	4/2179	
20 宣千秋	4/2593	
21 宣虎	5/3309	
25 宣生	4/2343	
30 宣寄	7/3934	
44 宣莫如	1/561	
50 宣夫人	2/935	
53 宣戎	1/299	
55 宣曲任氏	5/3084	
80 宣義	7/3886	

3011_5　淮

40 淮南后茶	1/772

3012_3　濟

11 濟北王后光	3/1842
40 濟南瞷氏	5/3085

3014_7　淳

10 淳于意	7/3859
淳于酺	1/783
淳于信	7/4279
淳于衍	6/3477
淳于衍夫賞	6/3609
淳于賜	7/3968
淳于長	3/1860
淳于長母若	9/5122

淳于陵渠	1/594
淳于公	1/26
20 淳維	1/492

3020_1　寧

47 寧胡閼氏	1/497

3021_1　寵

寵（待詔寵）	5/2872

3021_2　宛

12 宛孔氏	5/3131

3021_3　寬

50 寬中（關內侯寬中）	
	1/171

3021_7　扈

00 扈商	3/1888
10 扈雲	2/1080
51 扈輒	10/5470

3022_7　甯

17 甯君	2/879
20 甯乘	4/2458
40 甯壽	6/3691
43 甯越	9/5050
57 甯成	4/2302
60 甯昌	3/1691

房

46 房揚	3/1946
77 房鳳	7/3813

扁

47 扁鵲	9/5141

肩

肩（謁者令肩）	
	3/1467

3028_4　戾

40 戾太子據	7/4075

3030_1　進

進（史皇孫進）	
	7/4350

3030_3　寒

11 寒孺	7/4065

3033_4　宓

17 宓子	5/2952

3034_2　守

守（水衡都尉守）	
	6/3731
00 守京兆尹彭城太守遺	
	1/388

12 守廷尉加	3/1668	60 安日	9/5020	11 審非	1/433
21 守衛尉不害	7/4148	安國（騎都尉安國）		77 審卿	4/2241
守衛尉遺	1/387		10/5220	80 審食其	1/326
40 守左馮翊延	3/1396	安國少季	7/4042		
守左馮翊信	7/4276	74 安陵杜氏	5/3092	**3071₂　它**	
71 守陘	4/2559			17 它羽	5/3235

3040₁　宇

3043₂　宏

　它羽公子　　　5/2936

50 宇妻焉　　　3/1442

宏（大司農宏）

3073₂　良

　　　　　　　4/2449

宰

宏（中尉宏）　4/2450

良（侍中謁者良）

　　　　　　　3/1813

72 宰氏　　　　5/3121

3050₂　牢

71 良願　　　　8/4456

77 良兒　　　　1/452

3040₄　安

33 牢梁　　　　3/1798

80 良人習　　　10/5404

3060₂　宮

安（廷尉安）　2/1207

3077₇　官

安（中尉安）　2/1208

12 宮孫子　　　5/2901

安（長史安）　2/1209

46 宮婢則　　　10/5307

官（左馮翊官）

22 安樂（昌邑王相）

80 宮人蒙　　　1/284

　　　　　　　2/1238

　　　　　　　9/5093

40 官大奴　　　1/717

安樂（衛司馬）

3060₆　富

　　　　　　　9/5094

3080₁　定

富（廚唯姑夕王富）

27 安歸　　　　2/823

　　　　　　　8/4818

定（太常定）　8/4736

　安犁靡　　　1/488

60 富昌　　　　3/1733

77 定陶王張后　6/3769

44 安其生　　　4/2366

47 安期生　　　4/2367

3060₈　容

3080₆　寶

53 安成（金日磾傳）

53 容成　　　　4/2305

00 寶廣國　　　10/5242

　　　　　　　4/2303

　容成子　　　5/2913

15 寶融　　　　1/280

安成（待詔臣安成）

26 寶皇后（孝文寶皇后）

　　　　　　　4/2325

3060₉　審

　　　　　　　6/3758

安成恭侯夫人放

　　　　　　　8/4590

10 審平　　　　4/2178

30 寶安成侯　　4/2649

	寶良	3/1804	27 宋將	3/2063		江公孫	2/1053
	寶定	8/4735	宋網	3/2151	**3112$_0$**	**河**	
36	寶況（奮威將軍）	8/4585	60 宋最	7/4232	40	河南府丞義	7/3900
	寶況（護羌校尉）	8/4586	宋㬜	10/5462	76	河陽主	5/3184
			宋昌	3/1695			
			61 宋顯	6/3447	**3112$_1$**	**涉**	
42	寶彭祖	5/3289	64 宋畸	1/430	21	涉何	3/1591
44	寶世	7/3924	宋疇	4/2663	47	涉都侯喜	5/3061
53	寶甫	5/3329	77 宋毋忌	7/3946		涉都侯父棄	7/4031
66	寶嬰	4/2268	宋留	4/2661	77	涉間	7/4417
71	寶長君	2/912	80 宋義	7/3874			
77	寶桑林	4/2732	**3111$_2$**	**江**	**5112$_7$**	**馮**	
80	寶公	1/25	00 江充	1/153	00	馮立	10/5387
90	寶常生	4/2341	江齊	1/518		馮亭	4/2545
			江（中郎將江）	3/2067		馮座	8/4513
3090$_1$	**宗**		21 江仁	2/1021		馮商	3/1886
26	宗伯鳳	7/3812	24 江德（太常）	10/5171		馮唐	3/2049
30	宗宣	3/1424	江德（轑陽侯）	10/5172	01	馮譚	4/2803
			31 江迺始	5/3016	10	馮平	4/2181
3090$_4$	**宋**		40 江喜	5/3047	13	馮武	5/3269
00	宋襄	3/2013	47 江都后成光	3/1843	17	馮子都	1/688
10	宋玉	9/4915	72 江氏	5/3113		馮習	10/5403
	宋平	4/2189	80 江翁	1/180	21	馮偃	6/3469
12	宋登	4/2515	江公（博士江公）	1/35		馮熊	1/289
	宋弘（常侍）	4/2408	江公（瑕丘江公）	1/36	23	馮參	4/2775
	宋弘（并州牧）	4/2409				馮代	7/4158
17	宋孟	8/4800			26	馮促	9/4951
	宋子	5/2986			27	馮解散	7/4415
22	宋崇	1/141				馮解中	1/168

馮殷	2/920
28 馮豯	1/541
30 馮它	3/1597
馮賓	2/1174
33 馮逡	2/1168
馮梁	3/1795
35 馮遺	1/386
38 馮遂	7/4194
40 馮去疾	9/4992
42 馮媛	3/1451
44 馮英	4/2564
馮嫽	6/3497
47 馮刼	10/5471
48 馮敬（魏豹騎將）	8/4640
馮敬（太守）	8/4641
馮敬（御史大夫）	8/4642
50 馮夫人	2/954
馮奉世	7/3908
67 馮昭儀	1/458
馮野王	3/2126
77 馮卯	6/3516
79 馮勝之	1/334
80 馮無擇（博成敬侯）	10/5289
馮無擇（亭之後）	10/5290
90 馮常	3/2105

3113_2 涿

17 涿郡韓生	4/2391
涿郡昭君	2/917

3114_6 淖

17 淖子	5/2945
41 淖姬	1/468

3116_4 酒

49 酒趙放	8/4601

3119_1 漂

77 漂母	6/3751

3126_6 福

福（廷尉福）	9/4902
福（水衡都尉福）	9/4903
福（侍謁者福）	9/4904

3130_1 遷

遷（廷尉遷）	3/1383

3130_6 迺

43 迺始	5/3026

3190_4 渠

渠（曼寡婦渠）	1/595
17 渠卩始	5/3015
28 渠復絫	2/847

3213_0 冰

冰（孺子妾冰）	4/2529

3214_7 浮

72 浮丘伯	10/5263

3218_5 濮

76 濮陽周氏	5/3081

3290_5 業

業（署長業）	10/5451
業（從事掾業）	10/5452

3300_0 心

心（孫心）	4/2681

3320_4 祕

18 祕政	8/4785
30 祕安國	10/5214
42 祕彭祖	5/3287
44 祕蒙	1/282
58 祕軫	5/3402
96 祕憚	7/4416

33390_4 梁

梁（大鴻臚梁） 3/1794
04 梁護 7/4095
06 梁謁者胡 1/711
08 梁放（合陽侯喜之子） 8/4594
　梁放（合陽侯） 8/4595
10 梁石君 2/913
17 梁子政 8/4791
22 梁任后 6/3778
40 梁太傅輔 5/3325
　梁李太后 6/3776
　梁喜 5/3048
43 梁城恢 2/814
44 梁萌 4/2534
46 梁相 8/4622
　梁相禹 5/3212
58 梁蚡 2/1009
72 梁后昭 3/1509
　梁丘賀 8/4511
　梁丘賜 7/3973
　梁丘臨 4/2718
75 梁陳太后 6/3777
80 梁父侯 4/2651
　梁美人 2/973

34112 沈

00 沈意 7/3873

池

76 池陽令並 8/4751

34115 灌

03 灌誼 7/3987
11 灌彊 3/1912
21 灌何 3/1586
50 灌夫 1/727
66 灌嬰 4/2255
71 灌匽 10/5366
77 灌賢 3/1333

34117 泄

80 泄公 1/40

34127 滿

滿（朝鮮王滿） 5/3409
30 滿宣 3/1417
60 滿昌（詹事） 3/1735
　滿昌（祭酒） 3/1736
68 滿黔 4/2864

34140 汝

10 汝雲 2/1081
40 汝南朱生 4/2387
71 汝臣 2/877

34161 浩

00 浩商 3/1889

60 浩星賜 7/3970
90 浩賞（大鴻臚） 6/3604
　浩賞（兗州刺史） 6/3605

34185 漢

漢（鴻臚漢） 7/4376

34199 漆

70 漆雕子 5/2899

34247 被

80 被公（九江被公） 1/54

34260 褚

40 褚大（博士） 7/4129
　褚大（兒寬傳） 7/4130
　褚大（梁相） 7/4131
90 褚少孫 2/1052

35116 灃

35 灃清侯參 4/2776

35166 漕

50 漕中叔 9/4872
90 漕少游 4/2585

3518_6 潰		3612_7 涓		3712_0 湖	
潰（衛尉潰）	7/4234	24 涓勳	2/1118	50 湖中三老	6/3522
3520_6 神		濁		3712_7 滑	
17 神君	2/885	72 濁氏	5/3102	34 滑湛	8/4844
55 神農	1/261	77 濁賢	3/1341	漏	
3530_8 遺		3613_3 濕		78 漏臥侯俞	1/670
遺（越馳義侯遺）	1/378	78 濕陰定侯昆邪	3/1683	鴻	
遺（守衛尉遺）	1/387	3621_2 祝		71 鴻臚漢	7/4376
遺（守京兆尹彭城太守遺）	1/388	25 祝生（九江祝生）	4/2388	3713_6 漁	
3610_0 泗		80 祝午	5/3353	76 漁陽太守解	5/3369
30 泗守壯	8/4558	3624_0 祼		3714_7 汲	
78 泗監平	4/2164	30 祼竃	8/4485	21 汲仁（溝洫志）	2/1027
3611_4 涅		3630_0 迥		汲仁（汲黯弟）	2/1028
76 涅陽康侯最	7/4231	28 迥倫	2/1100	汲偃	6/3475
3611_7 温		3630_2 邊		60 汲黯	6/3787
00 温疥	7/4165	37 邊通	1/77	3718_2 次	
21 温順	7/4326	3711_2 泥		80 次公	1/15
温仁	2/1020	00 泥靡	1/483	3722_7 祁	
温何	3/1587	3711_7 汜		27 祁侯它	3/1602
26 温偶騅王	3/2145	79 汜勝之	1/339	40 祁太伯	10/5255
31 温福	9/4897				

3730_2—4003_0　　過遲逢逯軍郎冥塗冷泠游洓遂遫道九力大

3730_2　過	3813_7　冷	32 遫濮王　　3/2121
47 過期　　1/429	00 冷廣　　6/3556	3830_6　道
3730_5　遲	21 冷何齊　　1/512	30 道房　　3/2059
47 遲昭平　　4/2202	泠	4001_7　九
逢	00 泠襃　　3/1566	31 九江被公　　1/54
20 逢信（弘農太守）　　7/4277	10 泠耳　　5/3000	九江祝生　　4/2388
逢信（翟方進傳）　　7/4278	21 泠順　　7/4322	4002_7　力
	22 泠豐　　1/207	17 力子都　　1/689
	30 泠安　　2/1198	28 力牧　　9/4947
3730_9　逯	3814_7　游	4003_0　大
80 逯並　　8/4752	12 游水發根　　2/1090	06 大謁者章　　3/1776
逯普　　5/3335	28 游徼莽　　6/3620	16 大理信　　7/4274
3750_6　軍	45 游棣子　　5/2921	17 大司農延　　3/1395
21 軍須靡　　1/481	洓	大司農宏　　4/2449
27 軍侯弘　　4/2418	50 洓中翁　　1/176	大司農堯（永光元年）　　3/1472
30 軍宿　　9/4957	3830_3　遂	大司農堯（元延三年）　　3/1473
3772_7　郎	53 遂成（雲中太守）　　4/2298	大司農輔　　5/3323
50 郎中春　　2/984	遂成（期門郎）　　4/2299	大司馬護軍襃　　3/1567
郎中令賀　　8/4508	80 遂義　　7/3893	20 大禹　　5/3208
3780_0　冥	3830_4　遫	21 大行令丘　　4/2632
47 冥都　　1/682	遫（雲中守遫）　　9/4927	大行令光　　3/1833
3810_4　塗		22 大樂　　9/5100
97 塗惲　　5/3387		37 大鴻臚禹　　5/3215
		大鴻臚勳　　2/1119

	大鴻臚梁	3/1794	90	太常定	8/4736	44	左姑夕侯蘇	1/750
	大鴻臚由	4/2575		太常臣昌	3/1741	53	左咸（大鴻臚）	
	大鴻臚顯	6/3444						4/2814
	大鴻臚賞	6/3611		4003_8 夾			左咸（郡守九卿）	
	大鴻臚慎	7/4346	72	夾氏	5/3109			4/2815
	大祿	9/4863					左咸（講春秋者）	
45	大姊	5/3075		4010_0 士				4/2816
47	大奴駿	7/4341		士（內史士）	7/3995		左咸（博士）	4/2817
	大奴善	6/3437	12	士孫張	3/2084	60	左曰逐王都	1/692
50	大中大夫彊	3/1898	21	士伍開章	3/1775	71	左阿君	2/915
	大中大夫嘉	3/1657				72	左氏	5/3100
55	大農令殷	2/934		4010_2 左		77	左賢王	3/2134
	大農令客	10/5323	26	左吳	1/752	80	左谷蠡王	3/2136
	大農令惠	7/4212	27	左修	4/2622			
58	大贅侯輔	5/3328	27	左將黃同	1/241		直	
71	大長公主	5/3177		左伊秩訾	1/438	10	直不疑	1/374
77	大且渠奢	3/1685		左伊秩訾王	3/2143	42	直彭祖	5/3293
	大閼氏	1/498		左犁汙王咸	4/2837	46	直相如	1/555
			30	左安侯	4/2655	77	直堅	3/1429
	太		31	左馮翊讓	8/4605			
22	太僕譚	4/2798		左馮翊武（元平元			4010_7 壺	
	太僕賀	8/4495		年）	5/3277	00	壺充國	10/5230
	太僕嬰	4/2253		左馮翊武（河平三		20	壺信	7/4275
23	太傅豹	8/4479		年）	5/3278	21	壺衍鞮	1/529
30	太守譚	4/2799		左馮翊彊	3/1899	38	壺遂	7/4192
	太守勝	8/4679		左馮翊官	2/1238	77	壺關三老	6/3521
72	太后旁弄兒	1/445		左馮翊常	3/2099			
74	太尉弱	9/5134	40	左大將	8/4634		4021_1 堯	
80	太公	1/19		左大且渠	1/599		堯（大司農堯）	
	太公家令	8/4758		左內史敞	6/3586			3/1472

堯（大司農堯）		10 李焉　　3/1441
3/1473	**布**	李平　　4/2197
堯（尚書令堯）	03 布就　　8/4826	11 李疆（大中大夫）
3/1474		3/1909
	4024$_7$ 皮	李疆（益州牧）
4022$_7$ 南	30 皮容　　1/237	3/1912
南（金當母南）		12 李延年　3/1298
4/2845	**4040$_0$ 女**	李延壽　6/3702
10 南正重　7/3817	12 女孫敬　8/4652	16 李聖　　8/4720
南夏常　3/2100	41 女嫖　　3/1526	17 李尋　　4/2755
13 南武侯織 10/5276	43 女娥　　3/1612	李子（兵家）5/2970
26 南粵御史平 4/2203	55 女捷　 10/5458	李子（法家）5/2971
南粵相呂嘉 3/1626	60 女嬰　 10/5464	18 李敢　　6/3784
27 南將軍　2/1128	74 女陵　　4/2163	20 李舜　　7/4309
南郎侯起 5/3001	75 女陳持躬 1/253	李信（待詔）7/4258
30 南宮公主 5/3173	80 女弟則 10/5306	李信（李廣先人）
76 南陽守齮 5/2996		7/4259
南陽孔氏 5/3082	**4040$_1$ 幸**	李季　　7/4038
南陽暴氏 5/3083	53 幸成　　4/2295	李禹　　5/3206
77 南閭　　1/603		21 李步昌　3/1721
80 南公　　1/18	**4040$_7$ 李**	22 李崇　　1/143
	00 李充　　1/163	24 李緒　　5/3232
内	李竟　　8/4761	25 李仲　　7/3794
30 内官長賜 7/3971	李育　　9/4925	李种（坐故縱死罪）
50 内史充　1/159	李齊　　1/519	1/247
内史士　7/3995	李廣　　6/3553	李种（坐逆大將軍
内史藩　2/1270	李廣利　7/4018	意）　　1/248
内史印　3/1784	李文　　2/1063	26 李息（將軍）
	01 李譚　　4/2787	10/5318
有	06 李親　　2/1140	李息（黄門侍郎）
37 有祿　　9/4858		10/5319

	李息（大行）		李婕妤（李平）	**4046₁ 嘉**	
		10/5320		1/614		
27	李歸	2/824	47 李椒	3/1524	嘉（博士嘉）	3/1655
28	李微	1/499	李款	5/3416	嘉（中尉嘉）	3/1656
	李微	2/857	48 李松	1/304	嘉（大中大夫嘉）	
	李牧	9/4950	50 李夫人（中山李夫			3/1657
30	李宮	1/151	人）	2/944	嘉（廷尉嘉）	3/1658
	李良（兵形勢家）		李忠	1/98	嘉（長信少府臣嘉）	
		3/1807	李由	4/2570		3/1663
	李良（陣餘傳）		53 李成	4/2291		
		3/1808	60 李思	1/423	**4050₆ 韋**	
32	李冰	4/2530	李暈	10/5463	00 韋方山	2/1250
33	李必	9/4999	67 李哆	6/3544	韋育	9/4019
37	李沮	5/3241	71 李長	3/1867	韋玄成（丞相）	
	李通	1/80	72 李氏（魏君李氏）			4/2318
38	李游君	2/914		5/3088	韋玄成（淮南中尉）	
40	李太后（梁李太后）		李氏（藝文志）			4/2319
		6/3776		5/3116	韋玄成（字少翁）	
	李友	6/3722	74 李陵	4/2162		4/2320
	李左車	1/626	80 李翁	1/186	12 韋弘	4/2412
	李克	10/5350	李禽	10/5411	17 韋孟	8/4802
	李南	4/2844	李義	7/3889	20 韋舜	7/4308
	李女須	1/620	李朔	9/5129	30 韋寬	2/1218
	李壽	6/3685	90 李光	3/1844	韋家栗氏	5/3091
	李柱國	10/5245	李光（元鳳六年廷		韋安世	7/3905
41	李姬	1/465	尉）	3/1845	37 韋沈	4/2759
44	李琴	4/2758	李少君	2/902	44 韋堪	4/2840
	李蔡	7/4127	李尚	8/4566	77 韋賢	3/1332
45	李婕妤（王商所求援		李當戶	5/3355	90 韋賞	6/3607
	者）	1/613				

4060_0—4141_2　　右吉喜奢奇壽去袁賁難索柱檀梓棓狂犴姬

4060_0　右

21 右師譚	4/2800
31 右渠	1/597
右渠子長	3/1870
40 右大且方	3/2030
55 右扶風廣	6/3558
右扶風彊	3/1900
77 右賢王	3/2133
80 右谷蠡王	3/2135

4060_1　吉

吉（謁者吉）	9/4982
吉（光祿大夫吉）	
	9/4984

喜

喜（涉都侯喜）	
	5/3061
喜（衍功侯喜）	
	5/3062

4060_4　奢

奢（大且渠奢）	
	3/1685

4062_1　奇

奇（長安尉奇）	
	1/393

4064_1　壽

壽（臣壽）	6/3689
10 壽西長	6/3622
30 壽良	3/1814
53 壽成	4/2300

4073_1　去

47 去胡來王	3/2147
去胡來王唐兜	4/2672

4073_2　袁

16 袁聖	8/4719
80 袁益	8/4617

4080_6　賁

00 賁充	1/157
11 賁麗	7/4046
25 賁生	4/2365
44 賁赫	10/5315

4081_5　難

40 難支	1/412
41 難棲	1/546
77 難兜靡	1/476

4090_3　索

21 索盧恢	2/818

4091_4　柱

16 柱天侯	4/2650

4091_6　檀

71 檀長卿	4/2229

4094_1　梓

94 梓愼	7/4347

4096_1　棓

25 棓生	4/2352

4121_4　狂

10 狂王	3/2115
40 狂女碧	10/5371

4124_0　犴

72 犴反	5/3430

4141_2　姬

00 姬廉	4/2865
03 姬就	8/4828
12 姬延年	3/1292
13 姬武	5/3273
30 姬安	2/1200
40 姬南	4/2843
姬嘉	3/1618
44 姬世	7/3926
60 姬置	7/3981
90 姬常	3/2096
姬黨	6/3614
姬當	3/1986

4149_1 嫖

嫖（女嫖） 3/1526

4191_6 桓

01 桓譚	4/2797
25 桓生	4/2364
27 桓侯賜	7/3967
桓將軍	2/1127
30 桓寬	2/1223
44 桓楚	5/3345
66 桓嬰	4/2272
80 桓公（魯國桓公）	1/41

4192_0 柯

柯（楊州刺史柯） 3/1612

4194_0 杆

44 杆者	6/3542
79 杆勝	8/4667

4196_9 梧

00 梧育 9/4922

4212_2 彭

彭（臣彭）	4/2558
16 彭聖	8/4715
24 彭偉	5/3377
26 彭吳	1/754
30 彭宣	3/1418
32 彭業	10/5450
37 彭祖（京兆尹彭祖）	5/3291
43 彭越	9/5044

4220_0 蒯

15 蒯聵	7/4175
37 蒯通	1/61

4221_2 獵

72 獵驕靡 1/482

4223_0 狐

00 狐鹿姑	1/767
44 狐蘭支	1/413

4240_0 荊

51 荊軻 3/1609

4241_3 姚

10 姚平	4/2196
17 姚尹	5/3392
30 姚定漢（諸常使）	7/4377
姚定漢（黃門郎）	7/4378
72 姚氏（北道姚氏）	5/3086
77 姚印	3/1787
97 姚恂（尚書令）	2/1092
姚恂（初睦侯）	2/1093

4241_4 婼

婼 7/4241

4242_7 嫣

60 嫣昌 3/1746

4252_1 靳

00 靳亭	4/2543
10 靳石封	1/269
11 靳彊	3/1902
27 靳解	5/3366
30 靳安漢	7/4373
47 靳胡	1/700
50 靳忠	1/92
66 靳嚴	4/2852
87 靳歙	10/5407

蘄

10 蘄石 10/5347

4292_7 橋

00 橋庇子庸	1/274
橋庇	7/4003
21 橋仁	2/1026

47

42 橋桃	3/1575	

4304_2 博

博（將軍博）	9/5105
10 博平君	2/903
40 博士平	4/2191
博士江公	1/35
博士嘉	3/1655
博士中	1/164
博士賜	7/3969
博士臣霸	8/4537
博士臣賢	3/1346

4313_2 求

00 求商	3/1890

4315_0 城

76 城陽偃	6/3470

4323_2 狼

21 狼何	3/1590

4346_0 始

53 始成	4/2296

4365_0 哉

40 哉皮	1/491

4380_0 貳

21 貳師軍長史	5/3036

4380_5 越

越（醴陵陵越）	9/5049
10 越巫勇	5/2867
74 越馳義侯遺	1/378

4385_0 戴

16 戴聖	8/4717
21 戴仁	2/1022
22 戴崇	1/138
23 戴參	4/2782
24 戴德（高堂生弟子）	10/5180
戴德（字延君）	10/5181
27 戴級	10/5417
30 戴安昌	3/1719
67 戴野	6/3541
71 戴長樂	9/5083
79 戴勝	8/4670
80 戴午	5/3350

4410_0 封

80 封煎	3/1463

4410_2 蓋

00 蓋主孫譚	4/2801
30 蓋寬饒	3/1485
80 蓋公	1/48

苴

72 苴氏	5/3094

4410_5 董

02 董訕	9/4996
13 董武	5/3271
17 董子	5/2956
21 董偃	6/3476
董訾	1/436
25 董仲舒	1/569
30 董寬信	7/4285
董永	6/3641
董宏	4/2443
董憲	8/4464
董安漢	7/4374
董安國	10/5216
34 董漯	9/5071
37 董通年	3/1316
40 董赤（成侯漯之子）	10/5337
董赤（内史）	10/5338
董喜	5/3055
44 董赫	10/5314
董恭	1/189
47 董朝	3/1492
50 董忠（高昌壯侯）	1/83
董忠（莽大司馬）	1/84

60 董罷軍	2/1123	
67 董昭義	1/457	
77 董翳	7/3901	
董賢（金吾之孫）		
	3/1330	
董賢（高安侯）		
	3/1331	
80 董無心	4/2683	
董舍吾	1/738	
董公	1/7	

4411_2 范

范（代郡范）	6/3786
00 范主	5/3188
范齊	1/516
范方渠	1/595
12 范延壽	6/3703
18 范政	8/4786
23 范代	7/4159
27 范蠡	6/3138
33 范逡	2/1170
48 范增	4/2248
50 范夫人	2/955
60 范昆	2/1178
67 范明友	6/3718
77 范隆	1/220

地

55 地典	6/3489

4412_7 蒲

27 蒲將軍	2/1126
44 蒲苴子	5/2930
62 蒲呼盧訾	1/440

4412_9 莎

50 莎車王萬年	3/1312

4414_2 薄

17 薄胥堂	3/2046
33 薄梁	3/1793
41 薄姬	1/460
53 薄戎奴	1/720
67 薄昭	3/1508
薄昭	3/1573
72 薄后（孝景薄后）	
	6/3760

4416_4 落

10 落下閎	4/2432

4416_9 藩

藩（內史藩）	2/1270

4420_2 蓼

40 蓼太子	5/2891

4421_4 莊

10 莊賈	6/3534
17 莊忌	7/3949
莊子	5/2965
23 莊參	4/2784
莊忽奇	1/391
30 莊安	2/1201
50 莊青翟	10/5317
62 莊蹻	9/5143

4422_1 猗

51 猗頓	7/4361

4422_2 茅

44 茅蘭	2/1229

4422_7 蕭

00 蕭育	9/4921
蕭慶	8/4691
蕭章	3/1766
12 蕭延	3/1392
15 蕭建世	7/3907
20 蕭禹	5/3223
蕭系	7/4048
蕭秉	6/3668
21 蕭何	3/1579
27 蕭伋	10/5421
35 蕭遺	1/384
37 蕭望之	1/349
蕭祿	9/4855
40 蕭嘉	3/1628
蕭奮	7/4355

蕭喜	5/3044	10 萬石嚴嫗	1/668	**4439₄ 蘇**	
蕭壽成	4/2326	25 萬生	4/2359		
44 蕭獲	9/5115	80 萬年（莎車王萬年）		蘇（左姑夕侯蘇）	
50 蕭由	4/2577		3/1312		1/750
53 蕭輔	5/3313	萬年（烏孫公主小子）		00 蘇意	7/3867
蕭咸（大司農）			3/1311	蘇文	2/1064
	4/2823	萬年（都尉）	3/1312	蘇章	3/1773
蕭咸（弘農太守）				10 蘇元	3/1359
	4/2824	**4423₂ 蒙**		12 蘇弘	4/2403
蕭咸（王嘉所薦能吏）		蒙（宮人蒙）	1/284	13 蘇武	5/3260
	4/2825	92 蒙恬	4/2860	15 蘇建	8/4429
蕭咸（董賢傳）				蘇建（鄭令蘇建）	
62 蕭則	10/5300	**4424₂ 蔣**			8/4430
79 蕭勝	8/4661	07 蔣詡	5/3228	17 蘇子	5/2980
80 蕭尊	2/995			20 蘇季	7/4034
蕭公角	9/5075	**4425₃ 茂**		21 蘇盧	1/763
		74 茂陵徐生	4/2389	22 蘇樂	9/5097
蘭		茂陵守令尹公	1/56	26 蘇息	10/5324
72 蘭氏	5/3136			27 蘇角	9/5078
74 蘭陵繆生	4/2390	**4430₂ 芝**		28 蘇縱	1/265
		00 芝音	4/2724	37 蘇通國	10/5246
藺				40 蘇嘉	3/1653
17 藺忌	7/3950	**4433₁ 燕**		48 蘇猶	4/2587
77 藺卿	4/2244	13 燕武	5/3270	50 蘇夷吾	1/740
		27 燕級	10/5414	60 蘇回	2/830
蕳		30 燕安	2/1199	蘇昌	3/1696
27 蕳包	3/1578	44 燕舊	6/3744	70 蘇雕	3/1519
		46 燕相平	4/2200	77 蘇隆	1/223
萬		80 燕尊	2/996	蘇朋	4/2549
00 萬章	3/1777	燕倉	3/1977	蘇屠胡	1/708

蘇賢（蘇建之子）	3/1339	21 莽何羅	3/1608	韓安國（大司農）	10/5205
蘇賢（長安男子）	3/1340	**4445$_6$ 韓**		韓安國（定襄太守）	10/5206
80 蘇令	8/4759	00 韓立	10/5382	韓容（執金吾）	1/234

4440$_1$ 芋

66 芋嬰	4/2269	韓商	3/1887		
		韓廣	6/3545	韓容（副校尉）	1/235
		韓玄	3/1372		

4440$_7$ 孝

		04 韓譆	3/1571	韓寶	6/3509
		08 韓放	8/4598	31 韓福	9/4877
		韓說	9/5056		
00 孝文竇皇后	6/3758	10 韓王	3/2125	34 韓遼	3/1525
孝哀傅皇后	6/3772	韓王信	7/4243	36 韓況	8/4589
10 孝元王皇后	6/3768	韓不害	7/4149	41 韓嫣（頹當孽孫）	6/3490
孝平王皇后	6/3776	12 韓延壽	6/3697		
13 孝武陳皇后	6/3762	韓延壽門卒	9/5002	韓嫣（字王孫）	6/3491
孝武衛皇后	6/3763	韓延年	3/1296		
30 孝宣許皇后	6/3765	17 韓子	5/2976	韓嫣（外戚傳）	6/3492
孝宣王皇后	6/3767	20 韓信	7/4266		
孝宣霍后	6/3766	韓千秋	4/2597	43 韓博	9/5109
50 孝惠張后	6/3757	21 韓頹當	3/1988	44 韓共	1/3113
53 孝成許皇后	6/3770	22 韓岑	4/2748	48 韓增	4/2249
孝成班婕妤	1/615	24 韓勳	2/1117	53 韓成	4/2275
孝成趙皇后	6/3771	韓幼孺	7/4064	韓威	2/835
60 孝景王皇后	6/3761	25 韓生（項籍傳）	4/2346	54 韓持弓	1/256
孝景薄后	6/3760			60 韓昌	3/1708
67 孝昭上官皇后	6/3764	韓生（涿郡韓生）	4/2391	62 韓則	10/5303
77 孝兒	1/444			66 韓嬰（襄城哀侯）	4/2266
		26 韓釋之	1/344		
4444$_8$ 莽		28 韓牧	9/4945	韓嬰（常山太博）	4/2267
莽（游徼莽）	6/3620	30 韓宣	3/1425		

4446_0—4474_1　　姑華革苗若苟老世葛萇茲薛

71 韓臣	2/876	4450_6　革		4471_7　世	
77 韓隆	1/224	25 革朱	1/624	17 世子	5/2955
韓陶	3/1572	43 革式	10/5356	世子碩	10/5349
韓毋辟	7/4013	50 革奉	7/3830	4472_7　葛	
韓毋辟	10/5365	60 革昌	3/1715	66 葛嬰	4/2270
韓興	4/2499	4460_0　苗		4473_2　萇	
80 韓義	7/3896	02 苗訢	2/1039	12 萇弘	4/2415
98 韓敵	6/3581	17 苗子	5/2992	茲	
4446_0　姑		4460_4　若		40 茲力支	1/415
17 姑翼	10/5370	若（妻若）	9/5121	4474_1　薛	
18 姑瞀樓頭	4/2642	若（淳于長母若）		00 薛方	3/2029
26 姑息王	3/2139		9/5122	薛廣德	10/5200
27 姑句	4/2674	10 若豆	8/4835	17 薛子仲	7/3800
44 姑莫匿	10/5368	若零	4/2561	20 薛穰	3/2042
4450_4　華		76 若陽侯猛	6/3663	21 薛順	7/4329
01 華龍	1/217	77 若兒	1/449	22 薛山	2/1251
10 華要	8/4467	4462_7　苟		27 薛修	4/2625
24 華告	8/4486	23 苟參	4/2778	30 薛宣	3/1412
30 華容夫人	2/940	27 苟伋	10/5420	36 薛況（右曹侍郎）	
華寄	7/3931	苟彘	7/3975		8/4583
華定國	10/5237	30 苟賓	2/1172	薛況（陽翟人）	
37 華祿	9/4856	4471_2　老			8/4584
44 華勃	9/4964	44 老萊子	5/2918	薛澤	10/5285
45 華婕妤	1/617	53 老成子	5/2908	薛去病	8/4705
53 華成	4/2304			44 薛恭	1/194
77 華毋傷	3/1950				
華毋害	7/4152				
90 華當	3/1984				

50 薛惠	7/4215		楚		10 黃霸	8/4514
67 薛明	4/2486				25 黃生	4/2356
77 薛歐	4/2603	17 楚子	5/2969	38 黃遂	7/4191
80 薛公（彭越將）	1/4	77 楚服	9/4932	50 黃忠	1/106
薛公	1/5			黃奉漢	7/4375
			甇		黃極忠	1/93
4477₀ 甘		97 甇憚	5/3389	53 黃輔	5/3317
12 甘延壽	6/3699			67 黃明	4/2481
15 甘建	8/4437		4480₄ 樊	77 黃同（左將黃同）	
24 甘德	10/5184	00 樊市人	2/964		1/241
31 甘遷	3/1379	樊章	3/1765	80 黃義	7/3895
46 甘相	8/4618	20 樊伉	3/2086	黃公（疵）	1/21
50 甘忠可	6/3532	22 樊崇	1/142	黃公（四皓之一）	
80 甘父	5/3248	25 樊仲子	5/2894		1/22
甘公	1/39	30 樊它廣	6/3555	82 黃錘	2/848
		31 樊福	9/4905	黃瓶	1/543
4480₁ 其		40 樊嘉	3/1666	90 黃賞	6/3602
其（劉仲卿妻其）		68 樊噲	7/4124	98 黃敞	6/3580
	1/328	79 樊勝客	10/5314	99 黃榮成	4/2313
00 其章	3/1768	80 樊並	8/4742		
10 其石	10/5346	90 樊少翁	1/183	4490₁ 蔡	
21 其仁	2/1019			03 蔡誼	7/3989
30 其安國	10/5211		4480₅ 英	10 蔡平	4/2187
80 其益壽	6/3708	40 英布	7/4076	12 蔡琴	5/3378
其午	5/3351	英布幸姬	1/473	20 蔡千秋	4/2599
				30 蔡客	10/5334
共			4480₆ 黃	蔡寅	1/426
40 共友	6/3723	00 黃疵	1/443	31 蔡福	9/4893
58 共敖	3/1543	黃帝	7/4049	42 蔡彭祖	5/3292
74 共尉	7/4201	07 黃調	3/1479	47 蔡奴	1/712

53 蔡戎	1/300	22 杜緩	5/3413	92 杜恬	4/2855
60 蔡甲	10/5432	23 杜參	4/2779		
66 蔡賜	7/3960	24 杜勳	2/1116	\multicolumn{2}{c}{4496₁ 藉}
70 蔡辟方	3/2027	26 杜伯	10/5256	31 藉福	9/4906
80 蔡兼	4/2847	杜但	7/4405		
蔡父	5/3250	杜吳	1/756	\multicolumn{2}{c}{4498₆ 橫}
蔡義（陽平節侯）		杜得臣	2/872	橫（據侯橫）	4/2214
	7/3887	27 杜穉季	7/4040		
蔡義（少府）	7/3888	30 杜憲	8/4461	\multicolumn{2}{c}{4499₀ 林}
蔡公	1/24	杜它	3/1598	林（諫大夫林）	
		32 杜業	10/5448		4/2729
\multicolumn{2}{c}{4490₃ 綦}	37 杜鄴	10/5469	林（冀州刺史林）	
77 綦母印	3/1786	43 杜式	10/5359		4/2733
		44 杜蒼	3/1974	林（同說侯林）	
\multicolumn{2}{c}{4490₄ 荼}	杜林	4/2734		4/2737
荼（淮南后荼）		46 杜相	8/4621	44 林摯	7/3990
	1/772	杜相夫	1/725	70 林辟彊	3/1895
92 荼恬	4/2858	50 杜中	1/165	80 林尊	2/999
		杜忠	1/99	90 林常驪	2/1242
\multicolumn{2}{c}{4491₀ 杜}	53 杜輔（建平侯延年之			
杜（西道諸杜）		曾孫）	5/3314	\multicolumn{2}{c}{4541₀ 姓}
	5/3359	杜輔（侍中）	5/3315	24 姓偉	5/3376
00 杜意	7/3870	72 杜氏（安陵杜氏）			
杜文公	1/17		5/3092	\multicolumn{2}{c}{4542₇ 執}
12 杜延年	3/1280	74 杜陵史氏	5/3090	72 執盾襄	3/2016
13 杜武	5/3264	77 杜周	4/2615	80 執金吾平	4/2190
15 杜建	8/4446	80 杜普	5/3342	執金吾延壽	6/3705
17 杜君敖	3/1547	杜公子	5/2932	執金吾輔	5/3324
20 杜爱	3/1461	87 杜欽	4/2694	執金吾賢	3/1345
21 杜熊	1/291	90 杜少	8/4469		

4550_2 摯

27 摯綱　　　3/2150

4594_4 樓

04 樓護　　　7/4094
91 樓煩　　　2/1273

4600_0 加

加（守廷尉加）
　　　　　　3/1668

4640_0 如

27 如侯　　　4/2653
72 如氏（平陵如氏）
　　　　　　5/3093
80 如普　　　5/3341

4680_6 賀

賀（太僕賀）8/4495
賀（郎中令賀）
　　　　　　8/4508

4690_0 相

46 相如（都尉相如）
　　　　　　1/559
50 相夫　　　1/730
53 相成　　　4/2294
79 相勝之　　1/340

柏

40 柏直　　　10/5294
43 相始昌　　3/1728

4690_3 絮

20 絮舜　　　7/4312

4692_7 楊

00 楊章　　　3/1778
01 楊譚（赤泉侯喜七世孫）　　4/2792
　楊譚（安平侯敞之孫）　　4/2793
07 楊贛　　　7/3837
09 楊談　　　4/2809
10 楊玉　　　9/4914
　楊覆重　　7/3818
　楊可　　　6/3531
　楊焉　　　3/1440
　楊王孫　　2/1045
13 楊武　　　5/3267
17 楊孟嘗　　3/2107
20 楊信　　　7/4286
20 楊季主　　5/3187
21 楊何　　　3/1588
　楊熊　　　1/288
　楊皆　　　2/795
22 楊僕　　　9/4876
26 楊得意　　7/3861

30 楊宣　　　3/1415
　楊寄　　　7/3935
32 楊州刺史柯　3/1612
34 楊湛　　　8/4845
40 楊喜　　　5/3046
　楊雄　　　1/321
　楊去疾　　9/4988
50 楊夫人　　2/952
　楊忠　　　1/82
53 楊輔　　　5/3322
58 楊敷　　　1/780
67 楊明　　　4/2487
72 楊彤　　　1/320
77 楊囷　　　4/2427
　楊毋害　　7/4153
　楊興（中郎將）
　　　　　　4/2500
　楊興（諫大夫）
　　　　　　4/2501
　楊興（長安令）
　　　　　　4/2502
80 楊並　　　8/4746
90 楊光　　　3/1854
94 楊恢　　　2/812
97 楊憚　　　5/3383
98 楊敞　　　6/3573
　楊敞（大司農）
　　　　　　6/3574
99 楊榮　　　4/2207

55

4721_2 猛

猛（若陽侯猛） 6/3663

猛（少府猛） 6/3665

17 猛子 5/2989

4722_7 郁

53 郁成王 3/2116

郝

30 郝宿王刑未央 3/2055

77 郝賢 3/1338

90 郝黨 6/3616

4742_0 朝

朝（都尉朝） 3/1496

朝（中郎將朝） 3/1497

17 朝那 3/1611

28 朝鮮王滿 5/3409

朝鮮裨王長 6/3625

4744_0 奴

奴（主爵都尉奴） 1/723

00 奴康 3/1965

4744_7 嫂

77 嫂居次 7/4008

4752_0 鞠

01 鞠譚 4/2804

4762_0 胡

胡（梁謁者胡） 1/711

00 胡應 8/4781

10 胡亞夫 1/735

胡巫 1/776

11 胡非子 5/2925

13 胡武 5/3281

15 胡建 8/4443

25 胡生 4/2357

胡倩 8/4755

37 胡祖 5/3299

77 胡母生 4/2378

胡毋敬 8/4650

90 胡常 3/2104

胡常之 1/357

4762_7 都

都（左日逐王都） 1/692

23 都稽 1/526

27 都犁胡次 7/4009

38 都塗吾西 1/544

74 都尉祿 9/4853

都尉相如 1/559

都尉朝 3/1496

77 都隆奇 1/396

4772_7 邯

邯（鉤町王邯） 4/2769

67 邯鄲 2/1235

邯鄲摎氏 5/3087

4780_1 起

起（南鄶侯起） 5/3001

4780_2 趣

37 趣逯 9/4956

4782_7 鵻

33 鵻冶子

4792_0 柳

00 柳褎 3/1562

栩

77 栩丹 2/1268

4794_7 穀

33 穀梁喜 5/3060

4816_6 增

25 增秩 9/5021

4840₀ 姒

22 姒豐　　　　　1/208

4864₀ 敬

敬（女孫敬）　　8/4652
13 敬武長公主　　5/3180
敬武公主　　　　5/3179

4894₀ 枚

20 枚乘　　　　　4/2457
26 枚皋　　　　　3/1569
44 枚赫　　　　 10/5316
47 枚根　　　　　2/1091

4895₇ 梅

27 梅免　　　　　6/3434
31 梅福　　　　　9/4912
86 梅鋗　　　　　3/1278

4898₁ 樅

80 樅公　　　　　　1/8

4928₀ 狄

22 狄山　　　　　2/1256

4980₂ 趙

00 趙充國（營平壯侯）
　　　　　　　 10/5221
　 趙充國（昌武侯）
　　　　　　　 10/5222

趙高　　　　　　3/1530
趙廣漢　　　　　7/4364
趙文王　　　　　3/2111
趙玄（御史大夫）
　　　　　　　　3/1365
趙玄（太子太傅）
　　　　　　　　3/1366
趙襄　　　　　　3/2018
趙襄子　　　　　5/2898
01 趙譚　　　　　4/2806
02 趙訢（成陽侯）
　　　　　　　　2/1032
　 趙訢（爰戚侯長年之
　　子）　　　　2/1033
04 趙護　　　　　7/4092
07 趙調　　　　　3/1480
08 趙放（隋桃侯光之玄
　　孫）　　　　8/4593
　 趙放（酒趙放，長安
　　大猾）　　　8/4601
09 趙談　　　　　4/2807
10 趙王孫　　　　2/1046
　 趙王姊　　　　5/3074
　 趙不虞　　　　1/631
　 趙不害　　　　7/4145
　 趙平　　　　　4/2169
　 趙貢　　　　　7/3838
11 趙頭　　　　　4/2641
12 趙弘　　　　　4/2404
　 趙延世　　　　7/3912

13 趙武靈王　　　3/2129
14 趙破奴　　　　1/715
15 趙建德（術陽侯趙建
　　德）　　　 10/5194
17 趙子　　　　　5/2946
　 趙子兒　　　　1/453
　 趙君都　　　　1/690
20 趙信　　　　　7/4262
　 趙季　　　　　7/4036
　 趙禹　　　　　5/3212
21 趙何齊　　　　1/517
　 趙步昌　　　　3/1720
　 趙衍　　　　　6/3479
22 趙岑　　　　　4/2744
　 趙彪　　　　　4/2643
　 趙利　　　　　7/4017
23 趙佗　　　　　3/1604
　 趙綰　　　　　5/3421
24 趙德　　　　 10/5188
25 趙繡　　　　　8/4834
26 趙皇后（孝成趙皇
　　后）　　　　6/3771
27 趙修　　　　　4/2620
　 趙將夕　　　 10/5353
　 趙殷　　　　　2/931
　 趙伋　　　　 10/4419
　 趙終根　　　　2/1088
28 趙徵卿　　　　4/2223
　 趙牧　　　　　9/4944
30 趙安稽　　　　1/525

	趙安國	10/5217		趙昌	3/1734		
	趙它	3/1600		趙昌樂	9/5084	\5000₆ 中	
	趙定	8/4737	66	趙嬰齊	1/520		
	趙賓	2/1173	67	趙明	4/2489	中（脩成君子）	1/173
31	趙涉	10/5442		趙昭儀	1/456	06 中謁者信	7/4283
	趙福	9/4898		趙歇	9/5066	21 中行說	9/5065
37	趙次公	1/59	71	趙既	7/4044	22 中山靖王子噲	7/4126
	趙過	8/4512		趙長年	3/1315	中山衛姬	1/471
40	趙左君	2/905	72	趙氏	5/3122	中山李夫人	2/944
	趙堯（江邑侯）	3/1469	77	趙周	4/2613	37 中郎將綰	5/3424
				趙閎	4/2429	中郎將江	3/2067
	趙堯（中謁者）	3/1470		趙興	4/2511	中郎將朝	3/1497
				趙賢	3/1342	40 中大夫疾	9/4994
	趙賁	2/1159	78	趙臨	4/2708	中大夫意	7/3864
	趙賁內史保	6/3525	80	趙仿與公	1/53	44 中黃直	10/5294
41	趙姬	1/462		趙並	8/4754	74 中尉高	3/1542
42	趙彭祖	5/3290		趙弟	5/3156	中尉廣意	7/3857
43	趙博	9/5108		趙兼	4/2846	中尉霸	8/4534
	趙始成	4/2332		趙父	5/3249	中尉安	2/1208
44	趙萌	4/2538		趙午	5/3352	中尉宏	4/2450
45	趙婕妤	1/607		趙食其	1/327	中尉嘉	3/1656
47	趙胡（佗孫）	1/697	87	趙欽（新成侯）	4/2691	90 中常侍王參	4/2783
	趙胡（將夕之孫）	1/698		趙欽（營平侯充國之孫）	4/2692	申	
	趙都	1/681				00 申章昌	3/1739
48	趙增壽	6/3715	90	趙光	3/1838	16 申碭	8/4639
50	趙夷吾	1/739	94	趙恢（右輔都尉）	2/809	17 申子	5/2973
	趙奉壽	6/3714				24 申徒	1/775
	趙春	2/985		趙恢（城門將軍）	2/812	53 申咸	4/2833
60	趙國貫公	1/42				57 申輓	5/3431

76	申陽（瑕丘申陽）		30	史寬舒	1/570	夫人同	1/244
		3/1925		史良娣	7/4025		
77	申屠建	8/4448		史定	8/4741	5003_2 夷	
	申屠聖	8/4714	37	史淑	9/4824	30 夷安公主	5/3182
	申屠嘉	3/1654		史通子	5/2892		
	申屠博	9/5103	38	史游	4/2583	攘	
	申屠共	1/309	40	史柱國	10/5244	攘（雁門守攘）	
	申屠臾	1/663	44	史恭	1/193		6/3629
80	申公（楚中大夫）			史獲	9/5116	5004_7 掖	
		1/12	47	史邯	4/2764	00 掖庭令輔	5/3327
	申公（公孫卿之師）			史起	5/3008		
		1/13	50	史中	1/169	5013_6 蟲	
			72	史氏（杜陵史氏）		26 蟲皇柔	4/2640
	史				5/3090	30 蟲宣	3/1412
			77	史丹	2/1257	34 蟲達	9/5041
00	史立	10/5398	80	史曾	4/2250	55 蟲捷	10/5457
	史高	3/1534	88	史籀	8/4832		
	史育	9/4924				5022_7 青	
	史玄	3/1361		車			
04	史諶	4/2761				50 青史子	5/2927
07	史望	8/4632	10	車牙若單于	1/640		
08	史敦	2/1160		車平相輔	5/3326	5033_3 惠	
17	史習	10/5402	17	車丞相子	5/2938	惠（大農令惠）	
21	史術	9/5000		車丞相弟	5/3157		7/4212
	史熊	1/292	20	車千秋	4/2598	00 惠帝盈	4/2157
22	史岑	4/2745	21	車順	7/4312	17 惠子	5/2977
	史恁	4/2754	27	車犁	1/545		
	史崇	1/135	50	車忠	1/100	5033_6 忠	
26	史皇孫	2/1041	80	車令	8/4760		
	史皇孫進	7/4350				忠（男子忠）	1/101
	史皇孫夫人	2/945	5003_0 夫			忠（衛尉忠）	1/102
			80	夫人放	8/4591		

忠（少府忠）　　　1/103
忠（光禄大夫忠）
　　　　　　　　　1/104

5040_4 妻

21 妻貞　　　　　4/2523
44 妻若　　　　　9/5121

婁

48 婁敬　　　　　8/4643

5044_7 冉

12 冉弘　　　　　4/2411

5050_8 奉

44 奉世　　　　　7/3925
50 奉車子侯　　　4/2647
90 奉常斿　　　　4/2581
　　奉常信　　　　7/4247
　　奉常殷　　　　2/932
　　奉常根　　　　2/1089
　　奉常饒　　　　3/1486

5060_0 由

由（大鴻臚由）
　　　　　　　　　4/2575

5071_7 屯

11 屯頭王　　　　3/2124

5073_2 囊

86 囊知牙斯　　　1/419

5090_0 末

51 末振將　　　　3/2064
　　末振將　　　　8/4635

5090_3 素

90 素光　　　　　3/1858

5090_4 秦

00 秦充　　　　　1/161
13 秦武　　　　　5/3266
22 秦豐　　　　　1/210
40 秦嘉　　　　　3/1616
　　秦壽王　　　　3/2108
44 秦恭　　　　　1/195
46 秦楊　　　　　3/1945
47 秦執　　　　　10/5425
77 秦同　　　　　1/240
　　秦開　　　　　2/789

5090_6 東

00 東高　　　　　3/1541
　　東方朔　　　　9/5131
07 東郭先生　　　4/2386
　　東郭咸陽　　　3/1926
10 東平王后謁　　9/5071
　　東平陵終氏　　5/3089

68 東曬令延年　　3/1300
77 東門雲　　　　2/1079
80 東父　　　　　5/3251

5103_2 據

據（戾太子據）
　　　　　　　　　7/4075
27 據侯橫　　　　4/2214

5104_0 軒

72 軒丘豹　　　　8/4478

5202_1 折

44 折蘭王　　　　3/2117

5204_0 抵

抵（盧綰大將抵）
　　　　　　　　　5/3163

5212_7 蟜

07 蟜望　　　　　8/4628

5302_7 輔

輔（大司農輔）
　　　　　　　　　5/3323
輔（執金吾輔）
　　　　　　　　　5/3324
輔（梁太傅輔）
　　　　　　　　　5/3325
輔（車平相輔）
　　　　　　　　　5/3326

輔（掖庭令輔）	76 成陽公主 5/3168	45 戎婕妤 1/612
5/3327	77 成丹 2/1265	66 戎賜 7/3957
30 輔宗　　　1/121	80 成公生 4/2370	
	成公敞 6/3588	5400_0 拊
5320_0 成	90 成光（江都后成光）	
	3/1843	00 拊離 1/524
成（令史成）4/2322		5403_2 轅
成（御史成）4/2323	戚	
成（京兆尹成）		22 轅豐 1/197
4/2324	26 戚觸龍 1/215	25 轅生 4/2334
00 成帝劉驁　8/4472	戚鰓 2/785	27 轅終古 5/3305
成慶　　　8/4698	41 戚姬 1/461	60 轅固 7/4111
成方遂　　7/4199	50 戚中 1/166	
成褒　　　3/1561	53 戚夫人 2/937	5404_1 持
17 成君　　　2/886	77 戚賢 3/1337	22 持彎 7/4002
成已　　　5/2887	80 戚公 1/47	
20 成重（平帝時江湖	90 戚少 8/4468	5508_1 捷
盜）　　7/3844	戚常 3/2091	17 捷子 5/2968
成重（蕭由傳）		
7/3819	咸	5560_0 曲
成重（莽傳）7/3820	咸（呼韓邪子咸）	27 曲叔 9/4871
成信（關中人）	4/2836	
7/4260	咸（左犁汗王咸）	5560_6 曹
成信（右扶風吏）	4/2837	00 曹競 8/4764
7/4261	30 咸宣 3/1414	曹襄 3/2008
21 成順　　　7/4323		08 曹放 8/4599
23 成參　　　4/2777	5340_0 戎	17 曹羽 5/3233
27 成級　　10/5413	10 戎元生 4/2390	23 曹參 4/2773
47 成娩　　　6/3488	27 戎角 9/5076	24 曹偉能 4/2554
50 成忠　　　1/110	30 戎安國 10/5212	28 曹咎 3/1529
58 成軫　　　5/3404	40 戎嘉成 4/2311	30 曹宮 1/152

61

曹宏	4/2442	**揭**		5702_7 邦	
曹窋	9/4959	76 揭陽當時		邦（高祖邦）	3/1687
曹宗	1/117	5608_0 帜		5703_2 掾	
33 曹梁	3/1794	21 帜儒生	4/2379	10 掾平	4/2198
40 曹本始	5/3019	5612_7 蜎		77 掾隆	1/222
曹喜	5/3045	17 蜎子	5/2962	5704_7 搜	
曹奇	1/389	5615_6 蟬		01 搜諧若單于	1/637
曹壽	6/3690	44 蟬封	1/271	5707_2 搖	
50 曹夫人	2/936	5621_2 靚		15 搖建	8/4433
60 曹曠	8/4614	靚（典客靚）	8/4757	50 搖未央	3/2054
64 曹曉	6/3498	5701_2 抱		67 搖昭襄	3/2012
曹時	1/369	77 抱闒	3/1464	77 搖毋餘	1/550
72 曹丘生	4/2371	5701_4 握		搖賢	3/1334
77 曹毋傳	3/1948	21 握衍渠鞮	1/530	90 搖省	6/3672
5580_1 典		5702_2 摎		5798_6 賴	
30 典定靚	8/4757	00 摎廣德	10/5199	24 賴齮	5/2998
5580_6 費		22 摎樂（龍侯廣德之父）	9/5095	77 賴丹	2/1267
30 費家	3/1673	摎樂（王太后弟）	9/5096	6001_5 唯	
40 費直	10/5293	72 摎氏（邯鄲摎氏）	5/3087	27 唯利當戶	5/3356
77 費興（莽傳）	4/2505			38 唯塗光	3/1841
費興（荊州牧）	4/2506			6010_0 日	
5599_2 棘				43 日貳	7/4014
72 棘丘侯襄	3/2015				
5602_7 揚					
20 揚季	7/4037				

墨

17 墨子　　　　　5/2979

6010_4　星

00 星靡　　　　　1/485

6014_7　最

最（涅陽康侯）
　　　　　　　　7/4231
22 最後　　　　　6/3748

6015_3　國

50 國由　　　　　4/2576
88 國筭子　　　　5/2926

6023_2　圂

圂（雁門守圂）
　　　　　　　　7/4360

6040_0　田

00 田市　　　　　5/3078
　 田廣　　　　　6/3552
　 田廣明　　　　4/2492
01 田譚　　　　　4/2805
10 田王孫　　　　2/1048
　 田雲中　　　　1/175
12 田延年　　　　3/1281
14 田聽夫　　　　1/731
17 田子　　　　　5/2963

20 田信　　　　　7/4284
21 田順　　　　　7/4311
　 田仁　　　　　2/1012
　 田何　　　　　3/1589
22 田豐　　　　　1/209
23 田俅子　　　　5/2923
　 田臧　　　　　3/2040
24 田墙　　　　　3/1923
25 田生（瑯邪縱橫士）
　　　　　　　　4/2347
　 田生（鄒人）　4/2348
　 田仲　　　　　7/3797
27 田角　　　　　9/5077
　 田假　　　　　6/3538
　 田解　　　　　5/3367
　 田儋　　　　　4/2770
　 田終術　　　　9/5002
　 田叔　　　　　9/4864
30 田安　　　　　2/1191
　 田客　　　　　10/5335
36 田況　　　　　8/4588
37 田祖　　　　　5/3298
　 田冑　　　　　6/3630
　 田祿伯　　　　10/5262
44 田蘭　　　　　2/1231
　 田橫　　　　　4/2208
47 田都　　　　　1/672
58 田蚡　　　　　2/1008
60 田甲（獄吏）
　　　　　　　　10/5435

田甲（長安富賈）
　　　　　　　　10/5436
67 田吸　　　　　10/5374
71 田肐　　　　　7/4043
77 田閒　　　　　2/1274
　 田巴　　　　　3/1679
79 田勝　　　　　8/4658
80 田八子　　　　5/2895
　 田無嗇　　　　10/5340
90 田光　　　　　3/1852
92 田恬　　　　　4/2856
99 田榮　　　　　4/2204

6040_4　晏

17 晏子　　　　　5/2950

6040_7　曼

曼（光祿大夫曼）
　　　　　　　　7/4391
30 曼寡婦渠　　　1/595
72 曼丘臣　　　　2/873

6042_7　男

17 男子但　　　　7/4407
　 男子忠　　　　1/101
38 男遵（修寧男遵）
　　　　　　　　2/1155

6050_0　甲

甲（下瀨將軍）
　　　　　　　　10/5429

	甲（閩越王弟甲）		04 呂謝	8/4556	43 呂始	5/3025
		10/5437	10 呂更始	5/3012	呂越人	2/968
			呂平	4/2188	46 呂媪	6/3501
	6050₄ 畢		13 呂武	5/3272	47 呂朝	3/1494
17	畢取	5/3239	14 呂破胡	1/702	50 呂青	4/2215
27	畢衆	7/3827	15 呂建明	4/2494	呂青眉	2/846
50	畢申	2/1107	17 呂瑕	3/1670	呂忠	1/96
	畢奉義	7/3899	21 呂步舒	1/571	53 呂成實	9/5014
	畢由	4/2574	呂須	1/618	62 呂則	10/5305
67	畢 野白	10/5272	22 呂種	5/2876	66 呂嬰	4/2265
			23 呂台	2/793	70 呂辟胡	1/706
	6050₆ 圄		24 呂德	10/5175	71 呂馬章	1/295
	圄（廷尉圄）	2/837	26 呂得	10/5151	呂臣（陽信侯之子）	
			呂釋之	1/342		2/867
	6060₀ 昌		30 呂宜城	4/2467	呂臣（蒼頭軍）	
	昌（太常臣昌）		呂寬	2/1225		2/868
		3/1741	呂它（呂青之曾孫）		呂臣（寧陵夷侯）	
	昌（徵事臣昌）			3/1592		2/869
		3/1748	呂它（俞侯）	3/1593	72 呂后（高祖呂后）	
53	昌成君	2/906	36 呂澤	10/5288		6/3755
77	昌閭	1/606	37 呂祿	9/4847	呂后（恆山王呂后）	
			呂通（燕王）	1/64		6/3756
	冒		呂通（腄王）	1/65	呂氏	5/3120
51	冒頓	9/5022	40 呂大	7/4134	76 呂陽	3/1936
			呂嘉（呂王台之子）		77 呂母	6/3752
	6060₂ 呂			3/1624	79 呂勝（贅其侯）	
00	呂庀	5/3073	呂嘉（黃門書者）			8/4668
	呂產	5/3425		3/1625	呂勝（郎中）	8/4669
	呂廣	6/3562	呂嘉（南粵相呂嘉）		呂騰	4/2546
01	呂譚	4/2791		3/1626	80 呂忿	7/4358

呂雉 7/3840	6080_0 貝	6138_6 顯
呂義（陽信侯青之孫） 7/3882	27 貝色子 5/2893	顯（大鴻臚顯） 6/3444
呂義（常山王） 7/3883	6080_1 足	顯（高陵君顯） 6/3445
呂善 6/3436	足（衛尉足） 8/4875	
呂公（沛令客） 1/1	6090_6 景	6180_8 題
呂公（臨泗侯） 1/2	13 景武（黃門名倡） 5/3279	78 題除渠堂 3/2048
呂公（樓護故人） 1/3	景武（音監） 5/3280	6204_9 呼
99 呂瑩 4/2548	15 景建 8/4435	呼於耆王 3/2123
6060_4 署	17 景子（作《景子》三篇） 5/2953	21 呼衍王 3/2144
71 署長業 10/5451	景子（作《景子》十三篇） 5/2954	呼衍氏 3/3135
6071_2 昆	40 景吉 9/4985	呼盧訾 1/439
17 昆邪（濕陰定侯昆邪） 3/1683	77 景駒 1/652	呼盧訾王 3/2138
昆邪蘇 1/749	90 景尚 8/4568	35 呼速絫嗕 8/4833
44 昆莫 9/5127	6090_9 暴	38 呼邀累 2/839
6071_7 黽	22 暴利長 3/1859	44 呼韓邪 3/1681
77 黽閎 4/2424	72 暴氏（南陽暴氏） 5/3083	呼韓邪子咸 4/2836
80 黽父 7/4119	79 暴勝之 1/333	呼韓子樂 9/5099
84 黽錯 7/4080	6091_5 羅	47 呼都而尸道皋若鞮單于 1/644
6073_2 園	00 羅哀 4/2670	56 呼揭 9/5053
17 園子 5/2944	24 羅紲 1/782	呼揭王 3/2141
80 園公 1/23	44 羅姑 1/766	77 呼屠吾斯 1/417
		呼屠徵 4/2568
		呼留若王勝之 1/332
		6240_0 別
		47 別柶陽 3/1940

65

53 別成子	5/2912	21 嚴仁	2/1018	單究	8/4830
		嚴熊	1/290	37 單次	7/4007
6280_0 則		30 嚴安	2/1203	40 單右車	1/627
則（女弟則）		41 嚴嫗（萬石嚴嫗）		41 單桓王	3/2119
	10/5306		1/668	44 單萬年	3/1306
則（宮女卑則）		42 嚴彭祖	5/3294	46 單如意	7/3849
	10/5307	43 嚴尤	4/2678		
		50 嚴本	5/3406	6666_8 嚚	
6401_4 眭		嚴春	2/986	嚚（騎都尉嚚）	
12 眭弘	4/2407	60 嚴昌	3/1744		3/1502
17 眭孟	8/4799	66 嚴嬰	4/2264		
		71 嚴長孫	2/1050	6682_7 賜	
6509_0 昧		74 嚴助	7/4082	賜（博士賜）	7/3969
44 昧蔡	7/4128	80 嚴普	5/3337	賜（内官長賜）	
昧蔡	9/5029				7/3971
		6640_4 嬰		賜（臣賜）	7/3972
6624_8 嚴		嬰（太僕嬰）	4/2253		
嚴（歸義越侯嚴）		嬰（淮南厲王傳）		6702_0 明	
	4/2850		4/2273	17 明君	2/888
02 嚴訢	2/1031	00 嬰齊	1/515		
07 嚴望	8/4626			睸	
嚴詡	5/3229	6650_6 單		72 睸氏（濟南睸氏）	
10 嚴正	8/4792	00 單充國	10/5227		5/3085
嚴元	3/1358	10 單于父行	8/4638	睸氏（濟南人）	
嚴不識	10/5325	單買成	4/2312		5/3095
12 嚴延年（長孫）		20 單舜	7/4306		
	3/1290	24 單德	10/5174	6706_2 昭	
嚴延年（次卿）		27 單終根	2/1086	昭（梁后昭）	3/1509
	3/1291	28 單繒	8/4768	00 昭帝弗	9/4958
17 嚴君平	4/2199	30 單安國	10/5215	昭帝弗陵	4/2159

昭哀后	6/3754	
10 昭靈夫人	2/939	
昭靈后	6/3753	
昭平君	2/909	
17 昭君（涿郡昭君）		
	2/917	
31 昭涉種	5/2874	
昭涉它人	2/963	
昭涉福	9/4900	
昭涉掉尾	5/3070	
昭涉眛	7/4240	
昭涉馬童	1/294	
67 昭明子	5/2931	

67122 野

44 野老	6/3518

67127 郢

郢（閩越王郢）	
	6/3659
80 郢人	2/982

67164 路

00 路充國	10/5231
15 路建	8/4449
36 路溫舒	1/568
43 路博德	10/5190
44 路恭	1/192
50 路中大夫	1/736
80 路人	2/981

67227 鄂

00 鄂應	8/4778
26 鄂但	7/4404
27 鄂解	5/3365
29 鄂秋	4/2602
30 鄂寄	7/3930
40 鄂嘉	3/1631
60 鄂邑公主	5/3166

67727 鶡

37 鶡冠子	5/2920

68327 黔

60 黔妻子	5/2919

69050 畔

畔（武平君畔）	
	7/4396

70215 雕

00 雕庫	7/4117
12 雕延年	3/1295
31 雕渠難	2/1245
77 雕陶莫皋	3/1570

70241 辟

72 辟兵	4/2528

71212 陘

陘（守陘）	4/2559

71215 雁

77 雁門守攘	6/3629
雁門守圂	7/4360
雁門尉史	5/3035

71227 厲

36 厲溫敦	2/1161

71282 厥

41 厥姬	1/472

71296 原

16 原碧	10/5372
31 原涉	10/5444
34 原褚	5/3244
37 原初	1/769

71327 馬

18 馬政	8/4787
30 馬適建（始元元年）	
	8/4431
馬適建（元鳳元年）	
	8/4432
馬適求	4/2668
馬宏	4/2448
馬宮	1/149
37 馬通	1/63
40 馬嘉	3/1651

7134_0 靬

70 靬臂	7/4004
靬臂子弓	1/257

7171_1 匡

21 匡衡	4/2552
53 匡咸（左馮翊）	4/2827
匡咸（匡衡之子）	4/2828
60 匡昌	3/1745

7171_6 區

43 區博	9/5107

7171_7 臣

08 臣說	9/5061
10 臣吾	1/742
17 臣君子	5/2907
21 臣虞舍	8/4551
24 臣射	8/4557
臣德（大中大夫）	10/5185
臣德（博士）	10/5186
33 臣梁	3/1797
40 臣壽	6/3689
42 臣彭	4/2558
60 臣昌巿	5/3079
66 臣賜	7/3972
71 臣長幸	6/3667
77 臣卬	3/1788
臣賢（博士臣賢）	3/1346
79 臣勝	8/4673
80 臣義	7/3897
臣倉	3/1979
88 臣管	5/3415

巨

77 巨毋霸	8/4540

甌

78 甌脫王	3/2130

7173_2 長

長（右渠子長）	3/1870
長（朝鮮裨王）	6/3625
12 長孫順	7/4331
長孫氏	5/3126
20 長信庭林表	6/3499
長信太僕閎	4/2435
長信少府臣嘉	3/1663
21 長盧子	5/2905
30 長安尉奇	1/393
40 長幸（臣長幸）	6/3667
50 長史安	2/1209
長史欣	2/862

7210_0 劉

00 劉童	1/293
劉亹	7/4357
劉立（梁孝王八世孫）	10/5379
劉立（桃鄉侯）	10/5380
劉立（宛令）	10/5381
劉瘉	1/666
劉充（趙王）	1/154
劉充（朝鄉侯）	1/155
劉充（成陵節侯）	1/156
劉充世	7/3913
劉充國（南城釐侯）	10/5223
劉充國（犹夷侯）	10/5224
劉充國（廣鄉侯）	10/5225
劉充國（昌邑王傅）	10/5226
劉雍（眞定安王）	1/249
劉雍（景成原侯）	1/250

劉竟 8/4762	劉應（棘樂共侯） 8/4771	劉慶（東平侯） 8/4683
劉廖 3/1517	劉應（安險侯） 8/4772	劉慶（夫夷釐侯） 8/4684
劉齊（廣川繆王） 1/506	劉應（鱣侯） 8/4773	劉慶（众陵戴侯） 8/4685
劉齊（州鄉思侯） 1/507	劉應（昌城釐侯） 8/4774	劉慶（南陵侯） 8/4686
劉齊（柴康侯） 1/508	劉應（茲鄉節侯） 8/4775	劉慶（新昌節侯） 8/4687
劉方（寧陽侯） 3/2021	劉康（定陶共王） 3/1961	劉慶（平干頃王子） 8/4688
劉方（蕢侯） 3/2022	劉康（定陶王） 3/1962	劉慶（高密頃王子） 8/4689
劉方（東鄉節侯） 3/2023	劉康（邯會釐侯） 3/1963	劉慶（陵石侯） 8/4690
劉方山 2/1248	劉康（建鄉釐侯） 3/1964	劉慶忌（魯孝王） 7/3937
劉高 3/1532	劉度（參戶侯） 7/4097	劉慶忌（平度節侯） 7/3938
劉高遂 7/4189	劉度（邯莙頃侯） 7/4098	劉慶忌（寧陽安侯） 7/3939
劉商（泗水王） 3/1873	劉度（鍾武節侯） 7/4099	劉慶忌（陽城侯） 7/3940
劉商（臨衆侯） 3/1874	劉度（陽鄉侯） 7/4100	劉慶忌（千乘令） 7/3941
劉商（州鄉釐侯） 3/1875	劉慶（六安王） 8/4680	劉廣（德侯） 6/3546
劉商（夫夷侯） 3/1876	劉慶（河間孝王） 8/4681	劉廣（營平侯） 6/3547
劉育 9/4916	劉慶（棘樂侯） 8/4682	劉廣（益都原侯） 6/3548
劉育（劉光之子） 9/4917		
劉育（平隄釐侯） 9/4918		
劉庚 1/273		

69

劉廣（被陽侯） 6/3549	劉章（紅哀侯） 3/1752	劉音（長安男子） 4/2723
劉廣（西梁孝侯） 6/3550	劉章（東野戴侯） 3/1753	劉讓（蓋胥侯） 8/4602
劉廣（信昌侯） 6/3551	劉章（挹婁頃侯） 3/1754	劉讓（戎丘侯） 8/4603
劉廣平 4/2171	劉章（頃王） 3/1755	劉讓（劫節侯） 8/4604
劉廣德 10/5197	劉章（宣處節侯） 3/1756	劉玄（淮陽文王） 3/1362
劉廣漢（桑中戴侯） 7/4366	劉章（襄鄉侯） 3/1757	劉玄（石山節侯） 3/1363
劉廣漢（景十三王傳） 7/4367	劉章（穀鄉侯） 3/1758	劉玄（富春侯） 3/1364
劉廣漢（廣川平王） 7/4368	劉交（楚王） 3/1550	劉玄成 4/2307
劉廣都 1/686	劉交（齊懷王） 3/1551	劉襄（悼惠哀王） 3/2000
劉廣置 7/3979	劉交（臨鄉侯） 3/1552	劉襄（梁平王） 3/2001
劉廣昌 3/1723	劉交（博鄉節侯） 3/1553	劉襄 3/2002
劉廣明 4/2493	劉交（梁鄉侯） 3/1554	劉襄（戴王文之弟） 3/2003
劉意 7/3868	劉交（沛郡太守） 3/1555	劉袤（安衆釐侯） 3/1557
劉文（廣川惠王之孫） 2/1054	劉音（膠東頃王） 4/2720	劉袤（皋虞節侯） 3/1558
劉文（戴王） 2/1055	劉音（梁孝王玄孫之子） 4/2721	劉袤（箕侯） 3/1559
劉文（廣川戴王） 2/1056	劉音（都陽節侯） 4/2722	劉袤（釐鄉侯） 3/1560
劉文（懷王） 2/1057		劉棄（羽康侯） 7/4027
劉文（箕愿侯） 2/1058		
劉文德 10/5196		
劉妄得 10/5148		
劉章（朱虛侯） 3/1751		

劉棄（山原康侯） 7/4028	劉訢（樂平侯） 2/1038	劉調（廣川王從弟） 3/1477
劉棄（宗正） 7/4029	劉新 2/1144	劉調（廣川王同族） 3/1478
劉棄疾 9/4993	03 劉就（博陽頃侯） 8/4823	劉翊 5/3227
劉京（蒲領侯） 4/2524	劉就（萄鄉釐侯） 8/4824	劉歆（紅休侯） 4/2726
劉京（武陶侯） 4/2525	劉就（博鄉侯） 8/4825	劉歆（祁烈伯） 4/2727
劉京（廣饒侯） 4/2526	04 劉詩 1/402	08 劉放 8/4592
01 劉龍（富侯） 1/211	劉護（哀王） 7/4084	劉說（樂陽繆侯） 9/5057
劉龍（缾頃侯） 1/212	劉護（東鄉侯） 7/4085	劉說（城陽釐侯） 9/5058
劉譚（北鄉侯） 4/2788	劉護（栗鄉頃侯） 7/4086	09 劉麟 2/1141
劉譚（蘭陵共侯） 4/2789	劉護（廣節侯） 7/4087	劉談 4/2808
劉譚（柏鄉侯） 4/2790	劉護（堂鄉侯） 7/4088	10 劉丁 4/2556
劉龔 1/297	05 劉靖 8/4765	劉元（河間王） 3/1347
02 劉端（膠西王） 2/1226	劉請士 5/3066	劉元（平干膠王） 3/1348
劉端（庸侯） 2/1227	06 劉親 2/1139	劉元（參戶頃侯） 3/1349
劉訢（茶陵節侯） 2/1034	07 劉颯 10/5427	劉元（公丘侯） 3/1350
劉訢（都平恭侯） 2/1035	劉記（安陽康侯） 7/4023	劉元（良成戴侯） 3/1351
劉訢（陵鄉侯） 2/1036	劉記（運平侯） 7/4024	劉元（修市釐侯） 3/1352
劉訢（樂都煬侯） 2/1037	劉詢（宣帝劉詢） 2/858	劉元（昌城節侯） 3/1353
	劉調（棘樂敬侯） 3/1476	

劉丙 6/3670	劉平（貰鄉侯） 4/2176	劉霸（昌陽侯） 8/4526
劉不識（濟陰王） 10/5278	劉平（安陸侯） 4/2177	劉吾（巫劉吾） 1/743
劉不識（蒲領節侯） 10/5279	劉更生（牟平敬侯） 4/2336	劉可置 7/3978
劉不惡（宗正） 9/5117	劉更生（散騎大夫） 4/2337	劉雲（東平王） 2/1068
劉不惡 9/5118	劉霸（廣陵厲王太子） 8/4515	劉雲（城陽哀王） 2/1069
劉不疑（恆山王） 1/370	劉霸（浮丘侯） 8/4516	劉雲（校靖侯） 2/1070
劉不疑 1/371	劉霸（挾聲侯） 8/4517	劉雲（修市侯） 2/1071
劉不害（浮丘節侯） 7/4137	劉霸（松茲戴侯） 8/4518	劉雲（臨鄉頃侯） 2/1072
劉不害（陰安康侯） 7/4138	劉霸（東昌節侯） 8/4519	劉雲（柏鄉侯） 2/1073
劉不害（金鄉侯） 7/4139	劉霸（高郭哀侯） 8/4520	劉雲（曲鄉侯） 2/1074
劉不害（就鄉侯） 7/4140	劉霸（鐘武哀侯） 8/4521	劉雲容 1/233
劉不害（淮南王子） 7/4141	劉霸（成鄉節侯） 8/4522	劉雲客 10/5326
劉不害（河間獻王子） 7/4142	劉霸（建陽孝侯） 8/4523	劉賈（荊王） 6/3536
劉不周 4/2612	劉霸（式哀侯） 8/4524	劉賈（陸原侯） 6/3537
劉平（眞定王） 4/2173	劉霸（新成侯） 8/4525	11 劉非 1/434
劉平（易安侯） 4/2174		劉彊（彭侯） 3/1903
劉平（合陽節侯） 4/2175		劉彊（柳泉節侯） 3/1904
		劉彊（樂信頃侯） 3/1905

劉彊（東安孝侯）
3/1906
劉彊（寶梁懷侯）
3/1907
劉彊（容鄉釐侯）
3/1908
劉張　　3/2082
12 劉登（代共王）
4/2512
劉登（懷侯）4/2513
劉到（東茅敬侯）
8/4488
劉到（平都孝侯）
8/4489
劉弘（襄成侯）
4/2393
劉弘（高密王）
4/2394
劉弘（都梁節侯）
4/2395
劉弘（東陽節侯）
4/2396
劉弘（武陶臺侯）
4/2397
劉弘（昌慮康侯）
4/2398
劉弘（茲鄉孝侯）
4/2399
劉弘（容鄉侯）
4/2400

劉發（長沙王）
9/5030
劉發（山侯）9/5031
劉發（鉅合侯）
9/5032
劉發（挏裴侯）
9/5033
劉發（高郭侯六世）
9/5034
劉發（陽鄉思侯）
9/5035
劉發（高柴節侯）
9/5036
劉延（城陽王）
3/1389
劉延（宰鄉侯）
3/1390
劉延壽（楚王）
6/3693
劉延壽（公丘煬侯）
6/3694
劉延壽（陸侯）
6/3695
劉延壽（懷昌胡侯）
3/1282
劉延年（安陽康侯）
3/1283
劉延年（歊安侯）
3/1284
劉延年（祝茲侯）
3/1285

劉延年（安定頃侯）
3/1286
劉延年（復陽嚴侯）
3/1287
劉延年（中鄉侯）
3/1288
劉延年（樂都侯）
3/1289
13 劉武（壹關侯）
5/3253
劉武（文帝子）
5/3254
劉武（城陽王）
5/3255
劉武（膠鄉侯）
5/3256
劉武（新成侯）
5/3257
劉武成　4/2327
劉強（淮陽王）
3/1919
劉強（平的戴侯）
3/1920
14 劉勁（武鄉侯）
8/4793
劉勁（魯頃王）
8/4794
劉璋　　2/841
劉璜（武平侯）
3/1996

劉璜（廣陽思王） 3/1997	劉聖（襄隄侯） 8/4707	劉敢（丹陽哀侯） 6/3781
劉豨 1/398	劉聖（朝陽荒侯） 8/4708	劉敢（原洛侯） 6/3782
劉破胡 1/703	劉聖（于鄉節侯） 8/4709	劉敢（執金吾） 6/3783
15 劉融 1/275	劉聖（鐘武侯） 8/4712	劉政（瑕丘節侯） 8/4783
劉建（燕王） 8/4419	劉聖公 1/58	劉政（益昌共侯） 8/4784
劉建（江都王） 8/4420	劉理（臨衆節侯） 5/3147	20 劉壬 4/2750
劉建（廣陽王） 8/4421	劉理（石鄉煬侯） 5/3148	劉重 7/3815
劉建（菑川靖王） 8/4422	劉理（平城侯） 5/3149	劉位 7/4237
劉建（襄嚵侯） 8/4423	17 劉鄧 8/4770	劉佼 6/3524
劉建（臨樂憲侯） 8/4424	劉胥（廣陵王） 1/574	劉舜（常山王） 7/4287
劉建（牟平康侯） 8/4425	劉胥（都安侯） 1/575	劉舜（長沙王） 7/4288
劉建（皋虞煬侯） 8/4426	劉胥行 4/2518	劉舜（廣陽穆王） 7/4289
劉建（柳泉孝侯） 8/4427	劉承（洨侯） 4/2459	劉舜（良成共侯） 7/4290
劉建（不害之子） 8/4428	劉承（壽泉侯） 4/2460	劉舜（桑中侯） 7/4291
劉建德（長沙剌王） 10/5191	劉豫 7/4055	劉信（宣帝耳孫） 7/4248
劉建德（景十三王傳） 10/5192	劉子泄 9/5073	劉信（宣帝曾孫） 7/4249
劉建國 10/5241	劉子興 1/646	劉信（羮頡侯） 7/4250
16 劉聖（胡孰侯） 8/4706	劉勇 5/2866	
	劉習 10/5401	
	18 劉珍 2/1147	

7210₀ 劉

劉信（臨朐孝侯）7/4251	劉禹（平利釐侯）5/3197	劉順（黃釐侯）7/4320
劉信（阿武節侯）7/4252	劉禹（魏其孝侯）5/3198	劉順（宗正）7/4321
劉信（前侯）7/4253	劉禹（樂安侯）5/3199	劉步可 6/3529
劉信（雲夷侯）7/4254	劉舜（高質侯）7/4292	劉仁（張梁哀侯）2/1012
劉信（寧陽康侯）7/4255	劉爵 9/5137	劉仁（封斯侯）2/1013
劉信（嚴鄉侯）7/4256	劉乘（臨朐戴侯）4/2454	劉仁（邯會衍侯）2/1014
劉信（江中）7/4257	劉乘（定敷定侯）4/2455	劉仁（舂陵孝侯）2/1015
劉信都 1/684	劉乘（清河王）4/2456	劉仁（江陽侯）2/1016
劉千秋（象氏康侯）4/2588	劉纏（秣陵終侯）3/1443	劉仁（祚陽侯）2/1017
劉千秋（脩市頃侯）4/2589	劉纏（射陽侯）3/1444	劉偃（平干王）6/3448
劉受（郾獻侯）6/3733	21 劉順（城陽侯）7/4313	劉偃（頃王）6/3449
劉受（宗正）6/3734	劉順（張梁侯）7/4314	劉偃（眞定烈王）6/3450
劉受福 9/4892	劉順（邵侯）7/4315	劉偃（眞定頃王平之子）6/3451
劉禹（州鄉侯六世）5/3192	21 劉順（公丘夷侯）7/4316	劉偃（氏丘侯）6/3452
劉禹（瑕丘侯六世）5/3193	劉順（廣侯）7/4317	劉偃（楊丘侯）6/3453
劉禹（夫夷節侯）5/3194	劉順（邯平侯）7/4318	劉偃（宜城康侯）6/3454
劉禹（虛水康侯）5/3195	劉順（羊石侯）7/4319	劉偃（被陽褽侯）6/3455
劉禹（景成釐侯）5/3196		

75

劉偃（安郭釐侯） 6/3456	劉貞（南城節侯） 4/2522	劉崇（安郭侯） 1/134
劉偃（邯蓳節侯） 6/3457	劉紆 1/659	劉崇（劉宗之子） 1/135
劉偃（新利侯） 6/3458	劉綖 10/5466	劉樂（安陽侯） 9/5087
	22 劉豐（昌城侯） 1/199	
劉偃（西陽侯） 6/3459	劉豐（宜陵侯） 1/200	劉樂（利昌戴侯） 9/5088
劉何（德侯） 3/1581	劉岑（臨朐六世） 4/2741	劉樂（皋虞侯） 9/5089
劉何（周望康侯） 3/1582	劉岑（城門校尉） 4/2742	劉樂（栗節侯） 9/5090
劉何（陸元侯） 3/1583	劉岑（諸曹中郎將） 4/2743	劉種 5/2873
劉何（樂信孝侯） 3/1584		劉緩 5/3412
	劉嵩 1/316	劉稱（新昌頃侯） 4/2469
劉何齊 1/505	劉備 6/3671	
劉行 4/2519	劉㑑 5/3160	劉稱（高郭共侯） 4/2470
劉衍 6/3478	劉循 2/1181	劉眞 2/1165
劉㣻 7/4362	劉係 7/4032	劉眞定 8/4729
劉便 8/4452	劉恁 4/2753	23 外人（山原者侯） 2/957
劉便彊 3/1897	劉山 2/1247	
劉便翁 1/177	劉山柎 1/744	劉外人（乘丘侯） 2/958
劉歲 7/4224	劉利親（平的釐侯） 2/1133	劉參 4/2774
劉齒（山州侯） 5/2994	劉利親（劇魁孝侯） 2/1134	劉佗 3/1603
劉齒（昌成頃侯） 5/2995	劉利親（參戶孝侯） 2/1135	劉允 5/3405
劉頃 4/2221		劉代（龍丘侯） 7/4156
劉貞（陸成侯） 4/2521	劉崇（安衆侯） 1/133	劉代（柴原侯） 7/4157

劉代宗	1/116	劉德（廣平節侯）		劉帥軍	2/1125
劉傳光	3/1831		10/5165	25 劉仲	7/3791
劉綰（離石侯）		劉德（廣平侯）		劉仲卿	4/2234
	5/3422		10/5166	劉仲卿妻其	1/328
劉綰（山鄉節侯）		劉德（成陵侯）		劉傳富	8/4817
	5/3423		10/5167	劉使親	2/1136
劉縯	6/3483	劉德（成鄉侯）		劉朱	1/623
劉綜	1/314		10/5168	劉純	2/1102
24 劉壯	8/4559			26 劉自予	1/660
劉德（河間王）		劉德（膠西王卬太子）		劉自爲（柳于侯）	
	10/5154		10/5169		2/820
劉德（禮樂志）		劉德天	3/1455	劉自爲（鄢陽侯）	
	10/5155	劉休（高鄉節侯）			2/821
劉德（藝文志）			4/2637	劉自爲（桃安侯襄之曾孫）	
	10/5156	劉休（復昌侯）			2/822
劉德（宗正）			4/2638	劉自當（建鄉侯）	
	10/5157	劉鮪	5/3381		3/1982
劉德（陽城繆侯）		劉勳（德侯）	2/1108	劉自當（安成思侯）	
	10/5158	劉勳（皋虞釐侯）			3/1983
劉德（大中大夫）			2/1109	劉伯	10/5255
	10/5159	劉勳（洨哀侯）		劉伯升	4/2453
劉德（青州刺史）			2/1112	劉伯造	8/4480
	10/5160	劉勳（武陶節侯）		劉俚	5/3154
劉德（劇魁康侯）			2/1111	劉得（安陽哀侯）	
	10/5161	劉勳（高廣節侯）			10/5146
劉德（定敷思侯）			2/1112	劉得（宜禾節侯）	
	10/5162	劉勳（廣戚煬侯）			10/5147
劉德（乘丘戴侯）			2/1113	劉得疵	1/442
	10/5163	劉犢	9/4926	劉得之	1/352
劉德（易安侯）		劉告	8/4487	劉保世	7/3917
	10/5164				

劉鯉 5/3152	劉佟（樂鄉憲侯） 1/313	劉終古（博陽侯） 5/3302
劉息（瓡節侯） 10/5321	劉將 3/2062	劉終古（雲釐侯） 5/3303
劉息（臨都侯） 10/5322	劉將夜 8/4554	劉終古（柏楊戴侯） 5/3304
劉皋 3/1568	劉將閭 1/604	
劉吳 1/751	劉仮 10/5418	劉終根 2/1085
劉鼻 7/3844	劉殷（膠東王） 2/921	劉級 10/5412
27 劉酆 1/315	劉殷（劉授之子） 2/922	28 劉倫 2/1098
劉歸生 4/2380		劉徹 9/5043
劉免 6/3433	劉殷（劉快之兄） 2/923	劉儀 1/454
劉向（子政） 8/4570	劉殷（旁光侯） 2/924	劉齗（德康侯） 9/5005
劉向（劇魁侯） 8/4571	劉殷（利昌刺侯） 2/925	劉齗（牟平孝侯） 9/5006
劉向（諫大夫） 8/4572	劉殷（參封侯） 2/926	劉縱（桑中節侯） 1/262
劉豹 8/4474	劉殷（李鄉侯） 2/927	劉縱（東陽釐侯） 1/263
劉修（中山懷王） 4/2617	劉欣（哀帝劉欣） 2/859	30 劉宣（桃鄉頃侯） 3/1403
劉修（樊輿節侯） 4/2618	劉舟 4/2628	劉宣（平的侯） 3/1404
劉修（高樂侯） 4/2619	劉魯 5/3348	劉宣（阿武敬侯） 3/1405
劉衆（挾孝侯） 7/3823	劉魯人 2/959	劉宣（遽鄉侯） 3/1406
劉衆（宣處原侯） 7/3824	劉匂 7/4163	
劉衆（成陽侯） 7/3825	劉久長 3/1861	劉宣（鍾武孝侯） 3/1407
劉佟（新鄉侯） 1/312	劉終古（菑川思王） 5/3300	劉宣（方城侯） 3/1408
	劉終古（青州刺史） 5/3301	

劉宜	1/428	劉騫	3/1435	劉安（楊丘侯）	2/1187
劉注	7/4051	劉憲（式節侯）	8/4459	劉安（廣鄉節侯）	2/1188
劉寵（安衆侯）	5/2869	劉憲（昌鄉侯）	8/4460	劉安（利鄉孝侯）	2/1189
劉寵（平陸侯）	5/2870	劉守（廣陵靖王）	6/3724	劉安（成鄉釐侯）	2/1190
劉寬（濟北王）	2/1211	劉守（壽梁侯）	6/3725	劉安意	7/3851
劉寬（高密懷王）	2/1212	劉守（山安侯）	6/3726	劉安上	8/4612
劉寬（葛魁節侯）	2/1213	劉守（繁安安侯）	6/3727	劉安世	7/3904
劉寬（漳北侯）	2/1214	劉守（柳侯）	6/3728	劉安國（溫水侯）	10/5207
劉寬（驪丘敬侯）	2/1215	劉守（瓠質侯）	6/3729	劉安國（朝陽侯）	10/5208
劉寬（東襄愛侯）	2/1216	劉守（要安哀侯）	6/3730	劉安國（宗正）	10/5209
劉扈	5/3346	劉宇（東平王）	5/3217	劉安民	2/1163
劉甯國	10/5240	劉宇（茲鄉侯）	5/3218	劉宏（廣陵王）	4/2439
劉永（菑川九世王）	6/3633	劉宇（廣侯）	5/3219	劉宏（宗正）	4/2440
劉永（稻侯）	6/3634	劉宇（南昌侯）	5/3220	劉宏（忠孝侯）	4/2441
劉永（廡葭侯）	6/3635	劉宇（東郡都尉）	5/3221	劉宮（廣陵王、廣川王）	1/145
劉永（新陽頃侯）	6/3636	劉宰	5/3371	劉宮（封斯侯）	1/146
劉永（樂平侯）	6/3637	劉安（淮南王）	2/1186	劉宮（西梁哀侯）	1/147
劉永昌	3/1729			劉宮（歷鄉繆侯）	1/148

劉富（紅侯） 8/4815	劉定（皋虞穅侯） 8/4726	劉福（中山憲王） 9/4879
劉富（祁鄉侯） 8/4816	劉定（邯菁侯） 8/4727	劉福（容陵侯） 9/4880
劉容（都梁侯） 1/228	劉定（於鄉節侯） 8/4728	劉福（平的節侯） 9/4881
劉容（西鄉侯） 1/229	劉定國（燕王） 10/5233	劉福（宜城侯） 9/4882
劉容（劉不惡） 1/230	劉定國（梁王） 10/5234	劉福（海常侯） 9/4883
劉寄 7/3929	劉定國（淮陵侯） 10/5235	劉福（定敷憲侯） 9/4884
劉寄生 4/2339	劉寅 1/425	劉福（夫夷懷侯） 9/4885
劉它 3/1596	劉寶（平樂侯） 6/3506	劉福（安檀侯） 9/4886
劉它人 2/961	劉寶（南利侯） 6/3507	劉福（修故侯） 9/4887
劉良（東城侯） 3/1800	劉宗（孝王） 1/111	劉福（景成節侯） 9/4888
劉良（河間惠王） 3/1801	劉宗（陽山節侯） 1/112	劉福（高廣質侯） 9/4889
劉良（桃煬侯） 3/1802	劉宗（樂陽侯） 1/113	劉福（益昌侯） 9/4890
劉良（鄭侯） 3/1803	31 劉江（南曲節侯） 3/2065	劉福（襄鄉侯） 9/4891
劉定（山陽哀侯） 8/4721	劉江（昌城質侯） 3/2066	劉遷（皋狼侯） 3/1373
劉定（六安繆侯） 8/4722	劉馮 1/285	劉遷（南曲煬侯） 3/1374
劉定（被陽孝侯） 8/4723	劉涉 10/5439	
劉定（稻夷侯） 8/4724	劉祉 8/4555	
劉定（都梁敬侯） 8/4725	劉富（劉辟彊之子） 9/4878	

劉遷（伊鄉頃侯） 3/1375	劉禪 2/840	劉濞 7/3841
劉遷（平樂節侯） 3/1376	劉遠 6/3485	劉遇 7/4056
劉遷（淮南王安太子） 3/1377	35 劉淒 1/539	37 劉次昌 3/1722
劉迺始（東陽頃侯） 5/3012	劉溱 2/1146	劉祖 5/3296
劉迺始（平隄侯） 5/3013	劉禮（將軍） 5/3142	劉祿（朝戴侯） 9/4848
劉迺始（洨節侯） 5/3014	劉禮（楚王） 5/3143	劉祿（劉慶之子） 9/4849
32 劉淵 3/1438	劉禮（平城侯） 5/3144	劉祿（六安夷王） 9/4850
33 劉必勝 8/4677	劉連文 2/1059	劉祿（蒲領煬侯） 9/4851
劉泳 6/3673	劉遺（菑川頃王） 1/381	劉通（德哀侯） 1/66
劉梁（高城節侯，始元六年封） 3/1790	劉遺（東城侯） 1/382	劉通（宗正） 1/67
劉梁（高城節侯，元康元年封） 3/1791	劉遺（蔓侯） 1/383	劉通平 4/2170
劉梁（平纂節侯） 3/1792	36 劉況（俞呂侯） 8/4578	劉過倫 2/1099
34 劉漢 7/4380	劉況（栗侯） 8/4579	劉退 7/4236
劉漢（復陽煬侯） 7/4382	劉況（平纂侯） 8/4580	劉逢喜 5/3056
劉漢（膠鄉敬侯） 7/4383	劉湯（瑕丘孝侯） 3/1952	38 劉遂（趙王） 7/4179
劉漢（西安侯） 7/4384	劉湯（茶陵哀侯） 3/1953	劉遂（梁夷王） 7/4180
劉漢強 3/1922	劉湯（定敷共侯） 3/1954	劉遂（廣望共侯） 7/4181
劉溁 9/5070	劉澤（營陵侯） 10/5282	劉遂（平侯） 7/4182
	劉澤（虖葭康侯） 10/5283	劉遂（南城頃侯） 7/4183
	劉澤（齊孝王孫） 10/5284	劉遂（雲康侯） 7/4184
		劉遂（利鄉戴侯） 7/4185

劉遂（建陵靖侯） 7/4186	劉嘉（平度侯） 3/1637	劉吉（東莞侯） 9/4971
劉遂成 4/2308	劉嘉（薪處侯） 3/1638	劉吉（新市康侯） 9/4972
劉遵 2/1148	劉嘉（蒲領侯） 3/1639	劉吉（安國侯） 9/4973
劉道（楚王） 6/3513	劉嘉（利昌康侯） 3/1640	劉壽（齊王） 6/3681
劉道（抑裴侯） 6/3514	劉嘉（繁安頃侯） 3/1641	劉壽（被陽頃侯） 6/3682
劉道（復陽侯） 6/3515	劉嘉（平利質侯） 3/1642	劉壽（翟侯） 6/3683
劉海陽（廣川王） 3/1927	劉嘉（安平侯） 3/1643	劉壽漢 7/4381
劉海陽（廣川戴王之子） 3/1928	劉嘉（石山釐侯） 3/1644	劉壽光 3/1830
劉啓 5/3140	劉嘉（平侯） 3/1645	劉喜（代王劉喜） 5/3037
40 劉爽 6/3627	劉嘉（陵陽侯） 3/1646	劉喜（城陽王章之子） 5/3038
劉奭 10/5144	劉嘉（方樂侯） 3/1647	劉喜（葉平侯） 5/3039
劉友（淮陽王） 6/3719	劉嘉（魏其侯） 3/1648	劉喜（高平侯） 5/3040
劉友（懷王） 6/3720	劉嘉（廣陽思王之子） 3/1649	劉喜（沂陵侯） 5/3041
劉友（南城侯六世） 6/3721	劉嘉（師禮侯） 3/1650	劉喜（成獻侯） 5/3042
劉士生 4/2338	劉吉（廣川王） 9/4969	劉喜（安鄉孝侯） 5/3043
劉坊 3/2032	劉吉（劇質侯） 9/4970	劉雄渠（白石侯） 1/590
劉赤 10/5336		劉雄渠（春陵戴侯） 1/591
劉志 7/3976		
劉嘉（燕王澤子） 3/1634		
劉嘉（梁荒王） 3/1635		
劉嘉（紅敬侯） 3/1636		

劉去 7/4054	劉蓋（昌慮侯） 7/4161	劉勃（常山憲王子） 9/4963
劉去疾 9/4987	劉菲 5/3067	劉葂 1/781
41 劉頗 6/3527	劉地緒 5/3231	劉莫如 1/562
42 劉彭離 1/522	劉堪（都平侯） 4/2838	劉華 9/5011
劉彭祖（趙敬肅王） 5/3285	劉堪（河間王） 4/2839	劉革生 4/2335
劉彭祖（左馮翊） 5/3286	劉芳 3/2031	劉革始 5/3018
劉䠐 7/4164	劉帶 7/4168	劉蒼（安城思侯） 3/1967
劉瓠辨 6/3484	劉蒙之 1/351	劉蒼（邯會侯） 3/1968
43 劉狩燕 8/4451	劉獲（博石侯） 9/5112	劉蒼（陰城思侯） 3/1969
劉始（廣戚侯） 5/3021	劉獲（廣陵哀王） 9/5111	劉萌（式侯） 4/2531
劉始（松滋共侯） 5/3022	劉獲（樂陽侯） 9/5112	劉萌（富陽侯） 4/2532
劉始（高釐侯） 5/3023	劉茂發 9/5037	劉世 7/3922
劉始昌 3/1725	劉燕 8/4450	劉共 1/310
劉裳 4/2636	劉蘇 1/748	劉楚 5/3344
劉越（廣川王） 9/5045	劉孝 8/4492	劉楚人 2/960
劉越（藝文志） 9/5046	劉蓺 7/3974	劉黃 3/1993
劉越（定敷侯） 9/5047	劉萬歲 7/4225	劉禁 8/4837
44 劉封 1/268	劉萬世 7/3914	劉菜 2/1182
劉封親 2/1137	劉萬年（臨樂節侯） 3/1304	劉橫 4/2212
劉基 1/427	劉萬年（柳泉煬侯） 3/1305	劉林（密鄉頃侯） 4/2730
劉蓋（柳宿夷侯） 7/4160	劉勃（安陽侯） 9/4962	劉林（樂望釐侯） 4/2731
		46 劉如意（趙隱王） 7/3845

劉如意（廣宗王） 7/3846	劉朝（武陶節侯） 3/1490	劉根（新城節侯） 2/1084
劉如意（平都侯到之曾孫） 7/3847	劉朝平 4/2172	劉欼 8/4843
	劉奴（臨朐夷侯） 1/710	48 劉敉（常山王之子） 9/5019
劉如意（封斯原侯） 7/3848	劉奴（牟平節侯） 1/711	劉敬（西昌侯） 8/4644
劉賀（昌邑王） 8/4498	劉報 8/4481	劉敬（桑中頃侯） 8/4645
劉賀（泗水戴王） 8/4499	劉報德 10/5195	劉敬（曲梁安侯） 8/4646
劉賀（邯會勤侯） 8/4500	劉嫋 6/3495	
劉賀（象氏節侯） 8/4501	劉胡（濟北成王） 1/693	劉敬（藝文志） 8/4647
劉賀（樂信節侯） 8/4502	劉胡（益教敬侯） 1/694	劉梲 9/5028
劉賀（高廣哀侯） 8/4503	劉胡（安鄉釐侯） 1/695	劉榆 1/658
劉賀（廣昌侯） 8/4504	劉胡傷 3/1951	劉松 1/303
47 劉均（平望孝侯） 2/1096	劉都（卑梁侯） 1/673	50 劉中 1/167
		劉中意 7/3858
劉均（松滋侯） 2/1097	劉都（眞定人） 1/674	劉中時（平的思侯） 1/359
劉猛（德哀侯玄孫） 6/3661	劉起（平望侯） 5/3002	劉中時（東野侯） 1/360
	劉起（繁安侯） 5/3003	劉申（眞定孝王） 2/1104
劉猛（南城戴侯） 6/3662	劉起（猇節侯） 5/3004	劉申（黃釐侯） 2/1105
劉狗 6/3741	劉起（樂望侯） 5/3005	劉推 2/842
劉朝（軹侯） 3/1489	劉根（折泉節侯） 2/1083	劉惠（州鄉憲侯） 7/4212
		劉惠（洨孝侯） 7/4211

劉忠（廣望節侯） 1/88	劉未央（臨都節侯） 3/2053	劉成（羊石共侯） 4/2286
劉忠（端氏侯） 1/89	劉秦容 1/231	劉成（平都侯） 4/2287
劉忠（繁安夷侯） 1/90	劉東 1/324	劉成都 1/685
劉忠（煬侯） 1/91	劉東之 1/353	劉咸（稻戴侯） 4/2811
劉忠（平度孝侯） 1/114	52 劉授（膠東共王） 8/4819	劉咸（建陽節侯） 4/2812
劉奉親 2/1138	劉授（劉音之子） 8/4820	劉咸（東茅侯到曾孫） 4/2813
劉奉宗 1/115	劉授（河間頃王） 8/4821	劉威（葛魁侯） 10/5309
劉奉世 7/3912	劉蟜 6/3494	劉威（安陽安侯） 10/5312
劉奉義 7/3898	53 劉拔 9/5026	劉威（挾夷侯） 10/5311
劉由（成陵侯） 4/2571	劉戊 8/4808	劉威（釐侯） 2/833
劉由（桃安侯襄之孫） 4/2572	劉成（宜春侯） 4/2278	劉威（京兆尹） 2/834
劉由（眞定孝王） 4/2573	劉成（杏山侯） 4/2279	劉戎奴 1/719
劉建 7/3986	劉成（羽康侯） 4/2280	劉輔（中山頃王） 5/3312
劉貴（劇戴侯） 7/4218	劉成（廣陵侯） 4/2281	劉輔（合昌侯） 5/3311
劉貴（成哀侯） 7/4219	劉成（䢩敬侯） 4/2282	劉輔（河間宗室） 5/3312
劉貴（扶恩侯） 7/4220	劉成（東昌趨侯） 4/2283	55 劉農（臨衆侯） 1/259
劉未央（薪館侯） 3/2050	劉成（平鄉侯） 4/2284	劉晨（平曲侯） 1/260
劉未央（容丘頃王） 3/2051	劉成（膠鄉節侯） 4/2285	
劉未央（新昌哀侯） 3/2052		

劉慧 7/4235	劉國（廣饒康侯） 10/5249	劉昌（中山靖王之子） 3/1705
56 劉揭 9/5052	劉國（利鄉侯） 10/5250	劉回（陰平釐侯） 2/827
劉揖 10/5375	劉罷師 1/404	劉回（羊石頃侯） 2/828
57 劉换 7/4395	劉罷軍（齊悼惠王子） 2/1120	劉固（臨樂列侯） 7/4102
劉擔 4/2772	劉罷軍（五原侯） 2/1121	劉固（猇釐侯） 7/4103
劉招（劇魁思侯） 3/1504	劉罷軍（鄭頃侯） 2/1122	劉固（釐鄉侯） 7/4104
劉招（平隄嚴侯） 3/1505	劉思 1/422	劉固（緼鄉侯） 7/4105
58 劉拾 10/5398	劉黑 10/5344	劉固城 4/2464
劉鶩（成帝劉鶩） 8/4472	劉田 3/1456	劉昆侈 5/3063
60 劉睢 1/600	劉囷 5/3238	劉昆景 6/3654
劉睢 2/845	劉晏 7/4412	劉邑（陪侯） 10/5392
劉旦（武帝子） 7/4397	劉昌（趙頃王） 3/1697	劉邑（平城釐侯） 10/5393
劉旦（長沙煬王） 7/4398	是昌（武始侯） 3/1698	劉異衆（樊興思侯） 7/3821
劉旦（平望侯六世） 7/4399	劉昌（麥侯） 3/1699	劉異衆（鄭侯） 7/3822
劉旦（平利侯） 7/4400	劉昌（魏其煬侯） 3/1700	劉買（乘氏侯） 5/3360
劉旦（平通侯） 7/4401	劉昌（南利昌） 3/1701	劉買（春陵侯） 5/3361
劉置 7/3980	劉昌（陽興侯） 3/1702	
劉曡 9/5074	劉昌（茲鄉頃侯） 3/1703	
劉昱 9/4930	劉昌（湘鄉侯） 3/1704	
劉國（瑕丘思侯） 10/5247		
劉國（山原侯） 10/5248		劉買奴 1/718

劉果 6/3533	63 劉脧 3/1452	劉賜（丞相） 7/3955
劉景（定陶王）	劉脧 7/4328	67 劉曜丘 4/2629
6/3647	64 劉藲（高郭節侯）	劉明（濟川王）
劉景（城陽孝王）	7/4162	4/2471
6/3648	劉時光 3/1832	劉明（茲侯） 4/2472
劉景（挷裴釐侯）	66 劉嚴 4/2851	劉明（辟士侯）
6/3649	劉嬰（劇魁釐侯）	4/2473
劉景（高城質侯）	4/2256	劉明（西熊侯）
6/3650	劉嬰（畢梁侯）	4/2474
劉景（都鄉孝侯）	4/2257	劉明（廣鄉孝侯）
6/3651	劉嬰（蔓釐侯）	4/2475
劉景（西鄉侯）	4/2258	劉明（廣川王齊之
6/3652	劉嬰（利鄉侯）	子） 4/2476
劉景（承陽侯）	4/2259	劉昭 3/1507
6/3653	劉嬰（益昌頃侯）	劉郅 6/3658
61 劉顯（皋虞頌侯）	4/2260	劉郢客（楚王）
6/3439	劉嬰（廣戚侯）	10/5327
劉顯（籍陽侯）	4/2261	劉郢客（士軍侯）
6/3440	劉嬰齊 1/511	10/5328
劉顯（廣戚侯）	劉囂（定陶王）	劉嗣 7/3983
6/3441	3/1498	68 劉眕 5/3400
62 劉則（齊王）	劉囂（劇節侯）	69 劉瞵（俞閭侯）
10/5295	3/1499	2/1142
劉則（陪繆侯）	劉賜（盧江王）	劉瞵（箕節侯）
10/5296	7/3951	2/1143
劉則（攸興侯）	劉賜（富陽侯）	70 劉辟非 1/435
10/5297	7/3952	劉辟疆（河間王）
劉則（參酅侯）	劉賜（麗茲共侯）	3/1892
10/5298	7/3953	劉辟疆（光祿大夫）
劉則（鐘武節侯）	劉賜（劉向中子）	3/1893
10/5299	7/3954	

劉辟光 3/1816	劉陽（眞定王） 3/1930	劉閎（閎安侯） 5/3397
71 劉原 3/1454	劉陽（平鄉侯） 3/1931	劉閎（齊王） 4/2420
劉匡 3/2071	劉陽已 5/2883	劉閎（被陽節侯） 4/2421
劉長（淮南王） 3/1865	劉陽都 1/687	劉閎（稻頃侯） 4/2422
劉長（燕王旦傳） 3/1866	77 劉且 7/4402	劉閎（都陽侯） 4/2423
劉長樂（光祿大夫） 9/5080	劉鳳 7/3807	劉丹（安衆康侯） 2/1259
劉長樂（宗正） 9/5081	劉隆（牟平侯） 1/218	劉丹（趙敬蕭王子） 2/1260
劉長久 6/3740	劉隆（宛鄉侯） 1/219	劉開 2/788
劉長壽 6/3712	劉肥 1/431	劉開明 4/2491
72 劉丘（山鄉侯） 4/2630	劉周齊 1/510	劉毋傷 3/1949
劉丘（都平愛侯） 4/2631	劉屈氂（澎侯） 1/533	劉毋害（驪丘侯） 7/4150
劉隱（趙王） 5/3398	劉屈氂（中山靖王子） 1/534	劉毋害（俞閭煬侯） 7/4151
劉隱（高柴侯） 5/3399	劉骨 9/5012	劉毋妨 3/2033
劉驕 3/1521	劉閖 9/5025	劉譽 7/4057
73 劉髀 9/5135	劉服 9/4931	劉閣（廣望侯） 9/5123
劉駿（泗水戾王） 7/4338	劉駒 1/653	劉閣（虙葭頃侯） 9/5124
劉駿（勤王煖之子） 7/4339	劉閼 7/3985	劉闗兵 4/2527
劉駿（鄭節侯） 7/4340	劉閎（邵鄉侯） 5/3393	劉卬 3/1783
74 劉附朐 1/657	劉閎（軿侯） 5/3394	劉歐 4/2604
76 劉陽（清河頃王） 3/1929	劉閎（良成侯） 5/3395	劉興（信都王） 4/2496
	劉閎（平邑侯） 5/3396	

劉興（中山王）4/2497	劉臨（樂都繆侯）4/2712	劉益壽（桃安侯襄之六世孫）6/3707
劉興（朸侯）4/2498	劉臨（宗正）4/2711	劉鐫 3/1453
劉興居 1/581	劉臨朝 3/1491	劉差 3/1669
劉賢（菑川王）3/1317	79 劉勝（中山王）8/4653	劉前 3/1450
劉賢（悼惠王子）3/1318	劉勝（邯莤釐侯）8/4654	劉舞 5/3347
劉賢（膠東哀王）3/1319	劉勝（樂鄉釐侯）8/4655	劉尊（南城元侯）2/989
劉賢（臨衆侯）3/1320	劉勝（要安節侯）8/4656	劉尊（挷裴哀侯）2/990
劉賢（臨河侯）3/1321	劉勝（平皋侯）8/4657	劉尊（南曲侯）2/991
劉賢（柴敬侯）3/1322	劉勝之（柴節侯）1/335	劉尊（新鄉煬侯）2/992
劉賢（衆陵節侯）3/1323	劉勝之（劉它七世孫）1/336	劉尊（趙懷王）2/993
劉賢（挾節侯）3/1324	劉勝容 1/232	劉年 3/1313
劉賢（拘侯）3/1325	劉勝時 1/367	劉義（城陽王）7/3875
劉賢（陽城節侯）3/1326	80 劉並（建陽侯）8/4743	劉義（代王登之子）7/3876
劉賢（安定戾侯）3/1327	劉並（高陽侯）8/4744	劉義（朝節侯）7/3877
劉賢（高柴釐侯）3/1328	劉並（西陽頃侯）8/4745	劉義（陸地侯）7/3878
劉賢（祁鄉節侯）3/1329	劉盆子 5/2897	劉義（夫夷敬侯）7/3879
78 劉臨（平曲釐侯）4/2709	劉益 10/5343	劉義（新市頃侯）7/3880
	劉益壽（蔓原侯）6/3706	劉義（樂侯）7/3881

劉合衆 7/3826	劉欽（新市侯） 4/2686	劉光（樂孝侯） 3/1825
劉普（真定共王） 5/3331	劉欽（卽來侯） 4/2687	劉光（昆山節侯） 3/1826
劉普（新昌侯） 5/3332	劉欽（溧陽侯） 4/2688	劉光（邔鄉侯） 3/1827
劉普（都安節侯） 5/3333	劉欽（密鄉侯） 4/2689	劉光（平皋侯） 3/1828
劉普（扶鄉侯） 5/3334	劉欽（桃山侯） 4/2690	劉光（安王） 3/1829
劉舍（洨夷侯） 8/4545	劉歆 10/5406	劉光祿 9/4852
劉舍（桃安侯） 8/4546	88 劉餘（魯共王） 1/548	劉尚（菑川考王） 8/4561
劉舍（桃安侯） 8/4547	劉餘（庸侯） 1/549	劉尚（河間王） 8/4562
劉曾（平曲節侯） 4/2251	劉箕子 5/2888	劉尚（呂鄉侯） 8/4563
劉曾（陵鄉侯） 4/2252	90 劉少柏 10/5274	劉尚（河間惠王之子） 8/4564
劉曾世 7/3916	劉光（魯共王子） 3/1818	劉黨 6/3612
劉會邑 10/5394	劉光（六安頃王） 3/1819	劉常 3/2089
劉公子 5/2933	劉光（平望敬侯） 3/1820	劉常得 10/5149
81 劉鉅鹿 9/4927	劉光（臨樂穆侯） 3/1821	劉當（爰戚侯） 3/1980
劉釘 4/2542	劉光（繁安孝侯） 3/1822	劉當（承鄉節侯） 3/1981
84 劉鎮 7/4356	劉光（文成侯） 3/1823	劉當時 1/361
劉錯 7/4081	劉光（甘井侯） 3/1824	劉賞（平望夷侯） 6/3591
劉饒 3/1483		
87 劉欽（淮陽王） 4/2684		劉賞（臨朐節侯） 6/3592
劉欽（平度頃侯） 4/2685		

劉賞（公丘思侯） 6/3593	劉敞（平邑侯） 6/3570	7244_7	髮
劉賞（昭陽侯） 6/3594	劉敞（桃共侯） 6/3571	31 髮福	9/4913
91 劉頪 7/4226	劉敞（密鄉侯） 6/3572	7280_6	質
92 劉愯 8/4822		72 質氏	5/3101
劉恬 4/2854	99 劉榮（臨江王） 4/2205	7334_7	駿
劉煖 5/3412	劉榮（平陽繆侯） 4/2206	駿（大奴駿）	7/4341
94 劉慎 7/4345		7412_7	助
劉恢（梁王） 2/802	7210_2 丘	助（犁汙王子助）	7/4083
劉恢（城陽王） 2/803	丘（大行令丘） 4/2632	7420_0	尉
劉恢（安道侯） 2/804	90 丘常 3/2102	24 尉繚	6/3496
劉恢（宜鄉侯） 2/805	7220_0 剛	30 尉它	3/1601
劉恢（堂鄉哀侯） 2/806	13 剛武侯 4/2645	50 尉史禹	5/3213
劉恢（宜禾侯） 2/807	7222_1 所	77 尉屠耆	1/475
劉恢（陶鄉侯） 2/808	50 所忠 1/97	90 尉小吏	5/3030
95 劉快 7/4173	7223_0 瓜	7421_4	陸
劉㚟 7/4238	60 瓜田義 1/459	10 陸賈	6/3535
98 劉敞（舂陵侯） 6/3567	7226_1 后	11 陸彊	3/1915
劉敞（虛水侯） 6/3568	44 后蒼 3/1971	37 陸逯壬	4/2752
劉敞（西梁孝侯） 6/3569	72 后氏 5/3115	62 陸則	10/5304
	后氏（齊后氏） 5/3127	66 陸賜	7/3962
		7423_2	隨
		21 隨何	3/1580

22 隨巢子	5/2924	陳千秋（棗祖侯錯之玄孫）	4/2594	36 陳涓	3/1446
				陳湯	3/1957
7431₂ 馳				陳濞	7/3843
80 馳義侯	4/2659	陳千秋（紀信匡侯倉之六世孫）	4/2595	37 陳祿	9/4854
7432₁ 騎		陳季須	1/619	38 陳遂（京兆尹）	7/4187
47 騎都尉虎	5/3307	21 陳順	7/4332	陳遂（遵祖父）	7/4188
騎都尉安國	10/5220	陳偃	6/3464		
騎都尉嚻	3/1502	陳何	3/1585	陳遵	2/1152
7529₆ 陳		陳須	1/621	陳遫	9/4923
00 陳立	10/5390	22 陳豐	1/205	40 陳太后（梁陳太后）	6/3777
陳主儒	1/662	陳僑	3/1512		
陳應	8/4779	陳崇	1/136	陳幸	6/3666
陳慶（琅邪太守）	8/4695	23 陳參	4/2781	陳支	1/408
		24 陳俠	10/5461	陳嘉（棘蒲侯之孫）	3/1629
陳慶（司隸校尉）	8/4696	25 陳傳	3/1457		
		26 陳皇后（孝武陳皇后）	6/3762	陳嘉（復陽侯胥之子）	3/1630
陳慶（雍州牧）	8/4697	陳伯	10/5264		
10 陳元	3/1354	陳程	4/2463	陳喜	5/3051
陳平	4/2167	陳釋	10/5363	陳奇	1/390
11 陳彊	3/1913	27 陳級	10/5416	陳壽	6/3684
13 陳武	5/3262	28 陳牧	9/4949	43 陳始	5/3024
14 陳豨	1/397	30 陳安	2/1197	44 陳茂（執金吾侯）	8/4812
15 陳融	1/276	陳良	3/1815		
17 陳胥	1/576	陳定（伍被傳）	8/4738	陳茂（延德侯）	8/4811
陳罕	2/856	陳定（曹部監）	8/4739	陳萬年	3/1309
陳君孺	7/4063			陳莫	9/5125
20 陳信	7/4265	31 陳涉	10/5438	46 陳賀	8/4505
		陳馮	1/286	47 陳胡	1/699

	陳邯	4/2768	80	陳翁生	4/2375	53 陽咸延	3/1394
50	陳夫乞	9/5013		陳羌	3/2068	陽成修	4/2627
	陳惠	7/4214		陳尊	2/994	陽成初	1/770
53	陳成	4/2306		陳午	5/3349	陽成昭信	7/4282
	陳咸（陳萬年之子）			陳倉	3/1975	70 陽雕	3/1520
		4/2831	81	陳錯	2/794	80 陽並	8/4753
	陳咸（沛郡人）		84	陳饒	3/1488		

7630_0 駟

		4/2832	87	陳欽（子佚）	4/2699	24 駟先生	4/2383
54	陳持躬（女陳持躬）			陳欽（厭難將軍）		79 駟勝	8/4675
		1/253			4/2700	87 駟鈞	2/1006
55	陳農	1/258	88	陳餘	1/547		
58	陳拾	10/5399	90	陳常	3/2090		

7710_0 且

60	陳最	7/4230		陳掌	6/3626	00 且麋胥	1/577
	陳署	7/4059	94	陳恢	2/801	22 且種	5/2878
	陳買	5/3362	96	陳悝	2/844	44 且蘭	2/1232
66	陳嬰（堂邑安侯）			陳煬	3/1947	且蘭君	2/918
		4/2262				且莫車	1/629
	陳嬰（陳錯之子）					46 且鞮侯	4/2654

7621_3 隗

		4/2263	22	隗崔	2/855		
77	陳堅	3/1428	66	隗嚻	3/1501		

7710_4 堅

	陳鳳（陳平之後）					21 堅盧	1/764
		7/3808				60 堅昆	2/1179

7622_7 陽

閏

	陳鳳（盧鄉侯）		10	陽石公主	5/3165		
		7/3809	20	陽信長公主	5/3178	51 閏振單于	1/635
	陳鳳（長安人）		23	陽俊	7/4343		
		7/3812	33	陽浚	7/4344		

7710_8 閻

	陳開	2/787	43	陽城延	3/1393	74 閻陵侯	4/2656
78	陳臨	4/2707		陽城注	7/4052		
79	陳勝	8/4671		陽城去疾	9/4989		
	陳勝之	1/338		陽城戎奴	1/722		

77713₆ 閩

17 閩君搖　　　3/1516
27 閩侯（繇王閩侯）
　　　　　　　4/2648
43 閩越王郢　　6/3659
　 閩越王弟甲　10/5437

7720₇ 尸

17 尸子　　　　5/2983
37 尸泥支　　　1/414

7721₀ 風

72 風后　　　　6/3779

7721₂ 尼

　尼（司馬尼）　1/500
　尼（司馬尼）　1/501

7721₅ 隆

21 隆慮公主　　5/3174
　 隆慮公主（武帝妹）
　　　　　　　5/3175
　 隆慮公主（平陽隆慮
　 公主）　　　5/3176

7721₇ 兒

00 兒庫　　　　7/4118
30 兒寬　　　　2/1221
　 兒良　　　　3/1806

36 兒湯　　　　3/1960
47 兒姁　　　　1/655
71 兒長卿　　　4/2230

兜

44 兜莫　　　　9/5128

肥

85 肥銖　　　　1/664

7722₀ 周

00 周市　　　　5/3077
　 周應（䣙成侯）
　　　　　　　8/4776
　 周應（高景侯）
　　　　　　　8/4777
　 周慶　　　　8/4716
　 周廣漢　　　7/4369
　 周廣世　　　7/3920
　 周意　　　　7/3869
　 周文　　　　2/1062
　 周章　　　　3/1750
04 周護（䣙成侯緤之玄
　 孫）　　　　7/4089
　 周護（賢良）　7/4090
10 周王孫　　　2/1043
　 周亞夫　　　1/734
　 周平　　　　4/2182
　 周霸（郊祀志）
　　　　　　　8/4527

　 周霸（膠西內史）
　　　　　　　8/4528
　 周霸（義郎）　8/4529
15 周建德　　　10/5193
16 周醜　　　　6/3749
17 周聚　　　　5/3240
20 周信　　　　7/4271
　 周禹　　　　5/3224
21 周止　　　　5/3071
　 周仁（郎中令）
　　　　　　　2/1024
　 周仁（任城人）
　　　　　　　2/1025
24 周德　　　　10/5173
　 周緤　　　　9/5072
25 周仲居　　　1/583
26 周伯　　　　10/5260
27 周殷　　　　2/919
　 周叔　　　　9/4866
30 周竈　　　　8/4483
34 周被　　　　7/4001
37 周通　　　　1/69
38 周遫　　　　9/4940
40 周左車　　　1/625
　 周太史儋　　4/2771
44 周堪　　　　4/2841
　 周蘭　　　　2/1230
　 周勃（絳武侯）
　　　　　　　9/4960

	周勃（成陰夷侯信之子） 9/4961		**同**		**屬**
	周萬年 3/1308		同（夫人同） 1/244	30	屬寶（丞相屬寶） 6/3512
	周苛 3/1607	08	同說侯林 4/2737	60	屬國悍 7/4392
	周共 1/307		**陶**	67	屬明 4/2485
46	周楊侯 4/2652				
53	周成 4/2288	07	陶望卿 4/2228		7724₇ **股**
60	周昌（趙相） 3/1688	10	陶元始 6/3020		
	周昌（汾陰悼侯） 3/1689	21	陶偃 6/3468	21	股紫陬 4/2675
		47	陶都 1/678	46	股鞮 1/527
	周昌（蒯成侯緤之子） 3/1690	50	陶青（御史大夫） 4/2216		**服**
66	周賜 7/3965		陶青（開封侯） 4/2217	25	服生 4/2361
67	周明 4/2479			90	服光 3/1847
71	周長孺 7/4060	60	陶睢 1/601		
72	周丘 4/2634	80	陶舍 8/4549		7725₄ **降**
	周氏（潢陽周氏） 5/3081		**月**	47	降奴服于知 1/420
76	周陽由 4/2579	40	月支 1/409		7726₄ **屠**
	周陽氏女 5/3237		**胊**	44	屠耆閼氏 1/494
77	周堅 3/1426				屠耆堂（杜侯臣） 3/2043
	周開方 3/2024	71	胊臑 4/2669		
79	周勝之 1/337	77	胊留斯侯 4/2658		屠耆堂（被呼韓邪繫殺者） 3/2044
80	周舍 8/4544		7722₂ **膠**		
87	周欽 4/2704				屠耆堂（右賢王） 3/2045
88	周簡 5/3429	50	膠東庸生 4/2392		
98	周敞（掾） 6/3577		7722₇ **邪**	60	屠睢 1/602
	周敞（侍御史） 6/3578	17	邪務 7/4122		屠墨 10/5369
				77	屠門少 8/4471

95

居	30 段宏　4/2446	7760_6 **閻**
77 居股　5/3354	40 段嘉　3/1659	閻（齊王將閻）
7732_0 **駒**	78 段猶　4/2586	1/605
04 駒詩　1/403	50 段中　1/174	72 閻丘子　5/2915
10 駒于利受　6/3739	80 段會宗　1/127	閻丘卿　4/2233
22 駒幾　1/401	7748_2 **闕**	7771_7 **巴**
駒崇　1/134	17 闕子　5/2982	50 巴青　4/2220
27 駒督　9/4943	77 闕門慶忌　7/3944	7772_0 **卬**
80 駒普　5/3336	7750_0 **母**	卬（内史卬）　3/1784
7732_7 **驪**	46 母媼　6/3500	卬（臣卬）　3/1788
00 驪立　10/5391	7755_0 **毋**	**卽**
7736_4 **駱**	27 毋將永　6/3643	60 卽墨成　4/2330
60 駱甲　10/5434	毋將隆　1/221	7772_7 **鴟**
7740_1 **聞**	30 毋寡　6/3539	00 鴟靡　1/484
80 聞人通漢　7/4379	44 毋鼓　5/3357	7773_2 **閎**
7744_1 **開**	78 毋鹽氏　5/3132	閎（利家兄子閎）
00 開章（士伍開章）	7760_1 **醫**	4/2434
3/1775	27 醫脩氏　5/3130	閎（長信太僕閎）
23 開牟　4/2665	7760_2 **留**	4/2435
67 開明　4/2490	00 留章復　9/4934	11 閎孺（孝惠幸臣）
74 開陵侯建成　4/2333	28 留復　9/4935	7/4067
7744_7 **段**	30 留定　8/4733	閎孺（廣陵相）
25 段仲　7/3796	50 留貴　7/4221	7/4068
	78 留肦　9/5015	
	80 留公　1/49	

7777₂ 關

17 關尹子　　　　5/2904
40 關內侯寬中　　1/171
80 關並　　　　　8/4734

7777₇ 閻

00 閻章世　　　　7/3919
22 閻崇　　　　　1/140
24 閻續　　　　　9/4936
30 閻宗　　　　　1/124
31 閻遷　　　　　3/1382
36 閻澤赤　　　 10/5341
47 閻穀　　　　　9/5337
50 閻奉（水衡都尉）
　　　　　　　　7/3833
　 閻奉（義縱傳）
　　　　　　　　7/3834
80 閻無害　　　　7/4154

7778₂ 歐

　 歐（廷尉歐）　4/2609
27 歐侯氏子　　　5/2940
76 歐陽高　　　　3/1539
　 歐陽政　　　　8/4789
　 歐陽生　　　　4/2377
　 歐陽地餘　　　1/553
　 歐陽餘　　　　1/552

7780₁ 輿

　 輿（第五閼氏子輿）
　　　　　　　　1/647

輿

　 興（公乘興）　4/2504
　 興（夜郎王興）
　　　　　　　　4/2512

7780₆ 賢

　 賢（執金吾賢）
　　　　　　　　3/1345

貫

00 貫高　　　　　3/1531
71 貫長卿　　　　4/2231
80 貫公（趙國貫公）
　　　　　　　　1/42

7790₄ 桑

12 桑弘羊　　　　3/2020
31 桑遷　　　　　3/1385
87 桑欽　　　　　4/2702

7810₂ 監

37 監祿　　　　　9/4859
77 監居翁　　　　1/178
80 監益昌　　　　3/1730

7823₁ 陰

30 陰安侯頃王后　6/3774
37 陰通成　　　　4/2328
50 陰末赴　　　　7/4123

7876₆ 臨

50 臨妻愔　　　　4/2760

7922₇ 勝

　 勝（臣勝）　　8/4673
　 勝（廷尉勝）　8/4678
　 勝（太守勝）　8/4679
30 勝之（呼留若王勝
　　之）　　　　　1/332
　 勝之（伊酋若王勝
　　之）　　　　　1/341
77 勝屠公　　　　1/55

7929₉ 滕

80 滕公　　　　　1/6

8010₂ 並

　 並（池陽令並）
　　　　　　　　8/4751

益

17 益巳　　　　　5/2885

8010₉ 金

10 金王孫　　　　2/1047

15 金融 1/277	8022_0 介	8033_2 煎
金建 8/4444		
22 金岑 4/2749	介（御史大夫介）	00 煎靡 1/477
23 金參 4/2780	7/4167	17 煎鞏 5/2880
28 金倫 2/1101	26 介和王 3/2149	
30 金安上 8/4613		8034_6 尊
31 金涉 10/5443	8022_1 俞	
金遷 3/1386	俞（漏卧侯俞）	尊（潁川守尊）
36 金湯 3/1958	1/670	2/987
38 金遵 2/1151		尊（侍郎尊） 2/988
46 金楊 3/1943	8022_7 弟	24 尊德君 2/898
60 金日磾 1/542	36 弟澤 10/5286	40 尊大 7/4135
67 金明 4/2484	50 弟史 5/3034	
84 金饒 3/1484		8050_1 羊
87 金欽 4/2693	禽	17 羊子（大婢） 5/2947
90 金常 3/2095	00 禽慶 8/4700	羊子（秦博士）
金當 3/1987		5/2948
金當母南 4/2845	8030_2 令	28 羊牧 9/4948
金賞 6/3600	17 令尹子文 2/1061	79 羊勝 8/4672
98 金敞 6/3579	27 令免 6/3432	
	42 令狐邁 7/4177	8055_3 義
8012_7 翁	令狐茂 8/4812	義（臣義） 7/3897
26 翁伯 10/5269	50 令史調 3/1482	義（河南府丞義）
27 翁歸靡 1/478	令史成 4/2322	7/3900
51 翁指 5/3069		25 義倩 8/4759
	8033_1 無	28 義縱 1/264
8018_2 羨	04 無諸 1/630	31 義渠 1/592
77 羨門高 3/1537	17 無忌 7/3945	義渠安國 10/5219
	20 無採 5/3373	義渠戎王 3/2128
	77 無且 1/580	47 義姁 1/654

	80601 合		者）	6/3639	公孫獿	6/3628
			谷永（大司農）		公孫獲	9/5139
23	合傅方山	2/1249		6/3640	公孫賀	8/4494
	合傅遺	1/385	40 谷吉	9/4980	公孫相如	1/556
	合傅赤	10/5340			公孫敬聲	4/2452
	合傅猜	2/790	**80732 公**		公孫戎	1/302
	合傅世	7/3918	00 公主施	1/490	公孫戎奴	1/721
	合傅胡害	7/4155	10 公玉帶	7/4169	公孫敖	3/1546
47	合歡	2/1243	12 公孫度	7/4101	公孫固	7/4112
			公孫慶	8/4702	公孫臣	2/870
	酉		公孫廣意	7/3856	公孫尼	1/503
11	酉非	1/432	公孫文	2/1060	公孫閎	4/2433
38	酉涂王	3/2120	公孫龍	1/16	公孫卿（大中大夫）	
			公孫龍子	5/2943		4/2225
	善		公孫詭	5/3380	公孫卿（齊人）	
	善（大奴善）	6/3437	公孫弘	4/2416		4/2226
46	善相老父	5/3246	公孫發	9/5038	公孫益壽	6/3709
			公孫勇	5/2868	公孫光	3/1855
	80604 舍		公孫習	10/5405	17 公子牟	4/2664
80	舍人兒	1/448	公孫滂洋	3/2155	公子寬	2/1219
			公孫漸	4/2862	20 公乘音	4/2735
	80606 曾		公孫遺（大將軍長		20 公乘氏	5/3133
17	曾子	5/2951	史）	1/379	公乘興	4/2504
			公孫遺（光祿大夫）		21 公上廣德	10/5198
	80607 倉			1/380	公上不害	7/4147
	倉（臣倉）	3/1979	公孫渾邪	3/1682	公上武	5/3268
38	倉海君	2/912	公孫祿	9/4861	公上通	1/71
			公孫遂	7/4200	公上常	3/2092
	80608 谷		公孫昔	10/5354	30 公戶滿意	7/3863
30	谷永（上書訟陳湯		公孫婕妤	1/611	公賓就	8/4829

99

44 公檮生	4/2369	8417_0	鉗		鄭永	6/3642
60 公杲	6/3526				鄭賓	2/1171
79 公勝子	5/2929	17 鉗子（廣漢鉗子）		32 鄭業	10/5447
80 公羊高	3/1538		5/2937	35 鄭禮	5/3146
					40 鄭布	7/4078
食		8471_2	饒		鄭吉	9/4979
17 食子公	1/34	饒（待詔臣饒）		50 鄭忠	1/81
			3/1487	60 鄭國	10/5252
8178_6 頌					鄭昌（韓王） 3/1692
11 頌張氏	5/3134	8519_0	銖		鄭昌（涿郡太守）
		50 銖婁渠堂	3/2047		3/1693
8211_5 鍾					鄭昌（諫大夫）
00 鍾離眛	9/5024	8614_1	鐸			3/1694
10 鍾元	3/1357	72 鐸氏	5/3112	71 鄭長者	6/3543
37 鍾祖	5/3297				77 鄭朋	4/2551
53 鍾威	2/836	8712_0	鉤		80 鄭翁	1/185
71 鍾匡	3/2072	53 鉤弋夫人	2/943		鄭令蘇建	8/4430
80 鍾義	7/3894	61 鉤町王邯	4/2769	90 鄭光	3/1839
		鉤町承	4/2461		鄭當時	1/364
8242_7 矯		81 鉤釘王禹	5/3216		鄭尚時	1/368
07 矯望	8/4627				97 鄭惲	5/3388
		8782_7	鄭			
8377_7 館		00 鄭立	10/5385	8810_1 竺	
77 館陶公主（江充傳）		12 鄭弘	4/2406	37 竺次	7/4012
	5/3169	17 鄭子真	2/1167			
館陶公主（東方朔		鄭君	2/880	8821_2 筦	
傳）	5/3170	20 鄭季	7/4035	67 筦路	7/4121
		22 鄭崇	1/137			
8412_1 錡		27 鄭躬	1/251	8822_7 第	
44 錡華	3/1677	30 鄭寬中	1/172	77 第五閼氏子興 1/647

8877_7 管	9006_1 愔	37 光祿勳豐　1/204
17 管子　5/2960	愔（臨妻愔）4/2760	光祿勳賞　6/3603
18 管敢　6/3785	9010_4 堂	光祿大夫吉　9/4984
50 管夫人　2/953	32 堂溪惠　7/4216	光祿大夫忠　1/104
8879_4 餘	9020_0 少	光祿大夫曼　7/4391
22 餘利鞮　1/528	00 少府充國　10/5229	9022_7 尚
44 餘樊君　2/911	少府產　5/3427	00 尚方禁　8/4842
80 餘善　6/3435	少府惡　9/5119	50 尚書令譚　4/2802
8880_1 箕	少府延　3/1397	尚害令堯　3/1474
25 箕肆　7/3997	少府德　10/5203	尚書令恂　2/1094
77 箕閎　4/2428	少府豹　8/4476	常
8890_3 繁	少府神　2/1164	常（廷尉常）3/2098
12 繁延壽　6/3698	少府猛　6/3665	常（左馮羽常）
8896_1 籍	少府忠　1/103	3/2099
11 籍孺　7/4066	少府當　3/1989	11 常麗　7/4045
13 籍武　5/3283	50 少夫（許后傳）	22 常山后修　4/2624
44 籍若產　5/3428	1/728	24 常侍王閎　4/2431
90 籍少翁　1/184	少夫（江都主之女）	28 常從　1/318
9000_0 小	1/729	47 常邯　4/2763
50 小史（尉小史）	80 少翁　1/179	50 常惠　7/4209
5/3030	9021_2 光	53 常成　4/2290
9003_2 懷	光（大行令光）	80 常貪　10/5412
21 懷能　4/2555	3/1833	9060_6 當
	光（濟北王后光）	當（少府當）3/1989
	3/1842	10 當于居次　7/4011
	光（平都令光）	22 當利公主　5/3167
	3/1848	64 當時（司馬當時）
		1/365

101

| 76 當陽君 | 2/899 | 17 慎子 | 5/2975 | 9782_7 鄒 | |
| 80 當羌 | 3/2070 | 50 慎夫子 | 2/941 | 80 鄒公 | 1/50 |

9080_0 火

10 火正黎　　　1/532

9080_6 賞

賞（光祿勳賞）
　　　　　　　6/3603
賞（廷尉賞）6/3608
賞（淳于衍夫賞）
　　　　　　　6/3609
賞（大鴻臚賞）
　　　　　　　6/3611

9101_7 恆

22 恆山王呂后　6/3756

9208_1 慎

慎（大鴻臚慎）
　　　　　　　7/4346

9508_0 快

快（燉煌太守快）
　　　　　　　7/4172

9588_0 怏

87 怏欽　　　　4/2701

9604_1 悍

悍（屬國悍）7/4392

9702_0 恂

恂（尚書令恂）
　　　　　　　2/1094

9722_7 鄒

72 鄒氏　　　　5/3117

9824_0 敞

敞（左內史敞）
　　　　　　　6/3586
敞（冀州刺吏敞）
　　　　　　　6/3587
77 敞屠洛　　　9/5136

9884_0 燉

96 燉煌太守快　7/4172

9990_4 榮

00 榮廣　　　　6/3564
　　榮畜　　　　9/4953
20 榮愛　　　　7/4174

筆畫索引

一畫

一 1000₀

二畫

丁 1020₀
卜 2300₀
力 4002₇
刁 1712₀
九 4001₇

三畫

亡 0071₀
工 1010₂
大 4003₀
士 4010₀
于 1040₀
山 2277₀
小 9000₀
上 2110₀
女 4040₀
千 2040₀
尸 7720₇
子 1740₀
彡 2020₂

四畫

心 3300₀
文 0040₀
方 0027₇
火 9080₀
不 1090₀
云 1073₁
五 1010₇
元 1021₁
天 1080₄
太 4003₀
屯 5071₇
夫 5003₀
王 1010₄
中 5000₆
内 4022₇
水 1223₀
少 9020₀
日 6010₀
月 7722₀
介 8022₀
公 8073₂
印 7772₀
毛 2071₄
牛 2500₀

五畫

孔 1241₀
尹 1750₇
毋 7755₀
巴 7771₇
弗 1752₇

五畫

主 0010₄
氾 3711₇
它 3071₂
立 0010₈
丙 1022₇
世 4471₇
功 1412₇
去 4073₁
可 1062₀
平 1040₉
右 4060₀
左 4010₂
布 4022₇
巨 7171₇
末 5090₀
正 1010₁
甘 4477₀
石 1060₂
且 7710₂

103

冉	50447	次	37182	多	27207
北	12110	汝	34140	合	80601
史	50006	池	34112	后	72261
田	60400	江	31112	如	46400
由	50600	羊	80501	犴	41240
申	50006	共	44801	甪	27220
甲	60500	地	44112	行	21221
丘	72102	匡	71711	丞	17103
代	23240	吉	40601	牟	23500
令	80302	夷	50032	羽	17120
句	27620	戎	53400		
匈	27720	有	40227	**七畫**	
奴	47440	朱	25900		
瓜	72230	刑	12400	冷	38137
白	26000	列	12200	宋	30904
加	46000	百	10602	牢	30502
召	17602	老	44712	宏	30432
司	17620	臣	71717	弟	80227
尼	77211	西	10604	汲	37147
皮	40247	光	90212	沈	34112
弘	12230	同	77220	良	30732
母	77500	曲	55600	辛	00401
		伍	21217	快	95080
六畫		仲	25206	吾	10601
		休	24290	夾	40038
妄	00404	伏	23284	孝	44407
充	00213	任	22214	弄	10441
安	30404	廷	12401	更	10506
宇	30401	伊	27207	巫	10108
守	30342	先	24211	折	52021
冰	32130			杜	44910

杆	4194_0	谷	8060_8	邴	1722_7
李	4040_7	君	1760_7	直	4010_2
求	4313_2			武	1314_0
芋	4440_1	**八畫**		東	5090_8
芝	4430_2	祁	3722_7	枚	4894_0
豆	1010_8	炔	9588_0	林	4499_0
車	5000_6	炎	9080_9	抱	5701_2
邦	5702_7	泥	3711_2	拊	5400_0
邪	7722_7	泗	3610_0	抵	5204_0
邢	1742_7	泄	3411_7	奇	4062_1
別	6240_0	泠	3813_7	幸	4040_1
助	7412_7	河	3112_0	奉	5050_8
吳	2680_4	育	0022_7	其	4480_1
壯	2421_0	放	0824_0	非	1111_1
岑	2220_7	於	0823_3	虎	2121_7
貝	6080_0	郎	3772_7	服	7724_7
足	6080_1	宗	3090_1	股	7724_7
呂	6060_2	定	3080_1	肥	7721_7
男	6042_7	官	3077_7	明	6702_0
但	2621_0	宓	3033_4	昆	6071_2
伯	2620_2	宛	3021_2	昌	6060_0
佐	2421_2	宜	3010_2	典	5580_1
何	2122_0	夜	0024_7	忠	5033_6
免	2721_6	京	0090_6	尚	9022_7
我	2355_0	並	8010_7	呼	6204_9
利	2290_0	底	0024_2	周	7722_0
延	1240_1	青	5022_7	卓	2140_6
成	5320_0	長	7173_2	叔	2794_0
狄	4928_0	妻	5040_4	金	8010_9
狂	4121_4	邯	4772_7	舍	8060_4

八畫

105

九畫

制	2220_0	庭	0024_1	迴	3630_0
知	8640_0	柳	4792_0	恂	9702_0
狐	4223_0	相	4690_0	胸	7722_0
竺	8810_1	柏	4590_0	貞	2180_6
所	7222_1	柯	4192_0	咸	5320_0
房	3022_7	柱	4091_4	泉	2623_2
肩	3022_7	苟	4462_7	郇	2762_7
戾	3028_4	若	4460_4	姚	4241_3
帛	2622_7	苗	4460_0	侯	2728_4
季	2040_7	英	4480_5	修	2722_2
姒	4840_0	茂	4425_3	保	2629_4
姓	4541_0	茅	4422_2	係	2229_3
姑	4446_0	范	4411_2	便	2124_6
始	4346_0	苴	4410_2	信	2026_1
使	2520_6	胡	4762_0	待	2424_1
侍	2424_1	厚	7124_7	風	7721_0
卑	2640_0	持	5404_1	段	7744_7
兒	7721_7	哉	4365_0	俞	8022_1
承	1723_2	革	4450_6	食	8073_2
居	7726_4	郅	1712_7	重	2010_5
孟	1710_7	郁	4722_7	爰	2044_7
		洒	3130_6	紅	2191_2
		衸	1222_2	後	2224_7

九畫

施	0821_2	封	4410_0	皇	2610_4
軍	3750_6	南	4022_7	紀	2791_7
宣	3010_6	冒	6060_0	禹	2022_7
室	3010_4	昭	6706_2	扁	3022_7
酉	8060_1	昧	6509_0	即	7772_0
炮	9781_2	星	6010_5	建	1540_0
恆	9101_7	則	6280_0	降	7725_4

十畫—十一畫

勇	1742$_7$	班	1111$_4$	乘	2090$_1$
韋	4050$_6$	耿	1948$_0$	師	2172$_7$
		袁	4073$_2$	射	2420$_0$

十畫

		眞	2280$_1$	倚	2422$_1$
益	8010$_2$	索	4090$_3$	特	2454$_1$
病	0012$_7$	栩	4792$_0$	桀	2590$_4$
疾	0018$_4$	桓	4191$_6$	息	2633$_0$
旁	0022$_7$	城	4315$_0$	皋	2640$_8$
高	0022$_7$	兹	4473$_2$	豹	2722$_0$
唐	0026$_7$	荊	4240$_0$	脩	2722$_7$
旅	0823$_2$	郝	4732$_7$	殷	2724$_7$
宰	3040$_1$	起	4780$_1$	鳥	2732$_7$
宮	3060$_2$	素	5090$_3$	徐	2829$_4$
容	3060$_8$	秦	5090$_4$	狼	4323$_2$
酒	3116$_4$	原	7129$_6$	桑	7790$_4$
涉	3112	馬	7132$_7$	孫	1249$_3$
浮	3214$_7$	軒	5104$_2$	弱	1712$_7$
浩	3416$_1$	悍	9604$_1$	務	1722$_7$
涅	3611$_4$	柴	2190$_4$	陘	7121$_2$
涓	3612$_7$	蚩	2213$_6$		
祝	3621$_2$	圂	6023$_2$	## 十一畫	
祕	3320$_4$	晏	6040$_4$		
被	3424$_7$	鄄	6712$_7$	郭	0742$_7$
神	3520$_6$	畔	6905$_0$	鄒	9782$_7$
姬	4041$_2$	拼	2825$_1$	產	0021$_5$
冥	3780$_0$	剛	7220$_0$	商	0022$_7$
夏	1014$_7$	留	7760$_2$	庸	0022$_7$
貢	1080$_6$	翁	8012$_7$	康	0023$_2$
栗	1090$_4$	倉	8060$_7$	麻	0029$_4$
鬲	1022$_7$	奚	2080$_4$	章	0040$_6$
				許	0864$_0$

淮	3011_5	崔	2221_5	尉	7420_0
淳	3014_7	將	2724_2	陸	7421_4
涿	3113_2	婁	5040_4	陳	7529_6

十二畫

淖	3114_6	唯	6001_5		
渠	3190_4	眭	6401_4	羨	8018_2
梁	3390_4	國	6015_3	尊	8034_6
堅	7710_4	曼	6040_7	善	8060_1
聊	1712_0	畢	6050_4	曾	8060_6
理	1611_4	野	6712_2	棄	0090_4
項	2178_6	兜	7721_7	就	0391_4
都	4762_7	第	8822_7	甯	3022_7
戚	5320_0	偃	2121_4	寒	3030_3
曹	5560_6	術	2122_1	富	3060_6
焉	1032_7	假	2724_7	馮	3112_7
區	7171_6	從	2828_1	溫	3611_7
黃	4480_6	扈	3021_7	湖	3712_0
頂	1128_6	祭	2790_1	游	3814_7
執	4542_7	魚	2733_6	惠	5033_3
茶	4490_4	逢	3730_4	惡	1033_1
莽	4444_8	猛	4721_2	雲	1073_1
莎	4412_9	婭	4241_4	項	1118_6
莊	4421_4	猗	4422_1	貳	4380_0
梅	4895_7	陶	7722_0	壺	4010_7
栖	4196_9	貫	7780_6	堯	4021_1
梓	4094_1	陰	7823_1	奢	4060_4
捷	5508_1	張	1123_2	喜	4060_1
堂	9010_4	習	1760_2	貢	4080_6
常	9022_7	參	2320_2	彭	4212_2
虛	2121_7	細	2690_0	博	4304_2
處	2124_1	終	2793_3		

越	4380₅	須	2128₅	歆	0768₂
華	4450₄	傅	2324₂	滑	3712₇
萇	4473₂	傑	2529₄	塗	3810₄
朝	4742₀	粤	2620₇	道	3830₆
棓	4096₁	奧	2780₄	遂	3830₃
棘	5599₂	程	2691₄	雷	1060₁
掖	5004₇	犂	2750₂	零	1030₂
揚	5602₇	御	2722₀	賈	1080₆
揭	5602₇	復	2824₇	瑕	1714₇
握	5701₄	嫂	4744₇	靳	4252₁
掾	5703₂	絮	4690₈	敬	4864₀
厥	7128₂	陽	7622₇	董	4410₅
勝	7922₇	隆	7721₅	落	4416₄
軹	5608₀	賀	4680₆	萬	4422₇
雁	7121₅	屠	7726₄	葛	4472₇
愔	9006₁	閏	7710₄	楚	4480₁
敞	9824₀	開	7744₁	楊	4692₇
順	2108₆	閔	7743₀	搖	5707₂
最	6014₇	登	1210₈	搜	5704₇
圍	6050₆	絳	2795₄	馯	7134₀
景	6090₆	費	5580₆	馳	7431₂
單	6650₆			當	9060₆
鄂	6722₇	**十三畫**		愼	9208₁
番	2060₉			虞	2128₄
無	8033₁	煎	8033₂	訾	2160₁
禽	8022₇	義	8055₃	業	3290₅
逯	3730₉	煇	9785₆	過	3730₂
進	3030₁	雍	0021₅	蜎	5612₇
焦	2033₁	廉	0023₇	園	6073₂
皓	2466₁	意	0033₆	路	6716₄
		新	0292₁		

109

十四畫—十五畫

鉗	8417$_0$	甄	1111$_7$	鄰	9722$_7$
鉤	8712$_0$	碧	1660$_1$	廝	0022$_1$
頌	8178$_6$	臧	2325$_0$	廚	0024$_0$
筧	8821$_2$	嘉	4046$_1$	誰	0024$_7$
雋	2022$_7$	壽	4064$_1$	誶	0061$_5$
偹	2222$_7$	蒯	4220$_0$	調	0762$_0$
解	2725$_2$	蓋	4410$_2$	審	3060$_9$
鄒	2742$_7$	蒲	4412$_7$	漕	3511$_6$
稠	2792$_0$	蒙	4423$_2$	潰	3518$_6$
隝	7621$_3$	蔡	4490$_3$	潊	3814$_7$
疏	1011$_3$	監	7810$_2$	歐	7778$_2$
辟	7024$_1$	摎	5702$_2$	賢	7780$_6$
		趙	4980$_2$	穎	2128$_6$
十四畫		輔	5302$_7$	遫	3830$_4$
		甞	9060$_1$	蓼	4420$_2$
榮	9990$_4$	雌	2011$_5$	蔣	4424$_2$
廖	0022$_2$	署	6040$_4$	蔡	4490$_1$
齊	0022$_3$	銖	8519$_0$	樊	4480$_4$
廣	0028$_6$	管	8877$_7$	樅	4898$_1$
說	0861$_6$	箕	8880$_1$	橫	4499$_6$
寧	3020$_1$	僕	2222$_8$	樓	4594$_4$
寬	3021$_3$	稱	2294$_7$	穀	4794$_7$
福	3126$_6$	嫖	4149$_1$	增	4816$_6$
褚	3426$_0$	閩	7713$_6$	靚	5621$_2$
禆	3624$_0$	聞	7740$_1$	厲	7122$_7$
滿	3412$_7$	翟	1721$_5$	甌	7171$_7$
漆	3419$_9$	綰	2397$_7$	駟	7630$_0$
漢	3418$_5$	綺	2492$_1$	駒	7732$_0$
漕	3516$_6$			髮	7244$_3$
漁	3713$_6$	**十五畫**		摯	4450$_2$
漏	3712$_7$	鄭	8782$_7$		

110

膠	7722₂	諫	0569₆	豫	1723₂
滕	7929₉	謁	0662₇	隨	7423₂
賞	9080₆	濁	3612₇	遲	3730₅
劇	2220₀	駱	7736₄		
墨	6010₄	霍	1021₅	**十七畫**	
暴	6013₂	頭	1118₆		
賜	6682₇	遷	3130₁	燭	9682₇
儋	2726₁	橋	4292₇	燮	9940₇
衛	2122₁	據	5103₂	營	9960₆
德	2423₁	蔄	4422₇	應	0023₁
徵	2824₀	蕭	4422₇	襄	0073₂
盤	2710₇	燕	4433₁	謝	0460₀
樂	2290₄	賴	5798₆	濟	3012₃
稽	2396₁	冀	1180₁	濕	3613₃
黎	2713₂	睏	6702₀	濮	3218₅
魯	2760₃	盧	2121₇	鴻	3712₇
嫣	4242₇	遺	3530₈	臨	7876₆
劉	7210₀	黔	6832₇	檀	4091₆
質	7280₆	雕	7021₅	薄	4414₂
閭	7760₆	鴇	7772₇	薛	4474₁
緩	2294₇	興	7780₁	趨	4780₂
緹	2698₁	館	8377₇	轅	5403₂
緱	2798₄	錡	8412₁	駿	7334₇
鄧	1710₇	餘	8879₄	韓	4444₅
		衡	2122₁	戴	4385₀
十六畫		勳	2432₇	嬰	6640₄
		穆	2692₂	興	7780₁
燉	9884₀	鮑	2731₂	鍾	8211₅
嬴	0021₇	閻	7777₇	繁	8890₃
龍	0121₁	彊	1121₈	鯀	2279₃
諸	0466₀			鮮	2835₁